KB275329

김영록의 진심 정치

김영록의 진심 정치

전남의 힘으로
대한민국의 미래를 열다

메디치

시대는
진실한 정치를 원한다

어려운 길을 왜 계속 걸어가냐고 묻는 이들이 있다. 정치인은 국민을 대표하는 영광된 자리이지만, 잘하기 어렵고, 좋은 평가를 받기 역시 불가능에 가깝기 때문이다. 27년의 공직을 거쳐 18년을 정치인으로 살아온 인생을 되돌아보면 단 한 번도 쉬웠던 순간은 없었다. 그것은 아마도 책임감, 의무감, 성취감 등 여러 요인이 작용해 스스로를 가만히 놔두지 못했기 때문인 것 같다.

최선을 다해 맡겨진 업무를 완수하기 위해 살아온 여정이었다. 물론 잘되고 싶고, 더 나아가고 싶은 개인적 욕망도 있었지만, 공직자로서, 정치인으로서 한 점 부끄럼 없으며, 국민·지역민을 위하는 마음을 한시도 잊어본 적 없다. 운도 좋았고, 이끌어 주신 분들도 곳곳에 있었지만, 항상 현장에서 지역민들을 만나며 답을 찾으려 했던 순수한 노력과 그것을 곱게 봐주시고 응원해 주신 그들이 계셨기에 지금 이 자리에 서 있을 수 있었다.

전남에서 그 어렵다는 무소속으로 국회의원에 당선돼 정치에 입문한 뒤 '왜 정치를 하느냐'는 자문(自問)을 매번 던지며 답을 얻으려 애썼다. 사실 이 물음의 답이 10여 년 전의 졸저 《정치, 희망의 꽃을 피우다》라는 제목에 있음을 이미 확신하고 있다. 그럼에도 불구하고 정치가 제 역할을 하지 못하고, 국민의 바람을 외면하며 탐욕, 편 가르기, 무능력, 안일함 등에 매몰돼 모두를 실망시킬 때마다 안타까움과 함께 부끄러움을 느꼈다.

정치가 혼란한 틈을 타 급기야 독재 세력이 본 모습을 드러내며 45년 만에 계엄을 발표하는 만행을 저질러 국민 모두의 마음에 씻을 수 없는 상흔을 남기는, 대한민국에서 다시는 있어서는 안 될 일까지 발생했다. 1987년 10월 항쟁 이후 정착됐다고 생각한 우리의 민주주의가 허무하게 무너질 수도 있다는 불안감이 엄습했다. 결국 평화롭게 하루 일상을 살아야 할 국민이 윤석열과 그 추종자들의 단죄를 요구하며 차디찬 거리에 나서야 했다. 박근혜의 국정 농단에 맞서 2016년 촛불을 든 지 8년 만이었다.

국민에게 나라 걱정을 안기는 정치는 사라져야 한다. 새로운 정치는, 바라봐야 할 대상이 국민임을 분명히 하고 그들의 일상이 과거와 현재보다 나아지는 것을 최우선 목표로 삼아야 한다. 국민 모두를 만족시키는 것은 불가능하지만, 모두 만족할 수 있는 시스템을 고민하고, 조금이라도 그에 가깝게 가기 위해 노력해서 성과를 내는 정치가 필요하다. 그러기 위해서는 사회 곳곳의 갈등·마찰 요인들을 살피고, 이해관계자들, 생각이 다른 이들과 대화하며 조정·중재할 수 있는 고도의 소통 능력이 필요하다. 누구나 인정할 수 있는 각 분야의 인재를 적재적소에 배치하고, 이들이 공직사회의 혁신을 이끌도록 추동해야 할 것이다.

대한민국은 여전히 관료 시스템으로 움직인다. 이를 정확히 이해해 목표를 설정하고, 공직사회가 신속하게 세부 과제들을 추진하도록 하려면 관료는 물론 정치인으로서의 오랜 경험이 필요하다. 지방자치단체·정부 부처 관료로서 업무 처리 과정을 익히고, 그 모든 업무의 수혜자인 국민을 섬겨 그들을 이롭게 하는 사업과 정책을 구상해 실현할 수 있어야 한다는 의미다. 이상과 현실을 잇고, 혁신과 관례의 간격을 좁힐 수 있는 리더가 필요하다.

지금 대한민국은 분열돼 있다. 근원적인 문제들로 정반합에서 합을 이루지 못하고, 반대편에 서서 서로를 비난하는 정치가 오랜 기간 계속됐기 때문이다. 누구에게 잘못이 있는지 상당수가 인식하고 있지만, 그렇다고 잘못을 한 이들을 완전히 배제하는 정치는 있을 수 없다. 민주주의 원칙을 저버리는 극단적인 세력이 아니라면, 다양한 가치의 존중에 기반을 두고 공통점을 찾아 지향하는 바를 함께 고민하는 포용성과 균형감이 필요한 시기다. 분열과 대립이 지속된다면 극단의 주장이 힘을 얻고 우리의 민주주의는 다시 위기를 맞을 것이다. 민주주의가 없다면 경제 성장도, 국가 발전도 그 의미를 상실한다.

세계의 리더십은 급변하고 있다. 대한민국은 윤석열의 반헌법적 계엄과 탄핵이라는 정치 불안으로, 국가 미래를 좌우할 수 있는 미국의 트럼프 제2기 출범에 적절히 대응하지 못했다. 다행히 이재명 대통령이 당선돼 관세 협상과 안보 협력에 있어 국익 우선, 실용 외교로 잘 대응해 가고 있다. 다만, 핵무기를 가진 북한이라는 위협, 러시아와의 새로운 마찰, 중국·일본과의 갈등 등 동북아시아에서 우리나라의 위치는 지금 그 어느 때보다 불안정하다.

단기간에 세계 10위권 경제대국, 문화강국으로 성장한 대한민국이지만, 확고한 안보의식과 강한 국방력, 뛰어난 외교력이 없다면 강대국들 사이에서 그 존재감을 상실할 가능성이 크다. 더욱 강력한 한미동맹을 구축하고, 이를 기반으로 중국·러시아를 견제하며, 일본의 군사대국화를 억제할 수 있는 동북아 균형자 역할을 분명히 해야 할 것이다. 세계 속에 대한민국의 리더십을 바로 세울 수 있는 노련함과 지혜를 갖춰야 한다.

미국의 '아메리카 퍼스트' 기조 속에 보호무역이 그 어느 때보다 강력하게 작용할 세계 경제 체제에서 대한민국의 경쟁력을 유지하기 위한 특단의 노력이 시급하다. 자동차, 반도체 등의 수출로 돌아가는 우리나라의 경제 시스템에서 지속 가능한 기술·가격 우위는 필수 불가결하다. 첨단 과학기술, 미래 사업 분야에서 미국의 독주 속에 일본·대만·유럽 선진국들과의 경쟁, 중국 등 후발 국가들의 도전을 이겨내기 위해 전략을 세워 역량을 집중하고, 성과를 낼 수 있는 추진력이 있어야 한다.

시장 경제를 존중해 필요 없는 규제를 철폐하고, 이 시스템이 최대한 자유롭게 운영될 수 있도록 뒷받침해야 한다. 다만 국민 모두의 복리 증진을 위한다면, 충분한 검토·공감·인정을 근간으로 함께 나눌 방법을 모색해야 한다. 국민의 먹고사는 문제, 즉 경제를 부흥하는 것이야말로 안보에 이어 리더가 해야 할 가장 큰 의무다. 기업의 투자 유치와 일자리 창출은 경제의 가장 핵심적인 가치다. 경제를 이해하고, 이해관계자들과 즐겨 대화하며, 다툼을 접고 뜻을 모을 수 있도록 설득할 수 있는 진정성은 지금 그 어느 때보다 중요하다고 할 것이다. 한편으로는 약자의 옆에서 그들도 충분히 일상을 즐길 수 있는 기본을 보장하는 데서 국가의 존재 이유도 찾아야 한다.

나는 진실한 정치를 하고 싶다. 진실의 가치를 증명하고, 진실한 언행으로 변화를 이끌어 내며, 진실의 힘으로 승리하는 정치인이고자 한다. 깨끗한 정치, 새로운 정치, 능력 있는 정치를 외치며, 정치에 입문한 뒤 수신제가에 최선을 다해 온 것은 진정성을 의심받는 것이 그 무엇보다 괴로웠기 때문이다. 단 한 번의 실수도 스스로 용납하지 않을 만큼 완벽을 기하며 일해 왔기에 함께했던 공직자·참모들의 고통 역시 컸을 것이다. 미안한 마음 가득하다. 하지만 그렇기에 성과를 냈고, 지역민으로부터 인정받았고, 이름에 오점을 남기지 않았다는 점은 자부한다. 어린 시절부터 지금까지를 돌이켜보면, '잘하고 싶은' 마음으로 세상을 대하고, 어떠한 소명도 '잘 해내기 위해' 노력해 왔다.

정치인으로서 진실하게 잘하는 것이 너무도 어려운 여건이다. 가짜가 판을 치고, 권모술수와 이율 배반, 모순과 당착이 가득한 대한민국의 정치 현실에서 그것이 불가능하다고 단언하는 이들도 있을 것이다. 독재를 꿈꾸며, 불법 비상계엄과 내란을 획책하고, 실행에 옮겼던 윤석열을 비롯한 내란 세력들은 반성하지 않고 있다. 거짓과 망상에 사로잡혀 있는 것이다. 그들을 추종하는 세력들 역시 정치권에 그대로 남아 이재명 정부의 발목을 잡고 있다. 우리 사회가 반드시 해결해야 할 빈부 양극화, 과도한 수도권 집중과 불균형 발전, 세대·이념·지역·노사·젠더 갈등 등은 더 심각한 수준으로 미래를 옥죄고 있다.

이럴 때일수록 진실은 더 강해져야 하고, 더 현명해야 하며, 더 보편타당하여야 한다. 내게 정치인의 덕목을 세 가지만 말하라고 한다면 혜안, 판단력, 추진력이라고 할 것이다. 이는 학습 능력, 경험, 현장 및 사안 파악력, 리더십, 솔직함 등을 갖춰야 얻을 수 있는 것들이다. 완벽할 수 없지만 40여 년간 공직에 종사하며, 국민을 섬기고 국가에 충성하는 것이 무엇인지를 조금씩 깨달아 지금에 이르렀다. 모든 권력의 원천인 국민은 자신을 위해 일할 리더를 선택할 수 있는 권리를 가졌으며, 몇 번의 굴곡은 있었지만, 어떻게 해서든 그 시대에 맞는 적임자를 찾아왔다.

김대중, 노무현, 문재인, 이재명이 그들이다. 특히 나는 중학교 3학년 때 제7대 대통령 선거에서 신민당 후보로 나선 고 김대중 전 대통령의 목포 연설을 지켜보며 처음으로 '정치'를 가슴에 품었다. 그의 쩌렁쩌렁한 목소리와 논리 정연한 연설 내용, 천부적인 설득력과 청중을 사로잡은 카리스마를 보며 국민의 마음을 헤아려 세상을 올바로 바꿀 힘이 정치에 있음을 알았기 때문이다. 그와 같은 길을 걸을 수는 없었지만, 그의 생각, 의지, 가치관, 소통 방식, 정책 방향, 업무 처리 능력 등을 배우고 익히기 위해 평생 노력해 왔다. 전남을, 호남을, 국민을 진심으로 사랑했던 김 전 대통령의 발끝에라도 미쳤으면 하는 바람이다.

나는 늘 "하늘은 스스로 돕는 자를 돕는다"는 격언을 간직하며 살아왔다. 앞이 캄캄해도 끝까지 포기하지 않고 될 때까지 계속 방법을 고민하고, 실천하기를 주저하지 않았다. 운 좋게도 지금까지 그 결과는 상당히 괜찮았다고 자평한다. 이 책은 지금까지 행정 관료와 정치인, 즉 공인으로 살아오면서 마음속 깊이 가지고 있던 생각을 정리한 것이다. 인간 김영록의 살아온 기록도 함께 남기고 싶었다. 지역민, 그리고 국민의 소명을 받아야 하는 정치인으로서, 오늘을 열심히 살며, 내일을 기대하고 있는 지역민, 더 나아가 국민을 실망시킬 수 없다는 다짐이기도 하다. 이 책을 읽는 모든 이가 가슴이 뜨거워지고, 함께 같은 곳을 바라볼 수 있다면 그것으로 만족한다. 글자 한 자, 문장 한 줄에 국가와 국민, 호남과 호남인, 전남과 전남인에 대한 진심과 사랑을 담았다.

마지막으로 원칙주의자이면서 완벽까지 추구하는 남편을 만나 고생만 하고 있는 사랑하는 아내 정라미, 공직에 신경 쓰느라 성장 과정을 제대로 살피지 못하고 함께하지 못했건만 너무도 건강하게 잘 커준 아들 김도형과 딸 김연수에게 감사의 마음을 전하고 싶다. 건강한 유전자를 물려주시고, 풍요로운 바다와 같은 마음을 키워 준 아버지와 어머니, 행복한 추억을 가득 심어 준 형제자매들과 고향의 친구들, 공직과 정치 여정을 함께 해준 선후배 동료와 공직자들, 그리고 무엇보다 사랑하는 전남도민께 고개 숙여 고마움을 표한다.

2025년 12월
전남, 호남, 대한민국을 위해
김영록

4장 ✳ 다시 찾은 민주정부와 전남의 과제

5장 ✳ 동북아 균형과 평화를 주도해야 하는 대한민국

6장 ✳ 국민을 행복하게 하는 것이 진실한 정치다

1장

*

내 고향 남쪽 바다, 그리고 27년의 공직생활

행복했던 어린 시절,
그리고 광주에서의 유학 생활

완도 고금면 앞바다. 내 고향 남쪽 바다는 언제 봐도 정겹다. 내 고향은 완도군 고금면 덕동리다. '완도'라는 두 글자만 들어도 못 견디게 그립다. 그래서 우리 가곡 〈가고파〉의 "내 고향 남쪽 바다"라는 가사를 좋아한다. 곡도 좋지만, 그 가사가 나를 잠시나마 고향으로 데려가기 때문이다. 내 어머니가 그랬듯이 고향 완도는 지치거나 상처받거나 시련을 겪을 때마다 극복할 힘을 준 희망의 원천이었고, 고비마다 재도전을 하게 만든 독려의 회초리이기도 했다.

어린 내게 고향은 차별이 없는 평등 세상이었다. 세상과 하나가 된 동심의 세계에서 정말 행복했다. 4남 3녀 중 넷째로,

위로 형님 둘과 누나, 아래로 남동생과 여동생 둘을 둔 나는 부모복도 타고났다. 아버지는 완도읍에서 수협에 다니고 할머니, 어머니는 부지런해 농사일도 하고 김 양식도 하는 살림꾼이어서 우리 집 살림은 제법 넉넉한 편이었다. 어린 시절엔 모든 것이 여유로웠던 것 같다.

도시에 나와 살면서 가끔 완도 촌놈이라고 무시당하는 기분이 들 때면 나는 마음속으로 외치곤 했다. "완도 촌놈이라고 무시하지 마라. 우리 동네 앞바다도 크게 보면 태평양이라고. 나도 태평양을 바라보며 꿈을 키운 사람이다"라고. 실제로 나이가 들어 공무원이 되고 정치를 하면서, 바다가 얼마나 중요한지 그리고 내가 바닷가 출신이라는 것이 얼마나 소중한 자산인지를 깨닫게 됐다.

천국과 같이 그저 행복하기만 했던 어린 시절을 보낸 뒤, 초등학교 6학년 때 광주 유학길에 오르면서 나의 첫 시련이 시작되었다. 당시에는 광주서중학교와 광주제일고등학교를 들어가는 것이 전남 도내 모든 학생의 꿈이었다. 이를 이루기 위해 광주서석초등학교로 전학을 왔는데 일주일 만에 선생님께 꾸중을 심하게 들었다. 산수 과목 쪽지시험을 봤는데, 100점 만점에 10점을 맞은 것이다.

한 번도 접하지 못한 문제였다. 완도에서는 일등을 놓치지 않아 늘 자신감이 넘쳤는데, 문제 자체를 이해할 수 없다는 사실에 정말 창피하고 자존심이 이만저만 상한 것이 아니었다. 선생님께 꾸중을 들었던 일이 거의 없었던 나로서는 "섬에서 김이나 뜰 것이지…"라는 경멸에 가까운 선생님의 힐책은 큰 충격이었다. 그날 집에 돌아가 누나에게 울며불며 완도로 내려가겠다며 생떼를 썼다.

그때 누나의 위로가 큰 힘이 돼주었다. 도시 학교에 적응하기 위해 처음으로 개인 과외를 받았다. 아버지가 편찮으시기 전이어서 여유가 있었던 때였다. 과외를 받고, 자습도 하면서 정확히 자정에 자고 새벽 6시에 일어나며 열심히 공부했다. 지금 생각하면 초등학생이 어떻게 그렇게 했는지 스스로도 대견스럽다. 차츰 성적이 올라갔다. 두 달이 지나자 우리 반 100명 중 20등으로 뛰었고 급기야 6월 말 서울에서 가지고 온 시험 문제로 치른 모의고사에서는 전교 일등을 했다. 유학을 온 지 4개월 만의 일이었다.

이러한 과정은 나를 강하게 만들었고, 어떤 어려움 속에서도 반드시 최고가 되겠다는 의지와 자신감을 갖게 만드는 계기가 됐던 것 같다. 모두가 선망했던 광주서중학교에 쉽게 합격했다. 고향에 내려가니 완도군 수협 조합장이셨던 아버지가 매우 기뻐하셨다. 서중에 합격한 학생이 군 전체에서 몇 손가락에 꼽을 정도로 귀했기 때문에 집안의 경사이기도 했다. 동네 어른들도 머리를 쓰다듬으며 칭찬해 주셨다. 서중 2학년 때 초등학교 6학년 담임 선생님을 우연히 길거리에서 만났다. 성적이 떨어질 때면 여지없이 매를 들었던 엄한 선생님이셨는데, 학창

광주서중 재학 시절, 친구와 함께 찍은 사진. 아래쪽이 나다.

시절을 통틀어 공부를 가장 잘 가르쳤다는 것을 대학교에 가서야 깨달았다. 핵심을 족집게처럼 짚어서 설명해 주시는 요령과 교수법이 탁월하셨던 것이다.

대학에 입학해 학생 과외로 용돈을 벌기도 했는데, 그때 선생님으로부터 핵심을 짚어 쉽게 가르치는 요령을 배웠던 게 도움이 됐다. 때로는 엄하게, 때로는 자상하게 학생의 수준에 따라 방법을 달리해 가르치는 선생님에게 무의식중에 리더십 훈련도 받았던 것 같다. 그 선생님은 내 인생에 큰 도움을 주신 분이다. 나는 선생님들이야말로 정말 중요한 분들이며, 마땅히 존경받아야 한다고 생각한다. 선생님은 그 자체로 성직이며,

진흙과 같은 상태의 어린 학생들을 잘 주물러서 훌륭한 소조(塑造) 작품으로 만드는 '예술가'이기 때문이다.

광주제일고등학교 1학년 시절 겨울방학을 마치고 처음 등교했을 때의 일이다. 갑자기 폭풍이 불어 선박 운항이 금지되면서 하루 늦게 학교에 갔었다. 도착하자마자 담임 선생님께서 자연계로 갈 것인지, 아니면 인문계로 진학할 것인지를 당장 결정하라고 재촉하셨다. 다른 친구들은 전날 써냈던 모양이다. 막연히 자연계로 가서 의대에 진학하려는 생각이 있었는데, 그 순간 "큰놈이 될 것"이라는 아버지의 말씀이 머릿속을 때렸다. 아버지는 나의 큰 귀를 귀여워하셔서 잡아당기시며 "귀가 큰 것 보니 큰놈이 될 것"이라는 말씀을 자주 하신 바 있었다. '큰놈'이 되려면 인문계를 가야 할 것 같다는 막연한 생각이 떠올라 그 자리에서 인문계라고 적어 내고 말았다. 한동안 갈등하긴 했지만 그렇게 인생의 진로는 숙명처럼 달라졌다.

흔히 하는 말이지만 내 인생을 되돌아봐도, 사람이란 어렸을 때부터 듣던 말 한마디에 영향을 받는다. 그래서 나는 어린이들과 이야기할 기회가 생기면 동네 어르신들이 내게 했던 것처럼 작은 장점이라도 발견해 칭찬을 해주곤 한다. 누가 아는가. 그 칭찬으로 인해 한 명의 어린이라도 꿈을 갖게 된다면, 그것이 바로 우리 전남을 밝힐 한 줄기 빛이 될지를. 설령 빈말이라도 어린이들에게 머리 쓰다듬으며 칭찬하기 캠페인이라도 했으면 좋겠다.

중학교 때부터는 아버지의 병환으로 점점 가세가 기울었다. 중학교 1학년 여름방학 때부터 아버지는 고혈압으로 서울이나 광주의 병원을 오가셨고, 끝내는 집에서 요양하실 수밖에 없었다. 그때부터 가족 모두가 허리띠를 졸라매지 않을 수 없었다. 7남매가 다 학교에 다니고 있었으니 아버지가 직장을 놓자 집안 형편은 급속히 기울었다.

생활이 어려워지자 자취방도 도심에서 멀어져 외곽으로 이사했다. 30분은 족히 걸어야 학교에 도착할 수 있었다. 매일 걸었던 충장로는 사춘기 시절 사색의 통로이기도 했다. 어쩔 수 없이 먼 길을 걸어 다닐 수밖에 없었지만 그렇게 매일 걸었던 게 신체와 정신건강에 매우 좋았다는 생각이 든다. 걷기는 사유와 영감을 촉발시킨다. 그래서 철학자나 작가들은 걷기를 즐겼었다. 스스로를 '걷는 자'라고 한 장 자크 루소는 "걷는 것에는 생각을 자극하고 생명력을 불어넣는 무언가가 있다"라고 말했다.

그 시절 아버지가 병환 중에 계시니 마음이 퍽 무거웠다. 사춘기로 접어들며 나는 움츠러들 수밖에 없었다. 중학교 1학년 겨울방학 때부터는 서둘러 고향에 내려가 김 양식장 일을 도와야 했다. 아버지가 병환 중이니 집안일을 도울 수밖에 없었다. 어머니와 함께 김을 채취하기 위해 배를 타고 나갔는데 그렇게 추울 수가 없었다. 어찌나 손이 시리던지 어린 맘에 언제 끝나나 하는 생각이 간절했지만, 어머니 혼자 둘 수 없었다. 새

바다를 바라보며 살았던 어린 시절의 추억은 언제나 나를 행복하게 한다.

벽 5시가 되기 전 일어나 김발에서 김을 뜬 뒤 김을 잘게 썰어 마을 앞 둠벙에 가서 씻어야 했다. 그리고 김을 떠서 건장에 널어야 했는데, 이것이 지주식 재래 김 생산방법이다. 고등학교 1학년 겨울방학 때까지 어김없이 고향에 내려가 김발과 씨름했는데, 2학년부터는 대학입시 때문에 공부하느라 동생에게 맡길 수밖에 없었다.

그렇게 고생스러웠지만, 방학이 끝나고 광주로 올라올 때면 발걸음이 떨어지지 않았다. 어려운 형편에도 어머니는 방학이 끝나기 며칠 전이면 떡을 해서 우리 형제들에게 먹이곤 했다. 또 반년을 자식들의 얼굴도 못 보고 목소리도(그때 우리 마을에는 전화기가 없었다) 들을 수 없으니 떡이라도 해 먹여 건강을 지켜주고 싶은 애틋한 마음이었으리라. 광주로 떠나오는 날 아침, 우리 남매는 배를 타고 갑판에 서서 멀어지는 우리 집과 동네를 하염없이 바라보곤 했다. 배를 타고 떠나는 이별은 버스나 기차와는 사뭇 다르다는 것을 섬사람들은 안다. 더구나 몸이 아프신 아버지, 혼자 농사일이며 갯일에, 집안일에, 아버지 병수발까지 하랴 갈수록 체구가 작아지는 어머니를 생각하면 나도 모르게 눈물이 맺혔다.

나는 가수 이미자가 부른 〈동백 아가씨〉라는 노래를 좋아하는데, 어린 시절 여객선 유성기에서 흘러 나오던 그 노래는 그리움 그 자체였다. 배 위로 부서지는 하얀 거품 속에 멀어지는 고향 마을은 그래서 항상 내 마음속에 선연히 남아 있다. 그것은 그리움이 되고, 그 그리움은 〈동백 아가씨〉 노래 가사처럼 그렇게 절절할 수가 없다. 그렇게 광주에 올라오면 한 달 가까이 적응하지 못했다. 방학 때마다 그렇게 1년에 두 번씩 홍역을 치렀다. 그래서 내게는 유달리 고향에 대한 그리움과 집착이 강한 것 같다.

결핵과 아버지의 죽음,
연이은 시련에 이은 고시 합격

아버지가 병환으로 직장을 그만두셨기에 점점 어려워지는 집안 형편의 영향을 많이 받았지만, 그래도 나는 꿈과 희망을 잃지 않았다. 그러나 고등학교 3학년이 되던 해, 나와 우리 집안에 혹독한 고난이 시작됐다.

고등학교 3학년이 되면서 투표에서 덜컥 반장이 됐는데, 오히려 부담감이 앞섰다. 대학입시에 몰두해야 하는 데다, 자취생으로 반장을 제대로 수행할 수 있을지 걱정되었기 때문이다. 가세가 기울면서 김 양식을 돕느라 방학 때 공부도 제대로 못했고, 여러 가지 생각으로 위축되면서 공부에 욕심을 내지 못해 성적은 최상위권이 아니었다. 집안 형편상 사립대학교를 고려할 수 없었기에 서울대학교에 들어가야 한다는 일념으로 열심히 공부했고, 덕분에 성적은 크게 오르고 있었다. 하지만 그것이 오버페이스로 이어졌는지 점점 몸이 쇠약해졌고, 결국 결핵에 걸려 버렸다.

대입을 코앞에 둔 11월 끝내 각혈까지 하고 말았다. 당시만 해도 결핵은 위험한 병이었다. 마침 좋은 치료제가 나오기 시작해 목숨이 위태로울 정도는 아니었지만, 요양을 잘해야 했으며, 더 이상 공부에 최선을 다할 수 없었다. 결국 대학입시에 실패하고, 아픈 몸을 이끌고 고향에 내려갔다. 집 앞에 이르렀는데, 편찮으신 아버지를 생각하니 '얼마나 실망하고 계실까' 하는 마음에 왈칵 눈물이 앞을 가렸다. 마냥 눈물이 흘러내렸다. 집에 들어서니 신장 수술로 눈에 띄게 야위신 아버지와 고생하신 흔적이 역력한 어머니가 "내 새끼 얼마나 고생했냐"며 맞아 주셨다. 그 말에 모두 부둥켜안고 울었던 기억이 아직도 생생하다.

다음 날, 내 건강이 회복돼야 한다며 아버지께서 집에서 기르던 어린 돼지를 손수 잡아 주셨다. 집에 와서 하루를 지내고 나니 그제야 원기가 생기는 것을 느꼈다. 기대가 컸던 아버지의 소원을 풀어 드리지 못하고 걱정만 끼치게 돼 얼마나 마음이 아팠는지 모른다. 고향집에 한 달 정도 있으니 우선 몸이 많이 가벼워진 것을 느꼈다. 당분간 공부는 쉬고 요양을 해야 한다는 의사의 지시를 따를 만큼 마음이 한가롭지 못했다. 다시 광주에 올라와 매일 아침 조선대학교 뒷산에 올라 가벼운 운동을 하고, 떠오르는 태양을 보고 그 에너지를 느꼈다. 이렇게 한 3개월이 지나자 의사도 놀랄 만큼 몸 상태가 나아졌다. 6개월 정도 요양했더니 어느 정도 공부를 해도 될 것 같았다. 무리해서는 안 된다는 의사의 주의를 받았지만, 재수를 위해 광주에서 서울로 올라가 학원을 등록했다.

그러나 과거처럼 열심히 할 수는 없었고, 집중력도 현저히 떨어진 것을 느꼈다. 전력을 다할 수는 없었지만, 그럭저럭 성적은 괜찮은 편이었다. 가을쯤 되니 원하는 대학에 갈 수 있을 것 같았는데, 재앙은 겹쳐서 온다고 했던가. 막판 스퍼트를 가할 무렵 아버지께서 뇌출혈로 운명하셨다는 청천벽력같은 비보가 날아들었다. 눈물 바람에 집으로 달려갔지만, 아버지는 영영 눈을 감으신 뒤였다. 도무지 현실 같지 않았다. 아버지를 보내면서 이번에는 반드시 원하는 대학에 합격해 아버지께 못다한 효도를 하겠다고 굳게 다짐을 했다.

하지만 모든 것이 생각처럼 풀리지 않았다. 지망했던 서울대 사회계열에 또 낙방하고 만 것이다. 합격자 명단에 이름이 없는 것을 확인하는 순간 절망감에 눈앞이 캄캄했다. 한동안 무력감이 들어 자학했던 기억이 새롭다. 그 후 나는 더 이상 집안에 경제적 부담을 주지 않기로 결심했다. 역경 속에서 더욱 강해지는 내가 아니었던가. 마침 한 친구가 성균관대학교 법대 야간에 같이 등록하자고 권유했다. 주간에 돈을 벌어 학비와

아버지가 돌아가신 후 동생들에게 기회를 주기 위해 나는 학비를 벌면서 공부도 병행해야 했다. 가운데가 나.

하숙비를 충당하면 되겠다는 생각에 야간대학에 들어갔다. 마침 3월에 동사무소 5급(현재 9급) 직원 모집 공고가 있어 시험을 봐 합격한 뒤 4월부터 낮에는 동사무소 직원으로 일하고, 밤에는 대학에 다니는 이중생활을 했다. 그러나 월급으로는 등록금은커녕 하숙비 내기도 빠듯해 대학 수업이 끝나면 이웃집 학생 과외까지 했다.

그럼에도 학비를 충당하기엔 턱없이 부족했고, 결국 약 5개월 만에 동사무소를 그만두고 2학기 등록도 못 하고 말았다. 한동안 모든 것을 포기한 상태에서 중학생 과외선생을 하면서 지냈다. 어두운 터널 속에서 방황과 번민의 시간은 계속됐다.

그러던 차에 건국대학교 장학생 모집 광고가 신문에 났는데, 형이 이를 권했다. 다행히 시험에 합격했고, 그렇게 4년 장학생으로 대학생이 됐다. 내게 대학과 고시 합격의 기회를 준 모교 건국대학교에 무한히 감사할 뿐이다.

대학에 들어가자마자 고시반(법학연구실)에 들어가 고시 공부에 매달렸다. 2학년 때부터 본격적으로 시작해 4학년, 즉 2년 만에 합격하자고 목표를 세웠다. 지난 시간의 실패를 단시간 내에 보상받고 싶은 생각이었다. 2학년 가을 1차 시험에 무난히 합격했다. 고등학교 시절 열심히 공부했던 영어, 국사와 대학 시절 재미있게 공부한 헌법, 민법 총칙도 성적이 좋았다. 헛된 공부라는 것은 없다.

내친김에 3학년 때 2차까지 합격하리라는 결심으로 컨디션 조절에 만전을 기했다. 결핵이 재발하는 것이 가장 신경 쓰였지만, 다행히 체력이 충분히 따라주었다. 고시 과목을 선정하면서 부기도 모르는데 회계학이 유용할 것이라는 생각에 선택했다가 애를 먹었다. 어떻게 해야 할지 고민하다가 새로 나온 전공 서적을 구입해 정확히 7회를 정독했다. 3회를 읽었더니 윤곽이 잡혔고, 4회를 정독하니 답안을 쓸 수 있을 것 같았다. 마지막에 회계학 시험문제가 적힌 두루마리가 내려졌는데, 7독을 한 책에 있는 내용이었다. 안도감에 담담히 답안을 적어냈다.

고시에 합격하기에는 비교적 어린 나이었지만, 고생하시는 어머니와 어렵게 공부하고 있는 작은형, 동생들을 생각하면 꼭

그리운 나의 아버지. 비록 일찍 돌아가셨지만,
나에게 언제나 큰 힘이 돼주셨다.

합격해야 했다. 아버지께 다짐한 것도 있지 않은가. 그 간절함
을 저승에 계신 아버지께서 아셨을까, 시험 보기 이틀 전 밤에
아버지가 현몽하셨다. 타계하신 지 4년 만에, 그것도 고시라는
일생일대의 시험을 앞두고 찾아오신 것이다. 꿈 내용이 너무 좋
아 아버지가 나를 도와주러 오셨다는 것을 확실히 알 수 있었
다. 하얀 한복을 입고 고금도 집으로 들어오시는 아버지를 마
중 나갔는데, 환하게 웃으시는 모습이 너무 편안하고 인자해 보
였다. 평소 지지 않으시던 지게와 바지게에 황금처럼 번쩍이는
무엇인가를 지고서 웃으시면서 집안으로 천천히 걸어 들어오시
는 것이었다.

꿈에서 깨어 한참을 울고 나서 이번 시험을 위해 아버지가
나를 도와주러 오셨으며, 내가 가는 이 길이 틀림없다는 것을
처음으로 확신하게 됐다. 마음도 한결 가벼워졌다. 그래서 2차

시험도 큰 부담 없이 봤고, 바로 합격했다. "합격입니다"라는 여직원의 목소리를 평생 잊을 수 없다. 갑자기 눈물이 쏟아졌다. 고향에 계신 어머니에게 전화를 드렸다. 전화 속의 어머니는 일순 말씀이 없으셨다. 울먹이고 계신 것이었다. 내가 좋아하는 맹자의 말씀이 생각난다. "하늘이 장차 그 사람에게 큰 사명을 주려 할 때는 반드시 먼저 그의 마음과 뜻을 흔들어 고통스럽게 하고, 그 힘줄과 뼈를 굶주리게 해 궁핍하게 만들어 그가 하고자 하는 일을 흔들고 어지럽게 하나니, 그것은 타고난 작고 못난 성품을 인내로써 담금질해 하늘의 사명을 능히 감당할 만하도록 그 기개와 역량을 키워 주기 위함이다."

한때의 시련과 원하는 대학에 가지 못한 것을 나는 지금까지도 '절대 교만하지 말라', '과신하지 말라'는 인생의 가르침으로 여기며 산다. 또 인생을 혼자 생각하고 혼자 고민하지는 말아야겠다는 것도 배웠다. 반드시 사회를 아는 어르신이나 선배들에게 조언을 받아야 한다. 무엇보다 하늘은 누구에게나 공평하다, 시련을 주면 반드시 열매도 준다는 것은 그때 배운 교훈이다. 성공한 사람들은 예외 없이 실패를 보약으로 여겼던 사람들이다. "실패는 아무것도 성취하지 못했다는 걸 의미하지 않는다. 당신이 무엇인가 새로 배웠음을 의미할 뿐이다"라는 로버트 슐러(Robert Schuller)의 말은 이를 뜻하는 것이 아닐까. 젊은이들이 꼭 마음에 새겼으면 한다.

아버지와 어머니,
그리고 사랑하는 나의 가족

내가 초등학교 때 아버지는 수협중앙회 완도출장소장으로 계셨다. 그 당시 완도에서 김이 많이 났고 일본 수출이 한창 잘되던 시절이라 아버지 사무실에 가면 대형 창고에 수출용 김이 가득했고, 화물선에 김 상자를 싣는 장면이 장관이었다. 그 현장에서 감독하는 아버지의 모습은 훨씬 커 보였고 자랑스러웠다. 직장 때문에 완도에 계셨던 아버지는 주말을 이용해 고금도 집에 오시곤 했는데, 가끔 보는 아버지는 완도읍에서나 고금도 집에서나 멋쟁이셨다. 또 어른들 사이에서 아버지는 '머리가 좋은 분'으로 통했다. 아버지는 사실 면에 하나 있는 보통학교밖에 못 나오셨다. 그런데도 군 단위 기관장과 완도, 군외,

소안, 청산, 고금, 약산, 영광 법성포 어업조합 이사 등을 지내셨다.

아버지는 완도읍에서 직장생활을 하시다 보니 평소 바다 일은 안 하셨다. 하지만 김발을 막을 때는 집에 꼭 오셔서 직접 동네 어른들과 일하셨던 기억이 난다. 김발을 막는 것은 1년 농사를 가름 지을 만큼 중요한 일이고, 긴 말뚝들을 갯벌 깊숙이 박아야 하니 매우 어려운 작업이었다. 아버지가 그 힘든 김발 막는 작업을 손수 하시는 것을 보면서 중요한 일은 직접 저렇게 솔선해서 해야 한다는 무언의 가르침을 받았다. 보통학교만 나온 아버지는 많이 배우지 못한 것을, 겉으로 드러내지는 않으셨지만 매우 한스럽게 생각했다. 그래서 우리 7남매 교육에 대해 각별하게 챙기셨고, 우리를 교육하는 데 모든 것을 다 바쳐도 좋다고 여기셨다.

앞서 밝혔듯이 그런 아버지께서 몸져누워 더 이상 직장을 다닐 수 없게 되자 나는 중학교 1학년 겨울방학 때부터 김발에 나가기 시작했다. 덩치가 꽤 커져 할 수 있는 일이었다. 쉬워 보였으나, 힘이 문제가 아니었다. 경험이 전혀 없고 손에 익지 않은 일이라 사실 몹시 힘들었다. 그런 아들의 모습이 안쓰러웠는지 바람이라도 조금 세게 불고 파도가 일면 아버지는 긴 검정색 코트를 걸치고 선창가에 서서 나와 어머니를 기다리곤 했다. 그때 짠하면서도 대견한 마음으로 나를 마주하던 그 아버지의 눈빛을 나는 영원히 잊지 못한다.

고등학교 2학년에 올라갈 때까지 겨울방학이면 고향에 내려와 어머니를 모시고 일을 했다. 정말 힘들었지만, 부모님과 같이 고향에서 지내는 것이 좋았다. 방학이 끝날 때면 언제 쓰러질지 모른다는 두려움에 화장실에 갈 때도 조심해야 하는 아버지의 병약하신 모습이 광주로 가야 하는 발길을 무겁게 했다. 어렸을 때부터 유난히 나를 사랑하셔서 큰놈이 될 것이라고 어른들이 덕담하면 좋아하셨던 아버지, 내가 서중학교에 합격했을 때 바이올린을 사 주고 주위 분들한테 한턱내겠다며 기뻐하셨던 아버지, 겨울방학이면 일 때문에 공부는 못 했지만 일이 적은 여름방학에는 언제나 책을 보라고 채근하셨던 아버지.

아버지는 대학입시에 떨어지고 병든 몸으로 반쪽이 돼 집에 나타난 나를 보시고도 실망하는 말씀은 한마디도 없으셨다. 그 따스한 마음을 나는 안다. 고금도 집에서 두 달 정도 요양을 할 때도 빨리 나아야 한다고 했을 뿐, 과거처럼 집에 계신 분 특유의 많은 걱정과 잔소리는 없으셨다. 그렇게 속정이 깊었던 아버지가 내가 재수한다고 서울에 와 있었는데, 9월에 편지를 보내셨다. 돌아가시기 한 달 전이었다. 아픈 몸 관리 잘하고, 공부보다는 건강에 더 유의하라는 내용이었다. 아버지께서 내게 보낸 마지막 편지였다.

아버지께서는 그해 10월 7일 아침에 밥상을 받고 한 숟가락 뜨시려다가 그대로 쓰러져 뇌출혈로 돌아가셨다. 6년간 집에 계시면서 차츰 나아지셨는데 결국 고혈압으로 쓰러지신 것이다. 요즘에는 아무리 혈압이 높아도 관리가 가능하지만 당시에는 뾰족한 방법이 없었다. 아버지가 돌아가셨다는 비보를 듣고 나는 서울에서 바로 내려와 광주에 있는 형·누나와 같이 강진 마량에서 배를 타고 고금 본가로 갔다. 지금도 기억이 생생하다. 배를 타고 가는데 상여를 실은 작은 배가 우리 동네 쪽으로 우리 배와 같이 가고 있었다. 그 상여를 보자 지금까지 참았던 눈물이 봇물처럼 터져 나왔다.

아버지는 6년간 집에서 요양하며 병마와 싸우다 홀연히 하늘로 가셨다. 어떻게든 자식들 공부는 시켜야 한다고 병중에서도 오직 그 생각만 하셨을 텐데, 내 밑으로 아직 고등학교도 졸업하지 못한 동생들 셋을 두고 어떻게 떠나셨을까. 그 생각을 하면 가슴이 미어진다. 고시 전에 아버지가 꿈에 나타나신 걸 보면 지금까지 아버지는 하늘에서도 자식들을 도와주시는 것 같다. 그런 아버지이기에 나는 어려울 때면 아버지를 생각하며, 정말 중요한 순간에는 아버지께서 나를 도와주실 것을 굳게 믿고 있다.

누구나 그렇겠지만 어머니는 내게 또 하나의 고향이다. 슬플 때나 기쁠 때나 표현이 없고, 아무리 힘들어도 고생스럽다는 말 한마디 없이 현실을 묵묵히 인내할 줄 아시는 어머니, 소박한 촌로인 나의 어머니는 지난 2022년 8월 102세의 연세에 영면하셨다. 매우 건강한 편이어서 돌아가시기 얼마 전까지 고향집에서 홀로 사셨다.

나의 어머니는 무덤덤하셨고, 말수도 적으셨다. 희로애락의 감정을 적극적으로 표현하시는 분도 아니었다. 기쁘다고 펄쩍펄쩍 뛰시는 분도 아니었고 어렵다고 쉬 한숨짓는 분도 아니었다. 농사일, 김 양식 등 바다 일에, 아버지 병수발까지 하시면서 한평생 고단하셨지만, 자식들에게 힘들다고 하신 적이 없다. 자식들에게 서운하다고 말씀하시는 것도 들어 본 적이 없다. 어머니가 자식들 때문에 걱정하시는 것은 들어 봤지만, 당신 신세 한탄하시는 것은 들어 본 적이 없다.

"산처럼 물처럼 살았다"는 어느 작가의 말처럼 어머니는 대한민국의 산하처럼 그렇게 묵묵히 든든하게 존재하셨다. 어렸을 적에는 어머니보다 아버지가 자식들에게 적극적으로 사랑을 표현해 주셨다. 어머니는 세상 물정도 잘 모르시는 분으로 여겨지기도 했었다. 그러나 철들어서야 알게 됐다. 어머니는 인고의 세월을 견뎌낸 분, 모든 것을 용광로처럼 받아들이고 삭혀 낸 분, 쉰넷에 남편을 여의고 힘든 세월을 살아오느라 가슴 한편이 시커멓게 멍이 들었을 법한데도 흘러가는 물처럼, 세월처럼 다 떠나보내고 그저 자식들을 위해서 살고 계시는 분, 바로 그런 분으로 느껴졌다. 그래서 나는 언제든 어머니한테 가면 모든 것을 내려놓을 수 있는 편안한 마음이 됐다.

중학교 여름방학 때 집에 내려가 있을 때의 일이다. 하루는 집 옆에 여름 작물을 심겠다며 텃밭을 파라고 하셨다. 당연히 그것은 나와 동생의 몫이었다. 쇠스랑으로 땅을 파는데 뙤약

고금도 본가에서 돌아가시기 직전까지 홀로 사셨던 나의 어머니. 2022년 8월 102세의 연세로 영면하셨다.

볕 아래 땀만 나지 조금도 일은 줄지 않았다. 자꾸 쉬는 시간이 많아지자 어머니가 우리를 보시더니 "사람은 눈이 게으른 법"이라고 말씀하셨다. 어머니의 그 말씀은 강한 충격으로 다가왔다. 그 말의 속뜻은 하기 싫은 마음에 자꾸 눈으로만 살피고 게을러진다는 의미였다. 공자 말씀이 따로 없었다. 그 후 나는 일을 하기 싫을 때면 어머니의 그 말씀을 되뇌곤 한다.

어머니는 음식 솜씨가 좋았다. 아버지도 어머니가 해주시는 반찬은 항상 맛있다고 하시곤 했다. 어렸을 때는 잘 몰랐는데, 나중에 객지 생활을 많이 하면서 어머니 손맛이 좋다는 것을 알았다. 특히 김치 담그는 솜씨는 최고였다. 누이동생 둘은 어머니를 닮아서인지 김치 담그는 솜씨가 좋다.

어머니는 동양적인 미인상이셨다. 키는 조금 작지만 부드럽고 단아하셨다. "네 엄마가 처녀 때는 정말 예뻤다"고 아버지가 말씀하신 기억이 난다. 생전 잔병치레 한번 없으셨던 어머니가 보건지소에서 갑자기 대장암이 의심되는 판정을 받아 가슴이 철렁했던 적이 있었다. 다행히 한 대학병원에 가서 정밀 진단을 받았는데 암이 아니었다. 어머니의 건강 비결은 원래 타고난 체질도 있겠지만, 스트레스도 그냥 덤덤히 받아들이는 성품에 있지 않을까 하는 생각이 든다. 가식이 없고 단순한 마음, 그것이 아닐까.

어머니는 한 번도 내게 무엇이 되라고 이야기하신 적이 없다. 자주 전화를 드렸는데, 그때마다 빼놓지 않는 말씀이 "끼니 거르지 말고 밥 잘 먹어라" 하는 것뿐이었다. 어렸을 적부터 우리 형제들에게 가르침이나 간섭보다는 믿음과 사랑만을 보여 주신 분이셨다. 덕분에 우리 7남매는 다 정직하게 잘 성장했다. 어떻게 보면 스스로들 다 알아서 자기 방식대로 살아왔는데, 어머니 나름의 육아법이 그렇게 키운 것이다.

어머니가 가신 지 어언 3년이 지났다. 힘들 때는 어머니께 전화해 "밥은 잘 묵고 있냐", "항상 몸조심해라"는 말씀을 들으면, 그것만으로 마음이 풀리고 힘이 나기도 했었는데, 이제는 날 위로해 주실 어머니가 안 계신다는 생각에 눈물이 맺힌다. 지금은 천국에서 아버지를 만나 너무 일찍 헤어져 나누지 못한 사랑 가득 받으시며, 흐뭇하게 우리 7남매를 내려다보시길 기원할 뿐이다.

나는 또래에 비해 조금 늦은 편인 서른두 살에 결혼했다. 내 아내 정라미는 일곱 살 연하로 스물다섯 살이었다. 때 묻지 않은 모습이 좋아서 결혼했고 나중에 보니 지독한 살림꾼이어서 공무원 아내로는 적이 안심됐다. 원래 세상 물정도 모르는 순진한 사람이었는데, 지금은 씩씩해졌다. 집사람은 원래 조각가이다. 전남대학교와 홍익대학교 미대 대학원을 졸업해 개인전도 세 번 열었다. 조각은 돈이 좀 드는 분야라 충분히 지원해 주지 못한 것이 늘 미안한 마음이다.

예술가의 기질이 강한 아내는 남의 시선을 크게 의식하지 않았고, 고집이 상당했다. 감당하기 어려운 때도 있었는데, 그때마다 아내는 결국은 내 뜻대로 다했다고 항변했다. 나는 농촌에서 태어났지만 아내는 도시에서 컸기에 생각의 차이가 컸고, 나이도 일곱 살 차이인 데다, 조직 생활이 몸에 밴 공무원과 자유분방한 조각가의 생각이 같을 수가 없었다. 공무원 생활에 대해서도 아내는 잘 이해하지 못했다. 결혼 초기에는 조금 싸웠던 것도 이 때문이었다.

국회의원, 장관, 재선 지사가 됐어도 아내는 소탈하고 검소한 모습 그대로다. 아내의 그런 모습을 좋게 보시는 분들이 많아 내게도 큰 힘이 된다. 우리 부부는 나이가 들면서 점점 금실이 좋아지는 것 같다. 내 생각에는 아내가 세상 물정을 점점 알

아내 정라미, 큰아들 김도형, 둘째 딸 김연수와 함께 찍은 가족사진.

아가니 그런 것 같은데, 아내는 내가 좋은 방향으로 바뀌어서 그렇다고 말한다. 정치를 하면서 나와 아내는 공통의 대화가 생기게 되고 서로 상대가 무슨 일을 하는지 알게 되니 자연히 금실이 좋아지는 것 같다.

선거를 치르는 과정에서 아내는 세상을 많이 배웠다고 말한다. 예전엔 잘 몰랐는데, 어려운 사람들이 이처럼 많은 것에 놀랐다는 것이다. 국회의원이 되고 조금 지났을 때, 아내는 "시골에 가면 손가락 하나가 없는 분들이 너무 많아서 놀랐다. 악수해 보면 의외로 그런 분이 많은데, 사연인즉슨 농기계에 손가락이 잘려도 봉합 수술하면 2주 정도는 일할 수 없어 봉합 수술을 포기하고 응급조치만 받았기 때문이라는 말을 들었다. 너무도 짠한 마음에 눈물이 나서 혼났다"라고 말했다.

우리 가족은 자기 일은 각자 알아서 하는 편이다. 내가 어렸을 때부터 그러했듯이 애들 일에 그렇게 크게 관여하지 않았고, 큰 방향만 잡아 주었다. 아내도 마찬가지였다. 아이들이 학교·학원을 다닐 때도 매번 자동차로 데려다주거나 하지 않았고 매사를 하나하나 챙겨 주지 못했다. 좀 더 자상하고, 더 열성적으로 뒷바라지했더라면 좋은 점도 있었겠지만, 가풍처럼 각자 자기 몫은 자기가 알아서 하는 방식으로 살아왔다. 그래서인지 애들이 밖에 나가서 더 잘 적응하는 것 같다.

큰아들이 군에 입대할 때 아내는 논산까지 배웅했으나 눈물을 흘리거나 서운해하지 않았다. 나도 마찬가지였다. 남자로서 당연한 일이니 의연하게 군대 갔다 와야 좋다고 생각했기 때문이다. 군대에 간 지 한 달 만에 받은 편지는 군대 생활은 잘 적응하고 있으니 걱정하지 말라는 내용이었다. 나는 지나친 관심과 보호가 오히려 멀리 보면 애들에게도 도움이 안 된다고 생각한다. 나 역시 그렇게 살아왔기에 더욱 그렇다. 내 아내도 생각이 같았다. 아이들은 부모 걱정 한 번 끼친 적 없이 성인으로 잘 자라 사회에서 당당하게 제 역할을 하며 살고 있다. 그런 아이들이 있어 마음 놓고 지금 내가 해야 할 일에 온통 매진하며, 전력을 다할 수 있는지도 모른다. 아내와 아이들에게 진심으로 고마운 마음이다.

관선 시대,
패기 넘치는 39세의 젊은 군수

나는 고시 합격과 함께 전라남도 곡성군에서 수습공무원으로 공직에 첫발을 내디뎠다. 당시 근무하던 상사, 동료 등의 이름을 아직도 일일이 기억할 정도로 그때의 인상은 가슴 깊이 남아 있다. 두뇌가 아닌 심장으로 일해야 하며, 실력만이 아니라 인품 역시 뛰어나야 한다는 사실을 깨달았던 시간이었다.

잠시 내무부로 옮겼다가 전남도청에 배속된 지 일주일 만에 군에 입대했는데, 복무기간이 장교(4년 6개월)보다 짧은 사병(2년 2개월)을 선택했다. 과거 결핵 병력이 있어 군 면제를 받을 수도 있었지만, 국방의 의무를 다하는 것이 낫겠다는 생각에 군 복무를 결심했다. 운 좋게도 카투사로 입대하게 되어, 미8군

용산 본부사령실로 배속돼 한미연합사 사령부에서 근무하게 됐다. 아무런 배경도 없었는데 어떻게 그렇게 되었는지 나 자신도 의아할 정도였다.

제대 후 전남도청으로 돌아와 보니 고시 출신이 30여 명이나 됐다. 경쟁이 치열했는데, 딱히 끌어줄 만한 아는 이도 없어 선배 및 동료들의 충고를 잘 귀담아들으며, 첫 사회생활을 시작했다. 어떻게 하면 공직자로서 일을 잘할 수 있을지를 고민하면서 주변에 조언을 구했더니 누군가는 자신에게 잘해주는 사람에게 신경을 더 써주라는 말을 하고, 또 다른 이는 남의 말을 즐겨 하는 것은 바람직하지 않다고도 이야기해주었다. 공직 사회의 일원으로 나는 앞으로 남의 험담을 하지 않겠다고 다짐하면서, 결국 남을 돕는 것이 나를 돕는 것이라고 생각하며, 맡겨진 업무에 최선을 다했다.

그렇게 3년여의 시간이 지났는데, 이렇게 있어서는 안 되겠다는 생각이 들었다. 내무부로 올라가든지 아니면 해외연수를 가든지 해야겠다고 결심했다. 정체 상태에 있는 것 같은 느낌에 발전을 위해 뭔가 돌파구를 찾고 싶었던 것이다. 마침 해외 국비연수 기회가 생겼다. 지방에서 사무관 17명이 신청했는데 내가 선정됐고, 이후 내무부 소속 한 명과 함께 토플시험을 치러 운 좋게 합격했다. 그렇게 1985년부터 2년간 미국 뉴욕주 시라큐스대학교 맥스웰대학원에서 2년간 석사과정을 공부할 수 있었다.

1987년 5월, 미국 시라큐스대학교 맥스웰대학원에서 석사학위를 받았다. 교정에 있는
링컨 동상 앞에서 기념사진을 찍었다.

머릿속으로만 그리던 태평양 건너편 최강대국 미국 땅에 발을 내딛고 보니 제대로 한번 공부해 보자는 생각이 들었다. 오랜만에 하는 공부인 데다 미국이라는 곳에서 행정학을 다시 배우는 것이어서 상당히 재미있었다. 그때 나의 사고는 크게 성장했다. 백문이 불여일견이었던 것이다. 미국의 사회 시스템은 합리적이며, 너무 편리했다. 지구촌의 문물을 익히는 데도 큰 도움이 됐다. 젊은 나이에 선진국을 접하는 것만으로도 시야가 넓어지고 생각이 달라지는 것이다. 젊은이들에게 그런 기회가 온다면 언제든 그것을 잡을 수 있도록 준비된 사람이 됐으면 좋겠다고 말해주고 싶다. 2년의 시간이 지나 박사과정도 두 군데 합격했지만, 자비로 학비를 부담해야 하는 데다 너무 긴 공직의 공백 역시 염려돼 귀국길에 올랐다.

공직에 복귀하자마자, 송언종 전남지사가 고시 출신으로는 처음으로 나를 비서실장에 발탁했다. 이때 나는 행정의 흐름을 읽는 시각을 갖게 됐다. 한 방향이 아니라 여러 방향에서 상황을 감지하고, 높은 곳에서 조망할 수 있는 눈을 더 갖게 된 것이다. 전남도정 전체를 감안하며 기획하는 능력, 신문·방송 모니터링으로 사회적 의제를 파악하는 능력, 축사(祝辭)·고사(告辭) 등 주제에 맞춰 글쓰기 등을 배웠다. 한창 재미를 붙여 일하고 있는데 한 자리가 비었다고 해서 5개월 만에 내무부에 올라왔다.

내무부 근무는 전국적인 시각에서 행정을 보는 눈을 키우게 된 시기였다. 공직생활을 되돌아보면 낯설었던 내무부에서 나를 끌어 주고 인정해 주던 고마운 내무부 사람들을 잊을 수 없다. 내무부에 올라간 지 3개월 만에 민방위국 기획계장을 맡게 됐다. 기획계장은 민방위본부 주무계장으로 꽤 괜찮은 자리였다. 고시 출신이지만 부탁할 것이 있으면 찾아가 겸손하게 부탁했던 것이 좋은 인상을 심어주었던 것 같다. 낮은 자세로 겸손하게 일하며 총무과 서무계장, 행정과 인사계장을 거쳐 1994년 5월 39세의 나이에 서기관으로 승진할 수 있었다. 학연·지연·인연 없이 업무 능력으로만 승부해 이뤄낸 성과였다.

30대 중후반 내무부에서 일하던 시절은 공직사회의 리더로서 어떻게 해야 하는지를 깨달은 호된 담금질 과정이었다. 5년여의 기간 동안 서무, 인사 등의 업무를 맡고 보니 밤 11~12시까지 근무하는 일이 다반사였고 주말에도 오후에는 사무실에 나와서 일했다. 무엇보다 체력 관리가 중요했다. 아버지가 고혈압과 그로 인한 중풍으로 돌아가셨기 때문에 건강에 특별히 신경을 써야 했다. 신경 써서 체중도 줄이고, 즐겨 했던 담배도 끊었다.

1995년 6월 제1회 전국동시지방선거를 1년여 앞둔 1994년 5월 39세의 나이에 강진군수를 맡게 됐다. 내무부 인사계장에서 도청 기획관을 건너뛰고 발탁된 것이다. 당시 전국적으로 지독한 가뭄이 들었는데, 특히 농도인 전남의 상황이 심각했다. 부임한 지 두 달이 채 안 된 7월 초 보성에서 구용상 전남도지사 주재로 시장·군수 가뭄 대책회의가 열렸다. 그 자리에서 구 지사는 중앙부처 순시 희망 지역을 물었다. 모든 시장·군수들이 꺼렸지만 나는 예산이 너무도 절실해 중앙부처 장관이라도 방문한다면 조금이라도 도움이 되겠다는 생각에 기꺼이 손을 들었다.

그로부터 며칠 뒤 장관 대신 김영삼 대통령이 직접 참석하는 것으로 변경됐다는 소식을 듣고 부담감이 엄습했다. 새파랗게 젊은 군수가 대통령을 상대로 직접 보고한다는 것은 큰 모험이 아닐 수 없었다. 당장 다음 날 방문이라 준비할 시간도 턱

만 39세의 나이에 강진군수에 부임하자마자 나는 지독한 가뭄에 강진을 찾은 고 김영삼 전 대통령을 안내했다.

없이 부족했다. 기회가 될 수도 있지만, 자칫 실수라도 할 경우 향후 공직생활의 위기로 작용할 수도 있었다.

강진군에 대통령이 방문하는 것은 처음이라는 부담감도 컸다. 우선 현장에 달려가 부군수, 면장, 주민 등과 대책을 수립하고, 곧바로 브리핑 준비에 들어갔다. 어떻게 하면 효과적으로 가뭄 위기를 설명할 것인지를 고민하면서, 자료의 내용을 완전히 바꿔버렸다. 현 상황에서 1주일, 2주일, 3주일 계속 가뭄이 지속하면 예상되는 현상과 그에 따른 대책을 적어 자료를 직접 준비했다. 직원들과 뜬눈으로 밤을 새우고, 오전 8시 청와대 관계자들이 보는 가운데 사전 예행연습에 들어갔다.

실수 없이 완벽하게 하기 위해 3~4차례 연습을 더 한 뒤, 드디어 오전 9시가 조금 넘어 도착한 김영삼 대통령 앞에서 보고에 나섰다. 철저히 준비한 덕분에 대통령과 정부 부처 관계자, 청와대 출입 기자 등의 칭찬이 이어졌다. 다음 날 국무회의에서 대통령이 "어제 강진군에 내려가 보았는데 군수를 비롯해 민·관·군이 정말 열심히 하고 있었다"라고 칭찬했다는 말을 전해 들었다. 가뭄 대책비로 7억 원을 건의했는데, 그 덕분인지 6억 원이나 예산이 배정되었다.

가뭄으로 시험대에 오른 나는 자나깨나 가뭄 대책만을 생각했다. 어떻게든 이 고비를 무사히 넘겨야 할 책임이 군수에게 있는 것이다. 발로 뛰는 현장 행정을 강조했던 나는 매일 아침·저녁 두 차례씩 가뭄 대책회의를 가지며, 반드시 그날 현장에 다녀와서 확인한 것을 토대로 보고해 줄 것을 강조했다. 나 또한 낮 시간을 이용해 직접 마을마다 돌며 현장 파악에 나섰다. 구석구석 살펴봐야겠다고 마음먹은 것이 강진군의 300개 가까운 마을 전체를 돌아보게 됐다. 덕분에 군 전체를 훤히 들여다볼 수 있게 됐으니, 군수로서 이보다 더 좋은 공부가 어디 있을까. 군수가 직접 이렇게 챙기니 실·과장들도 열심히 따라줬다.

봄부터 시작된 가뭄은 7월 25일까지 계속돼 비 한 방울 내리지 않았다. 강진군 번영회장이 지나가면서 "차라리 기우제를 한 번 지내 볼까"라고 말했는데, 지푸라기라도 잡고 싶었던 나는 귀가 솔깃했다. 미신을 믿지는 않았지만, 그렇게 해서라도 비만 온다면 못할 일도 아니었다. 그날 오후 해 질 무렵 당장 기우제를 지냈다. 지성이면 감천이라고, 하늘이 감복한 것일까. 다음 날 저녁 거짓말같이 비가 조금 내렸다. 급한 불을 꺼 한숨을 돌렸다. 다행히 며칠이 지나 태풍이 왔는데, 피해 없이 비만 흠뻑 내려 가뭄은 완전히 해갈됐다.

당시 강진은 유홍준 교수의 《나의 문화유산답사기》의 인기에 힘입어 관광객이 대거 몰리고 있었다. 나는 이것을 일회성 붐으로 그치게 해서는 안 되겠다고 생각했고, 유 교수와 책을 강진군 관광 마케팅에 활용하기로 마음먹었다. 우선 유 교수를 초청해 직원들과 지역민들이 강연을 들을 기회를 만들었고, 감사패도 수여했다. 강연 후 책에 소개된 한 식당에서 지역유지 등과 점심 식사를 하는데 그 자리에서 '남도 답사 1번지'라는 말이 나왔다. 순간 이것을 강진군을 대표하는 브랜드 네임으로 만들자는 아이디어가 뇌리를 스쳤다.

'남도 답사 1번지', 이 얼마나 낭만적이고 멋들어지면서도 강진군을 알리는 데 효과적인 이름인가. 나는 즉시 실행에 옮겼다. 당장 강진군 입구인 풀치재에 청자 그림과 함께 '남도 답사 1번지'라고 쓴 입간판을 큼지막하게 세웠다. 군민들은 물론 관광객들에게도 좋은 반응을 얻었다.

나는 지금도 이 일을 자랑스럽게 생각한다. 현대는 브랜드의 시대다. '남도 답사 1번지' 하면 강진과 더불어 고려청자의 천년 비색, 아름다운 자연, 멋과 낭만 등을 떠올리게 되는 것이다. 이런 브랜드를 구축하는 것은 엄청난 비용이 들지만, 때마침 유 교수의 책이 나온 덕분에 대중들에게 알려졌고, 이를 놓치지 않고 브랜드화한 것이다.

'남도 답사 1번지'라는 이름을 얻은 강진의 가치를 알리고 관광 활성화를 위한 개발의 밑그림을 보다 세부적으로 그릴 차례가 됐다. 전문가, 지역유지 등이 참석한 가운데 강진군 종합 발전 계획 수립을 위한 회의를 가졌다. 그 결과 마량에서 칠량, 대구를 거쳐 군동으로 오는 해안도로가 남도 답사 1번지의 해안도로로 각광을 받을 것이라는 분석이 나왔다. 그래서 이를 연장해 다산초당이 있는 귤동마을 앞을 거쳐 신전 사초리까지 연결하는 도로를 계획에 반영하도록 했다.

또한, 대구면 청자 도요지를 중심으로 강진 청자 문화를 크게 육성해야 한다는 의견도 제시됐다. 당시 청자 전시관을 짓고 있었는데, 그 일대를 청자 도예촌으로 만들어야 한다는 주장도 나왔다. 병영성을 복원해 하멜과 관련한 관광지를 조성하고, 월출산의 경포대, 무위사 등에 관광 숙박 시설을 유치, 종합 휴양 리조트단지를 조성해야 한다는 목소리도 반영했다. 강진의 청자 도요지를 어떻게 발전시키고 홍보해 나갈 것인지를 정말 고심했다. 당시의 미래 비전이 강진의 밑그림이 돼 현재까지도 계속 보완되고 있는 것을 보면 지금도 보람을 느낀다.

완도군수가 되어 벌인
'완도 하나 되기 운동'

시간이 쏜살같이 흘러 1994년 12월 민선 시대를 6개월 앞두고, 내무부 복귀가 논의되기 시작했다. 원래는 강진에서 1995년 6월까지 군수를 마무리하고 내무부로 돌아가는 방안을 생각하고 있었다. 장래를 고려할 때 내무부에서 미리 자리를 잡을 필요가 있다는 선배님의 권유가 있었기 때문이다. 하지만 이왕 떠난다면 단 몇 개월만이라도 고향 완도에서 군수를 하고 떠나는 것이 좋겠다는 생각이 머리를 스쳤다. 고향이 그런 것인가 보다. 이성적으로 생각하면 내무부에 가는 것이 맞겠지만, 마음이 고향 쪽으로 쏠리는 것을 어쩔 수 없었다.

선배님께 고향에 가서 6개월 군수라도 하고 싶다는 의사를 표했고, 내친김에 도지사께도 전화를 걸었다. 지사님도, 당시 완도군수도 이 같은 나의 의견을 흔쾌히 받아 주셨다. 그렇게 해서 1995년 1월 1일 완도군수로 부임하게 됐다. 감개무량했다. 나를 키워준 고향의 발전을 위해 무엇인가 할 수 있다는 사실이 너무나 행복했다. 6개월이라는 시한이 주어졌기에 두 배, 세 배 더 열심히 해서 성과를 내야 한다고 다짐하기도 했다. 짧은 시간에 어떻게든 고향 발전에 일조해야 한다는 생각 탓인지 출장 중에도 가만히 있을 수 없었다. 차창 밖으로 보이는 다른 지역의 모습을 완도와 비교해 보고 더 발전적으로 접목할 것은 없는지, 정책을 구상하느라 여러 생각에 잠겼다. 고향 사람들을 대할 때면 항상 우리 고향도 잘살 수 있다는 희망과 위안을 줘야 한다는 책임감도 느꼈다.

일단 취임하자마자 이어진 사무관 인사에서 전남도로부터 어렵게 승진 자리를 확보하면서 완도군청 공직자들에게 인정과 호평을 받았다. 군수로서 위신이 선 것이다. 완도의 행정구역은 모두 섬으로 구성돼 있는데, 단 한 명이라도 사람이 사는 곳은 다 방문해 보기로 마음을 먹었다. 유인도 54개를 다 돌아보면서 느낀 것이 이제 섬에도 자동차 시대가 열리고 있다는 점이었다. 전남도지사 업무보고에서 '완도 하나 되기 운동'과 '연도·연륙 사업'을 보고서 첫머리에 넣고 이 점을 가장 강조했다. 당시 신안은 연도·연륙 사업 면에서 완도군보다 월등히 앞서 4곳이나 공사를 벌이고 있었다. 그럼에도 완도군민의 가장 큰 숙원

1995년 1월 민선 자치 시대 6개월을 앞두고 완도군수가 돼 고향을 찾았다. 완도 노화 예작도에서 범죄 없는 마을 현판식에 참석했다.

사업인 완도-신지 간 연륙교 사업은 지지부진했다.

우선 나는 길이가 가장 짧은 고금-약산 간 연도교 사업을 추진하기로 했다. 내무부에 건의해 100억 원 규모의 연도교 사업을 도서 개발 사업으로 추진할 수 있게 됐다. 사업비 규모가 너무 크다며 반대하는 의견도 있었으나, 군도를 지방도로 승격시키면 전남도에서 사업비를 부담하기 때문에 예산 문제를 해결할 수 있다며 강력히 밀고나갔다. 실제로 그 뒤 전남도 비서실장으로 자리를 옮긴 뒤에도 군도의 지방도 승격을 위해 노력했고, 결국 도비를 받을 수 있었다. 지난 2000년 약산대교 개통식이 열렸는데, 비록 참석하지는 못했으나 그 사업의 씨앗을 심었던 나로서는 더 없이 기분 좋은 일이었다.

완도-신지 간 연륙교 사업을 어떻게든 추진해야 했는데, 국회의원을 통해 전남도나 건교부 등에 건의했지만, 별 소득이 없었다. 그러던 중 건설교통부(현 국토교통부)에서 '개발촉진지역'이라는 제도를 만들었는데, 완도군에 관련 사업 계획을 제출하라는 지시가 내려왔다. 다른 의견도 있었으나, 나는 완도-신지 간 연륙교 사업으로 할 것을 지시했다. 이 사업 역시 나중에 도지사 비서실장으로 자리를 옮겨 꾸준히 그 필요성을 역설했으며, 그 결과 개발촉진지역 사업으로 확정됐다. 군수 재직 시 구상했던 전략이 맞아떨어진 것이다.

다리 개통 전 14만 명 수준이었던 신지 명사십리 관광객은 2005년 11월 다리가 개통되면서 2006년 65만 명, 2008년 100만 명 이상으로 급증했다. 군수 시절 중앙정부에 사업을 건의하면 타당성이 없다는 말만 되돌아왔는데, 과연 이 사업이 타당성이 없는지 묻지 않을 수 없다. 이러한 경험은 도지사가 됐을 때 전남 남해안을 수놓고 있는 섬들을 대상으로 연륙·연도 사업에 착수, '백리섬섬길(여수에서 고흥까지 11개 해상 교량으로 연결한 도로)'이라는 명물을 탄생시키는 계기가 됐다. 또한 나는 낙후된 전남을 위해 무엇보다 도로·철도·공항·항만 등 사회기반시설 사업이 중요하다는 점을 깨달았고, 온갖 방법을 짜내 이를 정부 계획에 반영시키는 성과를 거둘 수 있었다.

분뇨처리장 사업을 해결한 것도 두고두고 기억에 남아 있다. 당시 완도군은 분뇨처리장 부지를 주민 반대로 인해 선정하지 못한 채 수년째 표류하고 있었다. 고심하던 중 차 안에서 잠결에 번쩍 생각이 떠올랐다. 완도읍 뒤편 산 너머 적당한 계곡이 있으면 거기에 분뇨처리장을 설치하고, 침출수는 자연 낙하 방식으로 바다로 보내 처리할 수 있겠다는 생각이 들었다. 곧장 현장을 직접 둘러보고 장소를 대강 정했다. 주민 반대 없이 부지를 확정하자 일사천리로 사업이 추진돼 나중에 분뇨처리장을 완공할 수 있었다.

굳이 장기 민원에 손을 댈 필요가 없다는 충고도 있었지만, 오히려 그렇기 때문에 반드시 해결해야겠다고 마음을 먹었다. 어려운 일에 부닥칠 때마다 느끼는 것이지만, 고민하면 분명히 답이 나타난다. 얼마나 깊이 있게, 진실로 고민하느냐에 따라 소요 시간의 차이가 있을 뿐이다.

곧 퇴임인데, 어떻게 하면 군민들에게 조금이라도 더 보탬을 줄 수 있을지를 매일 생각했다. 여러 숙원 사업을 해결해 주기에는 예산이 턱없이 부족했고, 결국 중앙에서 특별교부세를 끌어오는 수밖에 없었다. 내무부의 아는 선배들에게 여러 차례 부탁도 하고, 사정도 해보았지만, 선거를 앞두고 있어 어렵다는 말만 되돌아왔다.

그러던 중에 1995년 4월 전국 시장·군수회의가 내무부 주관으로 열렸다. 이 기회를 활용해 내무부에 직접 들러 특별교

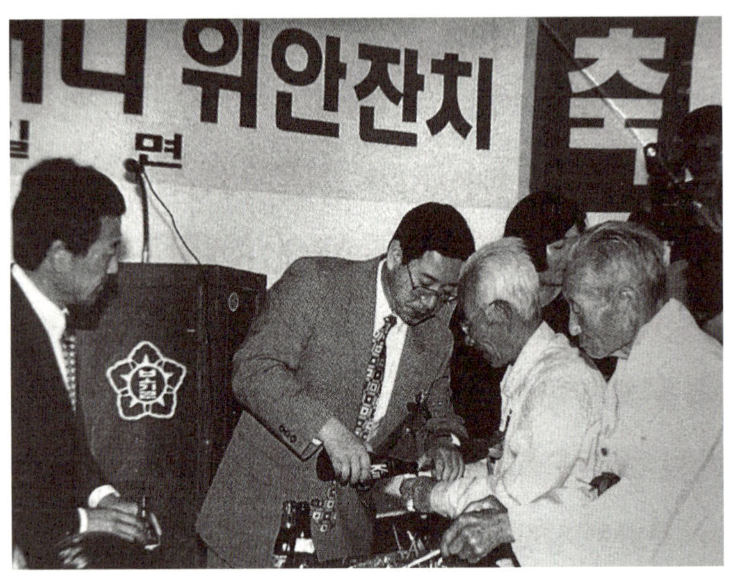

완도군수를 하면서 유인도 54개를 모두 찾아가는 등 6개월 동안 2~3년의 일을 하기 위해 최선을 다했다. 보길도에서 열린 어버이날 경로잔치에서 어르신들을 대접하는 모습.

부세 지원을 건의했다. 하지만 장관님께 직접 건의하라는 퉁명스러운 대답이 돌아왔다. 주기 어렵다는 말이나 다름없었다. 회의가 열렸는데, 장관이 참석한 시장·군수들에게 지역 사정을 물었다. 하지만 얼른 답하는 이가 없자 장관은 나를 지명했다. 얼떨결에 일어섰는데, 순간 차라리 특별교부세를 좀 달라고 해야겠다고 마음속으로 다짐했다. "민선 시대를 앞두고 지역 안정에 최선을 다하고 있습니다만 고향 군수로 있으면서 어려움이 많습니다. 섬으로 이뤄진 완도의 특수성을 감안해 특별교부세 4억 원만 지원해 주신다면 정말 감사하겠습니다"라고 말해버렸다.

불편하고 어려운 말이었지만 군민을 위한 일이니 부끄러울 리 없었다. 장관은 어이없다는 표정을 지었지만, 내심 괜찮게 생각했는지 고맙게도 금쪽같은 특별교부세 4억 원을 배정해 주었다. 이 예산으로 나는 16개 마을의 숙원이었던 안길 포장 사업을 할 수 있었다. 군수로 있으면서 현장 행정을 중시했고, 더욱이 고향 군수이니 거의 모든 마을을 직접 돌아다니며, 주민들도 만나고, 형편도 들어보고, 숙원 사업을 해결하기도 했다. 그렇게 열심히 일한 시간은 너무도 빠르게 흘러갔다.

예정됐던 대로 1995년 7월 첫 민선 시대를 앞두고 6월 말 완도군수직에서 물러나게 됐다. '6개월 군수'라는 것을 이미 예견하고 있었으나, 고향에서의 군수를 마친다는 것이 내심 아쉽고 슬펐는지, 이임사를 하는데 중간쯤에서 목이 메고 말았다. 갑자기 눈물이 쏟아졌다. 가까스로 진정하고 몇 번씩 쉬어 가며 겨우 이임사는 끝냈지만 흐르는 눈물을 주체할 수가 없었다.

마음을 진정시키고 현관 앞에서 직원들과 악수하며, 차를 타고 떠나려 하는데 또 눈물이 나와 주책없는 것 같아 좀 부끄러운 생각마저 들었다. 짧은 기간이었지만, 고향에 대한 강한 애착을 가졌기에 떠나는 순간 뭐라 표출할 수 없는 감정이 눈물로 표현된 것 같다. 그야말로 천국이라 표현할 수 있는 어린 시절의 푸근한 고향, 어머니와 어르신들이 계시는 고향의 군수로 있다가 떠나려니 애정과 아쉬움이 뒤범벅된 채 온갖 상념이

한꺼번에 눈물로 쏟아진 것이다.

7월 1일 자로 민선체제가 시작되면서 전국의 시장·군수들과 마찬가지로 전남도청에서 대기했다. 일시에 쏟아져 나온 시장·군수들이 갈 자리가 마땅치 않았고, 이에 나 역시 불안감은 느꼈지만, 열심히 일했기 때문에 미래를 긍정적으로 생각했다. 3일 정도 지나니 도청에서 연락이 왔다. 민선으로 취임한 허경만 전남도지사께서 찾는다는 것이었다. 허 지사는 뜻밖에도 비서실장을 맡아달라는 요청을 했다. 격에는 맞지 않았지만, 고민 끝에 그 자리를 맡기로 결정했다. 그 후 1년 동안 비서실장을 맡아 민선체제가 순탄히 자리 잡아 도정이 원활히 돌아가도록 최선을 다했다.

주권자인 국민을 바라보는 행정을 위해 동분서주하다

도지사 비서실장을 거쳐 2년간 경제통상국장을 맡았는데, 그때 'IMF 외환위기'가 우리나라를 엄습했다. 금융 자유화와 자본 이동 규제 완화로 단기 투기성 자본이 급격히 유출됐고, 국내 기업들의 과도한 부채와 무리한 투자, 정경유착, 금융기관의 부실 대출 등도 경제위기를 심화시켰다. 이러한 전례 없는 경제위기 속에 전남지역의 대기업인 삼호중공업이 부도처리가 됐고, 협력업체들의 줄도산이 이어졌다.

삼호중공업은 당시 5,000여 명 정도의 직원을 고용하고 있었는데, 조선산업을 전략적으로 키워나가고 있는 전남도 입장에서는 매우 중요한 기업이었다. 어떻게든지 이 사태를 해결해야겠다는 생각에 삼호중공업 협력업체 대표들과 대책회의를 가졌다. 가장 큰 문제는 자금난으로 부도가 난 삼호중공업에서 받은 어음이었다. 협력업체들은 은행권과 협의해 어떻게든지 이 사태를 해결해 달라고 주문했다.

삼호중공업을 외국 기업들이 노리고 있다는 정보도 들렸다. 나는 삼호중공업이 외국에 팔려서는 안 된다고 생각했다. 무엇보다 부도로 인해 회사가 해체되는 것만은 막아야겠다고 결심했다. 화의 절차나 법정관리 절차를 밟으면서 선박 건조작업을 재개해 어떻게든 회사가 돌아가게 하고 싶었다. 부도 상태였던 삼호중공업은 이미 수주받아 건조 중인 선박도 있었고, 수주 상담이 진행 중인 것도 있었기 때문에 조선업에 대한 미래 전망은 밝았다.

문제는 금융 시스템이 무너지는 바람에 회사를 정상적으로 가동할 방법을 찾기 어려웠다는 것이다. 선주들이 선박 건조 선수금을 주려고 해도 수출입은행이 그 자금에 대한 지급보증을 안 해줘 돈이 입금되지 못했기 때문이다. 또한, 시중은행은 부도가 난 삼호중공업의 어음에 대한 할인을 거부해 협력업체에 대금을 지급할 수도 없었다. 나는 백방으로 뛰어다니며 답을 찾으려 했다. 우선 외환은행을 비롯한 채권단회의에 참석해 자금 지원을 부탁하고, 수출입은행을 찾아 선박 건조 선수금에 대한 지급보증을 해달라고 강력히 요청했지만, 부도난 회사에 대한 지원은 불가하다는 답변만 되돌아왔다.

경제통상국장을 맡아 부도 위기에 있던 당시 삼호중공업을 살려내는 데 온 힘을 기울였다. 2006년 6월 전남도 행정부지사로 취임해 현대 삼호중공업을 방문했다.

　그러나 "하늘은 스스로 돕는 자를 돕는다"는 말은 이때도 통했다. 끈질긴 노력과 설득 끝에 수출입은행이 보증을 결정하면서 해외에서 선반 건조 선수금이 입금되었고, 삼호중공업이 정상 가동될 수 있는 기반이 마련됐다. 광주은행에 협력업체의 부동산 담보를 전제로 한 자금 지원을 요청했는데 다행히 받아들여졌고, 기술신용보증기금으로부터 전남도가 지정한 협력업체에 대해서는 신용보증을 해주겠다는 협조도 얻어냈다. 부도난 지 5개월여 만에 삼호중공업은 본격적으로 재가동에 나서고, 협력업체들도 다시 일할 수 있는 기반이 마련된 것이다. 법원이 화의를 불허했기 때문에 우선 임시로 삼호중공업의 운영을 현대중공업에 위탁하기로 결정했다. 그렇게 조치한 뒤 경제통상국을 떠났는데, 나중에 현대중공업이 삼호중공업을 인수했다는 소식을 들었다.

지금은 전남에 본사를 둔 대기업 'HD현대삼호'로 변신하는 데 성공하여 전남 서남권 경제의 핵심축으로 자리 잡고 있다. 다양한 대형 선박을 건조하고 있으며, 특히 산업용 대형 화물선을 건조할 수 있는 능력도 갖췄다. 삼호중공업 부도 후 이를 정상화하기 위해 백방으로 뛰었던 나로서는 오늘날 이렇게 발전한 모습을 보면 감회가 새로울 수밖에 없다. 그 근처를 지나가게 되면 돌아보고 또 돌아보게 된다.

1998년 7월 민선 2기 시작과 함께 목포시 부시장으로 발령이 났다. 발전은 더디지만 예로부터 멋과 흥이 흐르는 예향의 도시 목포에서 처음으로 업무를 보게 된 것이다. 국민의 정부 초기 목포를 찾은 고 김대중 전 대통령은 목포시에 특별교부세 50억 원을 지원해 주셨다. 좋은 아이템을 정해 목포 발전에 기여할 사업을 추진하라는 의미였다. 나는 간부들과 상의했으나 이렇다 할 아이디어가 없었고, 50억 원이라는 예산을 대규모 사업과 기반시설의 용역비로 사용하는 것이 낫겠다는 판단이섰다.

간부들과 머리를 맞대고 사업 아이템을 물색한 결과 목포대교와 자연사박물관으로 의견이 모였다. 국내 최초 자연사박물

1998년 7월 목포 부시장에 부임한 뒤 지역 산업 부흥책을 본격적으로 고민하기 시작했다. 직원들과 함께 월출산에 올라 기념사진을 찍었다.

관과 목포를 하나로 연결하는 목포대교는 이렇게 확정된 것이다. 목포대교는 워낙 사업비 규모가 컸지만, 당시 박지원 문화관광부 장관과 김홍일 국회의원이 적극적으로 뒷받침해 줘 실현될 수 있었다.

목포 부시장으로 목포 발전을 위해 최선을 다하고 있던 1999년 3월, 스티븐 보즈워스 주한 미국대사 부부가 홍도를 방문하기 위해 목포시청에 들른 적이 있었다. 차를 한 잔 마시면서 대담을 하는데, 보즈워스 대사의 질문에 말문이 막혔다. 목포의 주력산업이 무엇인지를 물었는데, 시장도 나도 대답을 못하고 망설였던 것이다. 대사는 이어서 제조업인지, 관광업인지, 수산업인지를 순차적으로 물었지만, 쉽게 답이 나오지 않았다. 정말 민망했다. 이때부터 전남이 먹고살 수 있는, 지속 가능한 주력산업을 키워야겠다는 생각을 하게 됐다. 후일 전남도지사가 돼 기존 화학·제철산업, 조선업 등에, 신재생에너지산업, 바이오산업, 우주산업 등 미래산업들을 새롭게 전남에 접목하려 노력하고 성과를 낸 것은 그날의 이 질문에서 시작됐을 수도 있다.

목포시 부시장을 거쳐 전남도의 자치행정국장을 맡게 됐다. 2000년 말의 일이다. 타 시·도, 시·군의 정책 가운데 도입할 만한 것이 있는지 검토하고 있었는데, 그중 주목한 것이 전입자에게 각종 인센티브를 주는 제도였다. 몇 가지 자료를 분석하며 타당성을 검토하다가, 나는 우리나라 합계출산율을 보고 깜짝 놀랐다. 2000년 우리나라의 합계출산율은 1.3명에 불과하며, 1.7명인 프랑스나 일본에 비해서도 훨씬 떨어진 수치였기 때문이다. 그때까지도 우리나라는 모자보건법에 의해 가족계획 제도가 시행되고 있을 정도로 저출생 문제를 심각하게 생각하지 못했다. 나는 전입자에 대한 인센티브가 아니라 출산 장려 대책이 필요하다고 판단했다. 신생아 출산 장려금으로 20만 원씩을 상징적으로라도 지급할 필요가 있다고 주장해 2001년 예산에 계상하도록 도지사에게 건의했다.

그런데 뜻밖에 복지여성국이 보건복지부의 법과 지침에 위배된다는 이유로 반대하고 나섰고, 전남도의회 예산안 심의 과정에서 선심성 논란으로 반대 의견이 나왔다. 논의가 지지부진했는데, 마침 한 도의원이 "신생아 출산 장려금은 20만 원, 송아지에 대한 축산 장려금은 30만 원인데, 사람이 소만도 못한 것이냐"고 질의하며 분위기가 일순 달라졌다. 모두 웅성거렸고, 우여곡절 끝에 출산 장려금은 그 명칭을 신생아 수당으로 변경해 추진하게 됐다.

수도권으로의 과도한 집중, 양극화와 함께 우리나라의 최대 현안 중 하나인 저출생 문제는 이미 오래전부터 그 징조를 보이고 있었다. 전남도가 신생아 수당 지급에 나선 뒤 정부에서도 저출생 문제를 뒤늦게 심각하게 여기기 시작했고, 2004년 2월 '고령화 및 미래사회위원회(현 저출산고령사회위원회)'를 만들어 대처에 나섰다. 그 문제를 제기했던 나로서는 다행이라는 생각이 들었지만, 다른 선진국에 비해 상당히 뒤처졌다는 점은 매우 아쉽다.

자치행정국장을 맡은 지 1년이 지나고 이제는 중앙부처로 가야겠다는 생각이 들었는데, 의회 사무처장이 지방 3급에서 2급으로 상향 조정되면서 일단 그 자리로 가게 됐다. 이후 당시 행정자치부에 올라가고 싶다는 의사를 자주 표명했는데, 결국 총무과장으로 가게 됐다. 당시 최인기 행정자치부 장관이 발탁해 준 것이다. 과장급이지만 사실상 국장급으로 막강한 자리여서 부처 내에서 난리가 났다고 전해 들었다. 호남 출신으로는 역대 최초였을 정도로 파격이었기 때문이다.

기대에 부응하기 위해 정말 최선을 다해 근무하면서도 지금까지 인사 관행을 개혁하는 방안을 만드는 데 집중했다. 총무과장이 일방적으로 사무관 이하 인사안을 마련하는 것이 아니라, 누구든지 희망 부서를 제출하도록 한 뒤 해당 국장·과장과 인사 협의를 해 최종 결정하도록 한 것이다. 인사 제도를 바꿨더니 총무과 업무는 크게 늘어났지만, 인사 불만은 그 이상 줄어들게 됐다.

이후 승진해 고충처리위원회 조사2국장, 국방대학원 교육, 행정자치부 자치인력개발원 교수부장 등을 거쳐 2005년 행정자치부 홍보관리관(옛 공보관)으로 발령이 났다. 언론 대책을 수립·추진하면서 참여정부가 강조한 정책 홍보에 나섰으며, 각종 주요 회의에도 참석해 행정자치부 업무 전반을 파악하는 데도 큰 도움이 됐다. 동시에 행정자치부의 정책을 국민에게 제대로 전달하기 위해 노력했으며, 이는 주권자를 위한 행정을 본격적으로 고민하게 된 계기가 됐다.

27년의 공직생활을 통해 깨달은
국가균형발전의 중요성

민선 4기가 출범한 2006년 6월 나는 박준영 전남도지사의 부름을 받아 전라남도 행정부지사로 부임했다. 전남도청이 광주에서 무안 남악으로 이전하며 본격적인 '남악 시대'를 연 시점이었다. 사무관으로 9년, 이후 강진·완도군수, 목포 부시장 등을 포함해 전남도에서 6년 정도를 근무했기 때문에 도정을 나름으로는 잘 안다고 생각했다. 다만 5년여의 중앙부처 근무 후에 돌아왔기에 새롭게 시작하는 마음으로 업무에 임했다.

행정부지사 시절 경험한 가장 잊을 수 없는 사건은 '2012 여수세계박람회' 개최가 확정된 일이었다. 내 고향 전남이 크게 발전할 수 있는 절호의 기회라는 점에서 얼마나 이를 염원해 왔는지 모른다. 2012년 세계박람회 개최지가 결정됐던 2007년 11월 27일 새벽, 나는 도청에서 벌어진 열띤 응원전에 참여했다. 가슴 졸이며 기다리고 기다린 끝에 발표자의 입에서 '여수'라는 말이 떨어지자 여기저기서 '대한민국'과 '여수'를 연호하고 만세 소리가 터졌다. 주위의 모든 사람은 서로 부둥켜안고 껑충껑충 뛰었고, 더러는 눈물을 흘리는 이도 있었다.

박람회 유치를 위해 나는 정부를 대표해 문화사절단의 단장 자격으로 전남도립국악단 등 17명의 사절단을 이끌고 2007년 9월 25일부터 10월 5일까지 9박 12일간 카리브해 연안 자메이카, 아이티, 도미니카공화국 등 3개국을 방문한 바 있다. 한국의 아름다운 전통음악과 문화를 이들 국가에 소개함으로써 문화예술 교류협력을 모색하고 이런 기회를 통해 박람회를 홍보한 것이다. 동시에 국가 고위인사와 면담해 여수 지지를 요청한 뒤 고 노무현 전 대통령의 친서를 전달하며, 유치에 일조했다는 사실을 크나큰 긍지와 보람으로 여기고 있다.

여수세계박람회는 그 뒤 4년여의 준비를 거쳐 2012년 5월 11일 개막했다. 세계 최초로 바다에서 열린 여수세계박람회는 개막식 자체가 세계의 눈을 사로잡은 축제의 한마당이었고, 여수를 전 세계에 알린 한 편의 드라마였다. 서울에서 고속철도를 타고 여수엑스포역에 내렸을 때의 감동은 아직도 잊을 수 없다. 엑스포 성공 개최를 위해 반드시 있어야 할 기반시설인 여수산업단지와 광양을 잇는 이순신대교, 목포-광양 간 고속도로 등을 박람회 개최 전에 개통시키기 위해 중앙정부, 정치권에 호소했던 기억도 새롭다. 이 모든 것들이 차질 없이 완공돼 세계박람회가 잘 개최된 것을 보면서 얼마나 감격에 겨웠는지 모른다. 여수는 이후 전국적인 인기를 끌며 관광도시로 각광을 받고 있다.

지역 발전을 위해서는 가장 먼저 사람, 물류 등이 자유롭게 이동할 수 있는 기반시설이 절대적으로 필요하다. 그런데 지금까지 호남은 경제성이 미흡하다는 이유로 정부의 도로, 철도, 공항, 항만 등 기반시설 계획에서 제대로 반영되지 못하고, 반영됐다고 하더라도 '찔끔 예산'으로 매우 더디게 설치됐다. 그것이 원인이 돼 기업 유치도, 관광 활성화도 어려움을 겪고, 경제 기반을 갖추지 못하면서 인구까지 유출되는 악순환이 계속되고 있다. 여수의 사례에서 알 수 있듯 중앙정부는 경제성만 강조할 것이 아니라 지방, 그중에서도 인구소멸 위기지역에 대규모 프로젝트를 기획·추진하거나 대기업의 이전을 더욱 적극적으로 지원하여야 한다. 그것을 계기로 기반시설들을 신속하게 추진한다면, 지금과 같은 수도권의 과도한 집중, 양극화, 지방소멸 위기 등의 문제는 조금씩 완화될 것이 분명하다.

1970년 당시 우리나라 총인구 3,088만 명 가운데 광주·전남은 380만 명으로 전체 인구의 13% 정도를 차지했었다. 하지만 2025년 8월 현재 우리나라 인구는 5,115만 명으로 늘었으나 광주·전남 인구는 318만 명에 불과, 비중이 6.2%로 급락했다. 광

2007년 강진 마량과 고향인 완도 고금을 잇는 연륙교 준공식에 참석한 모습. 당시 박준영 전남도지사와 함께했다.

주는 140만 명, 전남은 180만 명이 무너져 각각 139만 7,000여 명, 178만여 명으로 인구 감소세는 갈수록 계속되고 있다.

경제적으로도 엄청난 지역의 부가 수도권으로 유출되고 있다. 이는 정부가 인구 밀집 지역, 경제 규모가 큰 지역에 그만큼 국가재정을 집중하는 정책을 유지하고 있기 때문이다. 대규모 재정 사업을 실시하는 데 있어 경제성을 강조하는 예비타당성 조사가 대표적이다. 정책성이나 균형발전성의 비중을 높여 가고 있지만, 예비타당성조사는 여전히 전남에는 높은 벽으로 느껴진다.

나는 주로 인구 증가 지역인 수도권에서 걷히는 양도소득세를 국가 세입으로 할 것이 아니라 전남 등 인구 감소 지역에 균형발전 재원으로 최소한 50%를 배분해야 한다고 주장한 바 있다. 경제적 논리만 따지면서 균형발전 차원의 대책을 등한시하는 중앙부처의 시각 역시 마땅히 시정돼야 한다. 새로운 패러다임, 즉 쇠락·낙후한 지역에 국가재정을 더 투입하고 공공기관, 기업, 대학 등을 과감하게 이전하는 국가 균형 성장 정책을 추진해야 한다.

수도권 대 비수도권만이 아니라 비수도권의 지역 간 격차 문제 역시 심각하게 여겨야 한다. 충청권·영남권과 호남권을 같은 선상에 둘 수는 없다. 낙후한 지역에 인센티브를 더 얹어 주는 정책, 어려운 지역을 더 배려하는 정책이 시급하다. 수도권을 제외한 광역자치단체를 같이 취급하는 것은 국가 균형 성장의 취지에도 어긋난다. 인구 감소율은 낙후의 정도를 살펴볼 수 있는 가장 주요한 지표이며, 이를 기준으로 해서 국가재정 지원, 공공기관 이전, 기업 유치 인센티브 등을 차등화해야 한다.

2022년 5월 제정된 '인구소멸 위기지역 지원 특별법' 역시 이러한 방향으로 개정해야 하며, 연간 1조 원 규모의 지방소멸 대응기금 역시 대폭 증액하고, 지방자치단체가 자유롭게 지역 발전을 위해 쓸 수 있도록 개선해야 할 것이다. 국가의 모든 정책 목표를 인구소멸지역의 인구 증가에 맞추고, 성과를 분석해 지속적으로 개선하며, 선진국 수준의 균형발전을 단기간에 달성할 필요가 있다. 대한민국의 미래는 국가균형발전 여부에 달려 있다고 해도 과언이 아니기 때문이다.

27년간 공직생활을 하는 동안, 나는 관료 시스템을 몸소 체험하며 이에 대해 명확히 이해하고 주도할 역량을 갖출 수 있었다. 수도권 비대화·동맥경화, 지방 사막화·영양실조의 상황을 직시했으며, 균형발전이 아닌 경제 논리로 대규모 국책 개발을 결정하는 제도가 시정돼야 함을 깊이 인식하게 됐다. 나는 국가균형발전을 하나의 사명으로 받아들이게 되었으며, 이는 전남도지사로 일하면서 꾸준히 국가균형발전을 주장해 온 배경이 됐다.

단체장이 임기 동안 주권자인 국민·주민의 바람을 달성하기 위해서는 공직 시스템을 정확히 파악하고, 신속하게 변화와 혁신으로 이끌 수 있는 능력을 갖춰야 한다. 하지만 이를 체득하는 방법은 경험밖에 없을 것이다. 국회의원, 농림축산식품부 장관, 전남지사 등을 거치며 괄목할 만한 성과를 냈던 이유 역시 공직에서의 경험이 작용했다고 할 수 있다.

2장

✳

김대중의 '정치'를 새기며
정치의 길로 들어서다

오랫동안 가슴에 품어 온
'정치'의 길을 향해

전라남도 행정부지사로 재직하는 동안 산적한 현안 처리에 눈코 뜰 새 없이 바쁜 나날을 보냈지만, 앞으로의 진로에 대한 생각은 더욱 깊어졌다. 더 넓은 세계를 향한, 그리고 인생 2막에서 진정 보람을 찾을 수 있는 것이 무엇인가에 대해 끊임없이 스스로에게 질문을 던졌다. 시간이 흐를수록 정치를 해보자는 생각으로 범위가 좁아졌고, 국회의원 출마를 생각하게 됐다.

행정자치부 차관에게 전화를 걸어 내년 총선 출마를 위해 그대로 부지사로 있겠다는 결심을 밝혔다. 27년의 공직생활을 정리하고 새로운 길을 가기로 한 것이다.

'그렇다. 새로운 세상을 향해 떠나자. 비록 그 길이 고난과 역경의 여정일지라도 두려워하지 말자. 새가 새장을 벗어나야 하늘을 자유롭게 날 것 아닌가. 배가 부두에서 줄을 풀어야 항해에 나설 수 있듯이 이제 공직에 대한 아쉬움의 줄을 놓자. 그곳이 광활한 광야일지라도, 황량한 바다일지라도 좋다. 이제 새로운 길로 떠나자.'

사실 나는 오래전부터 '정치'를 가슴에 품어 왔다. 광주서중 3학년, 사춘기가 지난 뒤 군부독재의 부당함과 불의에 대한 저항심이 가득했던 그 시절에 나는 제7대 대통령 선거에서 신민당 후보로 나섰던 김대중 대통령을 먼발치에서 만났다. 김대중 대통령은 수많은 군중 앞에서 군부독재의 부당함과 민주주의의 필연성을 강조하며 명연설을 시작했다. 청중들을 분노하게 하고, 생각하게 했으며, 무엇을 해야 할지 일깨운 그는 국민을 억압하는 그 어떤 권력도 용납할 수 없다고 목소리를 높였다. 나는 가슴이 뜨거워지는 것을 느꼈다. 수많은 대중 앞에서 자신의 의견을 말하며 마음을 사로잡는 그의 당당함과 카리스마, 논리와 설득력을 배워야겠다고 다짐했다. 그때부터 나는 김 대통령을 롤모델로 삼으면서부터 정치를 꿈꾸고 있었다.

그로부터 오랜 세월이 흐른 1987년 12월, 공무원 신분이었지만 형님과 함께 제13대 대통령 선거에 출마한 김 전 대통령 연설을 듣기 위해 서울 보라매공원을 찾았다. 모여든 청중들은 카랑카랑한 그의 연설에 환호와 박수를 보내며, 그가 언젠가 우리의 대통령이 될 것임을 믿어 의심치 않았다. 무려 150만 명이 몰려든 이날은 내 인생에서도 무척 중요한 날이다. 이날 나는 비로소 내 인생이 나아가야 할 방향을 정립했기 때문이다. 대한민국의 민주주의를 구하고, 주권자인 국민 모두가 행복한 일상을 즐길 수 있는 세상을 만들기 위해 노력해 왔던 김 대통령의 길을 따라 나 역시 '국가와 국민을 위한 정치'를 위해 헌신하겠다고 다짐한 날이었다.

그리고 2008년 1월 17일 명예퇴직으로 공직을 떠나며, 18대 국회의원 선거에 출마하겠다는 의지를 대내외에 천명했다. 출

2008년 2월 목포를 방문하신 고 김대중 전 대통령과 찍은 기념사진. 어릴 때부터 존경했던 김 대통령은 내가 가장 따르고 존경하는 정치인이다.

마 선언 직전인 1월 9일 열린 출판기념회는 대성황을 이뤘다. 나의 공직 경험과 소회, 그리고 생활 속에서 느낀 단상들을 모아 《나를 키운 건 팔할이 바다였다》라는 제목의 자전적 에세이를 출간했는데, 기대보다 훨씬 반응이 좋았다. 출판기념회에 박준영 전남도지사는 물론 전남도의원 31명이 참석할 정도였다.

2008년 2월 17일에는 퇴임 후 전남을 찾은 김대중 전 대통령을 뵐 수 있었다. 내가 오랜 공직생활 이후 낯선 현실에 약간의 긴장감과 불안함을 느끼고 있었을 때였는데, 그는 부드러운 어조로 내게 용기와 에너지를 건넸다. 까마득한 정치 후배에게 김 전 대통령은 "지역민과 국민을 가장 위에 두고, 말하고 행동하면 된다"고 조언해 주셨다.

강진·완도가 하나의 선거구였고, 두 곳에서 모두 군수를 지낸 바 있는 나는 강한 의욕과 자신감을 가질 수 있었다. 바로 지역으로 내려가 활동을 시작했다. 하지만 출마 기자회견을 하고 지역에 내려와 현장을 뛰어보니 지금까지 내가 알고 있던 정치와는 너무도 달랐다. 직접 뛰어보니 옆에서 보던 것과 달리 어려운 일이 한두 가지가 아니었다. 앞으로 남은 기간은 불과 3개월. 불안감이 엄습했지만, 앞만 보고 뛸 수밖에 없었다. 당선에 대한 강한 확신을 갖고 '나는 꼭 당선될 것'이라는 말을 수도 없이 되뇌며 어려운 일이 닥쳐와도 무조건 전진했다.

정치 초년생인 나를 알리는 전략을 세워 고향인 완도의 마을 경로당부터 인사를 하는 것으로 선거운동을 시작했다. 직접 만나서 인사를 하고 출마의 변을 말씀드리면 반응이 무척 좋았다. 나는 정직하고 깨끗한 정치를 하겠노라고 열변을 토했다. 조직과 재력은 없지만 반드시 승리해서 여러분께 보답하겠다고 약속했다. 일 잘할 수 있는 젊은 사람 한번 키워주시라고 진심으로 읍소했다. 그렇게 한 달 동안 완도군 전체를 다 돌았는데, 또 다른 장벽이 앞을 가로막고 있었다. 얼굴 알리는 일이 급해 민주당 중앙당의 사정을 파악하고, 필요한 당내 인맥을 형성하는 등 공천에 필요한 노력을 기울일 여유가 거의 없었다는 점이다.

완도에 이어 강진을 돌기 시작했는데, 강진·완도 선거구의 인구 부족으로, 선거구 획정 논의가 진행되면서 불안감이 높아졌다. 처음에 중앙선거관리위원회가 강진·완도에 영암을 묶는 방안을 내놓았는데, 화순·장흥·완도 선거구 이야기도 나오면서 불안감에 선거운동이 손에 잡히지 않았다. 그리고 그 불안감은 곧 현실이 되었다. 2008년 2월 27일 국회 정치개혁특별위원회가 선거구 획정 방안을 발표했는데, 강진·완도 선거구가 둘로 분리돼 강진은 영암·강진·장흥 선거구에, 완도는 해남·진도·완도 선거구에 편입되는 것으로 결정됐다.

청천벽력이었다. 눈앞이 캄캄해졌다. 처음 중앙선관위가 내놓았던 방안을 내심 기대하면서 강진과 완도를 기반으로 영암을 공략하겠다는 계획을 세웠는데, 모든 것이 물거품이 된 것이다. 영암·강진·완도가 가장 합리적이었지만, 이해가 걸린 국회의원들의 반대로 막판에 뒤바뀐 것이었다.

하지만 하루를 숙고하면서 결의를 새롭게 다졌다. 나의 고민은 '출마할 것인가, 안 할 것인가'의 문제가 아니라 '해남·진도·완도 선거구에서 김영록이 당선될 수 있다는 것을 선거운동원, 지지자와 유권자들에게 어떻게 보여줄 수 있는가'였다. 전의를 불태웠지만, 솔직히 앞은 보이지 않았다. 기댈 수 있는 건, 깨끗하고 참신한 후보이면서 풍부한 공직 경력을 가진 나를 유권자들이 인정해 준다면 승리할 수 있다는 막연한 생각밖에 없었다. 선거를 불과 40여 일 남기고 전격적으로 이뤄진 국회 정개특위의 선거구 획정은 선거일 6개월 전까지 획정해야 한다는 공직선거법을 명백히 위반한 것이기도 했다. 하지만 나는 어쩔 도리 없이 무조건 뛰는 수밖에 없었다.

선거구 획정 발표가 있던 다음날 아내가 먼저 해남에 가서 명함을 나눠주며 첫 선거운동에 나섰다. 다음날 나 역시 사무실을 내고 인사도 할 생각으로 해남에 갔는데, 선관위가 선거운동을 할 수 없다고 통보해 왔다. 아직 법률 공포가 안 됐다는 이유였다. 5일 뒤에나 선거운동이 가능하다는 이야기를 듣고 어이가 없었지만, 법은 법이니 지켜야 했다. 이렇게 말도 안 되는 일들을 몸소 체험하면서 정치가 정말 이런 것인가 하는 회의가 들기도 했지만 나는 두 주먹을 불끈 쥐었다.

해남·진도·완도라는 새로운 선거구에서 뛰겠다고 결심하고

갑작스러운 선거구 획정, 민주당의 불공정 공천 탈락 등으로 나는 무소속 출마를 단행했다. 당시 나를 응원해 준 완도 수협 중매인들과 함께.

이를 공표하는 기자회견을 했는데, 주변 분들의 걱정이 쇄도했다. 해남이 워낙 인구 규모가 커 어렵다는 이야기였다. 하지만 비록 선거구가 바뀌었더라도 잘될 것이라는 직관과 확신이 나에게 계속 전진하도록 힘을 주었다. 해남과 진도라는 새로운 무대가 펼쳐진 것에는 분명히 하늘의 큰 섭리가 있고, 내가 몸을 바쳐 해야 할 일들이 여기에 있을 것이라고 생각했다.

"나는 해남군과 진도군을 사랑한다. 그리고 나는 해남군민과 진도군민을 존경한다. 나는 저분들의 눈물을 씻어 주고 가슴의 응어리를 풀어 줄 것이다. 내 진심이 해남과 진도 유권자들의 마음을 움직여 줄 것이다." 사무실에서, 차 안에서 심지어 잠자리에서도 중얼거리며 나의 각오를 하루하루 다져 나갔다. 목에 통증이 올 정도로 인사하고 또 인사했다. 명함 한 장을 건넬 때도 절대로 허투루 하지 않고, 진심과 각오와 사랑을 담아 드렸다. 해남군 사무실에 대형 얼굴 걸개 현수막을 걸고 열심히 선거운동을 했더니 일주일쯤 지나자 김영록이 누군지 잘 몰랐는데, 인물로는 제일 낫다는 말들이 돌았다. 많은 분이 공천만 받아오면 도와주겠다고 말했다.

이미 민주당이 개혁 공천을 하겠다고 공언했고, 따라서 틀림없이 내가 공천을 받을 것이라는 사실을 확신하고 있었다. 그러나 화불단행(禍不單行)이라고 했던가. 개혁 공천을 한다는 민주당의 공천 과정은 내 예상과 다르게 진행됐다. 4명의 후보를 대상으로 후보 압축을 위한 전화 여론조사를 하기로 했는데, 인구가 많은 해남 출신은 1명, 나와 고향이 같은 완도 출신 3명이 경쟁하는 구도였다. 민주당에 그 부당함을 강하게 항의했으나 묵살됐고, 여론조사가 진행됐다. 3일 동안 열심히 뛰어다녔으나 해남·진도에서 아직 조직도 제대로 갖추지 못한 상태에서 지지도를 끌어올릴 수는 없었다. 더욱이 경험이 없어 전화 여론조사에 어떻게 대처하는지 그 방법도 제대로 알지 못했다. 결국, 나는 3위로 탈락했다.

나는 도저히 포기할 수 없었다. 우선 공천 과정을 지켜보면서 민주당 공심위의 일방적 진행이 개혁 공천과 어긋난다고 생각하고 이를 비판하는 성명서를 발표했다. 그리고 민주당을 탈당하고 무소속으로 뛰기로 결심하고, 주변의 어르신과 선배, 지지자들과 상의했다. 캠프에서는 끝까지 뛰자고 했으나, 주변에서는 말리는 분들이 상당했다. 상대 후보는 이미 해남·진도에 확고한 조직기반을 쌓아 왔고, 민주당 공천까지 받았으니 완도 출신 무소속 후보가 이기기 어렵다는 것이다. 그러나 나는 내 길을 가기로 했다. 하늘이 내게 준 사명이 여기서 끝은 아니라고 확신했다. 모든 여건은 불리했지만, 공직을 그만두고 나온 이상 후회 없이 내 길을 한번 가보겠다는 생각이었다.

마침내 이루어 낸
기적 같은 승리

그렇게 2008년 4월 9일 선거일이 됐다. 투표가 종료되자 방송 사들은 일제히 출구조사 결과를 발표했다. 내가 5%포인트 뒤지는 것으로 나왔고, 순간 주위 사람들의 얼굴에는 실망의 빛이 스쳐 지나갔다. 사실 나는 선거운동 기간 내내 이길 수 있다는 확신을 가졌고, 승리를 위한 일념으로 뛰고 또 뛰었다. 그러나 투표 당일 심한 비바람으로 투표율이 당초 예상보다 낮아지면서 그 점이 나에게 유리할지 불리할지 확신할 수가 없었다.

오후 7시가 되자 해남읍부터 개표가 시작됐다. 해남 출신 후보에게 6대 4 정도의 비율로 따라가며 일방적인 열세가 아니었다. 개표가 계속 진행됐는데, 상대 후보는 나를 압도하지 못하고 오히려 내가 열심히 따라붙는 형국이었다. 나는 그제야 조심스레 출구조사 발표와는 달리 이길 수 있다는 확신을 하기 시작했다. 그러한 확신은 진도읍 개표 상황을 지켜보며 더욱 굳어졌다. 초반 개표부터 내가 기선을 잡았기 때문이다. 개표가 뒤늦게 시작된 완도에서도 캠프의 예상과 같이 높게 나왔다. 상대 후보 측은 이미 패배를 받아들이는 분위기라는 소식이 전해졌다.

밤 11시, 국회의원 당선이 확정됐다. 소속 정당도, 변변한 조직도 갖추지 못한 무소속 후보인 내가 해남·진도·완도 지역구의 18대 국회의원으로 당당히 당선된 것이다. 나는 선거사무실에서 언론사와 당선 소감 인터뷰를 했다. "'깨끗한 선거, 참신한 인물, 일 잘하는 희망 정치인 김영록'이라는 슬로건을 가지고 출마했지만, 단기필마로 뛰다시피 한 무소속 후보를 도와 당선시켜준 여러분과 군민에게 무한히 감사를 드립니다. 여러분에게 당선의 영광을 돌립니다. 바로 여러분이 당선된 것이고 바로 여러분이 국회의원이 된 것입니다."

선거 캠프 관계자, 지지자들의 함성과 박수가 터져 나왔고, 마음속에서 차오르는 감격이 서로 교차하는 형언할 수 없는 분위기 속에서 나는 당선증을 받으러 갔다. 정말 어느 것 하나 쉬운 것이 없었던 선거였다. 그런 악조건에도 불구하고 무소속 후보로 나섰던 내가 승리한 것은 말 그대로 기적이었다. 새벽 2시쯤 집에 돌아와 잠을 청했으나 극도의 긴장과 흥분의 탓인

2008년 4월 9일 밤 11시, 국회의원 당선이 확정된 뒤 지지자들의 환호와 박수를 받고 있는 나와 아내.

지 쉽게 잠이 오지 않았다. 그때의 심정은 아마도 평생 잊지 못할 것이다. 살아오면서 감격스러운 순간들이 여러 차례 있었지만 18대 국회의원에 당선된 것과는 비교할 수 없었다. 나에게는 참으로 벅찬 영광이고 감격이자 기적의 스토리 그 자체였다.

무엇보다 해남과 진도 주민들이 완도 출신인 나를 선택해 줬다는 점에 의미가 있었다. 전혀 모르는 후보에게 새 정치를 기대하며 응답해 준 것이다. 당선된 후 과거와는 다른 정치의 길을 가고자 노력한 것도 이 같은 이유에서였다. 새 정치는 우선 '지역 주민을 섬기는 정치', '깨끗한 정치', '돈 안 드는 정치'라고 생각하며 이를 실천하기 위해 지금도 노력하고 있다. 법에 어긋나는 정치 비용이나 조직 활동비 일체를 폐지했고, 정치자금 조달을 위한 음성적 활동도 거부했다. 기업인을 개별적으로 만난 적도 없었고, 모든 행사를 간소화했다.

거대 담론도 중요하지만, 민생 현장에서 주민들의 하소연을 들어주고, 문제를 해결해 주는 것이 정치인의 첫 덕목이다. 리더십은 강요하는 것이 아니라 존중하고 상대방의 의견을 수용하는 데서 생기는 것이라 여기며, 상식과 논리로서 토론을 통해 현안들을 해결하기 위해 노력했다. 무엇보다 미래에 대한 비전과 생각을 정리하고, 주민의 의견을 수렴해 함께 완성해 나가는 데 최선을 다했다.

농도인 전남의 국회의원으로서, 농민의 편에서 쌀 제값 받기에 적극적으로 나섰던 것도 이 때문이다. WTO(세계무역기구) 체제와 자유무역협정 속에 약자의 입장이었지만, 국가로부터 아무런 보호도 받지 못한 농어업인들에게 희망을 주는 정책과 사업을 구상해 정부를 움직였다. 쌀 목표 가격 인상을 위해 철야농성도 불사했다. 가장 멀리서 불편하게 살고 있는 섬 주민들을 위해 차량 운임 지원의 길을 열기 위해 정부와 수십 차례의 회의를 하기도 했다.

태풍 무이파 피해를 입은 현장을 찾아 특별재난구역 선포 요청, 소규모 어항 개발 및 보수 지원, 전복·해삼 수출 전략 품목 육성, 엽연초 농민 수매가 인상, 갯벌 생태계 보존 노력, 마른 김 생산시설 농사용 전기 사용 민원 해결 등 지역을 대표하는 일꾼인 국회의원으로, 주민들의 문제를 해결하기 위해 최선을 다했다. 세계 경쟁력이나 비교우위를 갖지 못한 농어업, 중소기업, 자영업 등을 돕기 위한 특단의 대책은 국가의 의무라는 생각은 지금도 변함없다.

2011년 7~8월 50여 일간의 국회 휴지기에 완도, 해남, 진도 등에서 가진 '희망 민생 투어'는 아직도 생생하게 기억난다. 500여 개의 마을을 모두 방문해 마을회관에서 잠을 자면서 주민들과 만나 수백 개의 민원을 접수했다. 주민들의 생생한 이야기를 온몸으로 느끼며 기록하고, 이를 의정활동에 반영했다.

2011년 8월 태풍 무이파로 인해 염해와 백수 피해를 입은 진도를 직접 찾아 농민들의 이야기를 들었다.

나이 드신 어르신들을 위해 무릎걸음으로 인사를 다니며 눈을 맞춰 이야기를 들었다. 정치란 바로 국민의 눈높이에 맞춰 진정 국민이 무엇을 필요로 하는지 잘 소통하고 그들의 욕구를 해결하기 위해 봉사하는 것이다.

내가 초선의원으로 활동하면서 지켰던 하나의 원칙이 '무릎걸음'이었다. 누구든 나를 만나는 모든 사람과 눈높이를 맞춰 대화를 나누려고 했고, 특히 어르신들을 만날 때는 앉아서 꼭 눈인사를 드렸다. 그 첫 시작은 국회의원 당선 바로 다음 날 해남군의 북일면과 마산면의 면민의 날 기념식에 들렀을 때였다. 텐트마다 들러 큰절을 하기도 하고, 일일이 손을 마주 잡기를 반복하다 보니 일어설 수 없었고, 무릎걸음으로 두세 시간 이상을 다녔더니 온몸에는 땀이 비 오듯 흘렀다. 며칠 뒤 "국회의원이 됐어도 겸손하다"라는 평가가 들렸고, 진도, 완도 등 다른 지역에 갈 때도 시간이 되면 가능한 한 그렇게 인사를 드렸다. 아내 역시 나를 따라 행사장에 갈 때마다 어르신들에게 일일이 무릎걸음을 하는 것을 보고 대견하기도 하고, 안타깝기도 했다. 정치인의 아내로서 감내해야 할 것들이 생각보다 많았기 때문이다.

국가의 모든 정책도 국민의 눈높이에서 결정돼야 한다. 높은 곳에서 내려다보는 기분으로 펼치는 정책은 아무래도 소통이 부족하고 국민의 마음을 헤아리기 어렵다. 작은 차이 같지만, 국민이 느끼는 정서적 괴리는 매우 클 것이다. 정치에서 무릎걸음이란 곧 국민의 눈높이에 맞추는 정책과 정치인의 바른 자세를 말하는 것이다. 존중하고 친절하며 인내하는 가운데 겸손한 마음으로 국민의 요구를 받들고, 정직과 헌신으로 실천하는 자세, 그리고 문제 해결 능력을 갖추는 것, 이것이 새 정치를 가능하게 할 것이다.

민주당 복당과 재선,
이어진 당의 분열

민주당에 복당한 뒤 2012년 제19대 국회의원 선거에 나섰다. 본선보다 어렵다던 경선에서 비교적 쉽게 승리해 무난히 재선에 성공할 수 있었다. 초선 의원으로 지역 곳곳을 누비며, 지역 유권자들의 목소리를 정부 부처, 국회에 전달하고, 법과 제도를 신설 또는 개선하고자 했던 노력을 인정받은 것이다. 재선 국회의원이 되어 보다 폭넓은 사고, 시각, 인맥 등을 바탕으로 생각했던 것들을 행동으로 옮겼다.

우선 당시부터 이미 수도권 집중이 과도해 지방소멸 가능성이 컸고, 지방자치와 분권에 대한 책임 의식이 있었기 때문에 비슷한 생각을 가진 새누리당 이철우 의원과 '국회 지방 살리기 포럼'을 창립했다. 이 포럼에는 더불어민주당 2명, 새누리당 12명, 무소속 1명 등 15명의 국회의원이 참여했다. 집권 여당이자 다수당이었던 새누리당 의원들에게 보다 적극적으로 가입하도록 권유했기 때문이다. 위기에 처한 지방의 정치·경제·문화적 역량을 되살려 지역 불균형을 해소하고 다 함께 잘사는 선진 대한민국 건설을 선도하는 것을 목적으로 세미나, 심포지엄 등을 개최하며 "지방이 잘살아야 국가가 잘산다"는 분위기를 확산시키기 위해 노력했다.

당내에서는 비상대책위원회 사무총장, 민주통합당 원내부대표, 새정치민주연합 원내수석부대표, 새정치민주연합 수석대변인, 더불어민주당 수석대변인 등 요직을 맡아 정당 민주주의를 위해 최선을 다했다. 그중에서 가장 기억에 남는 시기는 2012년 제18대 대통령 선거 패배 후 비대위 체제에서 사무총장을 맡았던 2013년 1월부터 5월까지였다.

2012년 12월 19일, 제18대 대선을 앞두고 나는 지역 투표율을 높이기 위해 주민들의 투표 참여를 독려하고 상경했다. 문재인 후보가 열세를 뒤집고 막판 상승세에 힘입어 신승할 것이라는 전망이 있었던 만큼 나름대로 승리를 확신했었다. 민주당이 집권하면 내가 해보고 싶은 것이 하나 있었다. 우리나라 농어업 정책의 패러다임을 바꾸는 것이었다. 나는 농어업을 우리나라 경제를 위해서 꼭 필요한 한 축으로, OECD 보고서에서도 언급했듯 미래의 전략적 성장산업으로 제대로 대접하고 싶었다.

하지만 내 예상과 달리 문재인 후보는 박근혜 후보에게 패배했다. 대선 패배의 후폭풍 속에서 민주당은 비상대책위원회 체제로 전환했다. 우여곡절 끝에 5선 중진 문희상 의원이 2013년 1월 9일 만장일치로 비상대책위원장으로 추대됐고, 박기춘 원내대표는 나를 문희상 비대위원장에게 사무총장으로 추천했다. 새로운 당 대표 체제가 출범하기까지 두 달 정도 봉사하는 마음으로 열심히 하겠다는 생각에 이를 수용했다. 당이 매우 위중한 상황이었던 만큼 사무총장이라는 자리는 대단히 무겁게 느껴졌다.

비대위 사무총장은 당 대표를 뽑는 전당대회까지 모든 실무적인 책임을 지고 준비를 하는 역할을 맡는다. 전당대회를 준비하는 데 가장 중요한 것은 전당대회의 성격과 차기 지도부의 임기 그리고 지도체제를 결정하는 일이었다. 전당대회준비위원회(이하 전준위)에서는 전당대회의 성격을 임시 전당대회로 할 것인지 아니면 정기 전당대회로 할 것인지, 차기 지도부의 임기를 잔여임기인 2013년 1월까지로 할 것인지 아니면 지방선거 이후까지 할 것인지, 지도체제를 단일성 집단지도체제로 할 것인지 아니면 순수 집단지도체제로 할 것인지에 대해 먼저 논의해 나갔다.

하지만 언제나 그렇듯 당내 주류와 비주류의 갈등이 빚어졌고, 전준위와 혁신위가 대립하는 양상까지 벌어졌다. 당 지도

2012년 12월 대선 패배 이후 사무총장을 맡아 극심한 혼란을 겪고 있는 민주당을 당원 중심 정당으로 거듭나도록 그 토대를 만들기 위해 노력했다.

부의 한 사람으로, 중재안을 제시하고 논란을 조율하는 지난한 과정에 함께했다. 정기 전당대회로 결론이 나면서 사무총장이 당연직 위원장으로 있는 조직강화특별위원회의 업무도 대폭 늘어났다. 전국 246개 선거구 지역위원장 선출, 정기 전당대회 개최를 위한 당헌 개정 등의 일이 쏟아졌다. 가장 논란이 된 것은 일반 국민의 모바일 투표를 실시할 것인지 여부였다. 주류와 비주류가 계속 갈등을 빚었으며, 한 치의 양보도 없는 논쟁이 계속되다가 마지막 순간 국민, 일반 당원, 국민 참여 선거인단의 비율을 3:2:1로 하는 방안으로 결정됐다.

　사무총장을 맡았던 나는 이 과정에서 모바일 투표를 폐지하는 데 결정적인 역할을 했다. 모바일 선거인단을 모집하는 데 과열 양상을 빚으며 부작용이 발생했고, 그 같은 방식에 익숙하지 못한 유권자들에게는 참여가 제한될 수밖에 없었기 때문이다. 무엇보다 지금까지 꼬박꼬박 당비를 내고, 당에 봉사했던 헌신적인 당원들에게는 소외감을 주고 그들을 분노하게 했다. 이와 함께 권리당원에 대해 1인 1표 방식도 관철했다. 권리당원 투표 결과를 지역별 인구로 보정한다는 것에 단호히 반대한 것이다. 그렇게 한다면 권리당원 수가 적은 영남권 권리당원의 1표가 호남권 권리당원의 수백 표에 해당해 표의 등가성을 침해한다는 이유에서였다.

한편으로는 그야말로 비상시국의 사무총장으로서 위기 속의 민주당을 기본에 충실한 정당, 토대가 튼튼한 정당으로 혁신하는 데 최선을 다했다. 가장 우선 과제로 정당의 주인인 당원을 일제 정비하기로 했다. 당내에서 선거를 할 때마다 연락처가 잘못돼 있어 당원들의 투표권이 침해되고, 당원들과의 일상적인 소통 역시 어려움을 겪고 있었기 때문이다. 특히 당의 주요 정책을 결정하는 데 있어 당원들의 참여가 제한되는 등 민주적인 절차가 제대로 지켜지기 어려운 여건이었다. 별도의 팀을 구성해 당원 정비에 전력을 다했고, 이는 민주당이 최초로 2013년 5·4 전당대회에서 권리당원 투표를 실시하게 된 근간이 됐다.

전당대회는 무사히 개최돼 신임 대표와 최고위원을 선출했다. 당헌과 당규도 준비했던 대로 개정, 민주당이 다시 일어설 수 있는 기반을 마련했다는 평가를 받았다. 대선 패배에 따른 격심한 후유증으로 당이 붕괴될지도 모른다는 위기감까지 있었으나, 치열한 논쟁 속에서도 잘못하면 공멸한다는 생각이 주류와 비주류의 양보를 이끌었고, 무엇보다 대한민국 민주주의의 근간인 민주당은 반드시 지켜야 한다는 공감대가 형성됐었기 때문이리라.

전당대회를 끝으로 110여 일간의 사무총장이라는 짐을 벗었다. 하루에도 크고 작은 회의가 5~6건이 열리는 날이 허다하고, 주말과 밤낮 없이 격무에 시달렸다. 나만이 아니라 당직자들도 그만큼 고된 시간이었다. 일부 당직자는 사무총장으로서 사사건건 안건을 살폈던 내게 불만이 있었을 수도 있다. 하지만 지금까지 경험을 비춰 보면 중요하다고 생각하는 것이 아닌 하찮게 생각하는 것에서 실수가 발생하고, 그 실수가 일의 성패를 좌우했다. 나는 이것을 잘 알고 있었다. 촉박한 전당대회 일정 속에서 작은 실수 하나가 큰일을 그르치게 될지도 모른다는 조바심이 있었다. 또 대충하는 것이 당장은 쉽고 편할지 모르겠지만 작은 것 하나가 결국 조직 전체의 질을 좌우한다는 점에서 완벽을 추구했던 것 같다. 함께 최선을 다해 준 당시 당직자들에게 거듭 감사의 마음을 전한다.

그렇게 바쁘게 살면서 정치의 참맛을 알아갈 무렵, 새정치민주연합의 분열이 시작됐다. 2015년 2월에 열린 제1회 새정치

나는 쌀 제값 받기가 곧 사회 정의라는 심정으로 국회의원 시절 농어업 살리기에 매진했다. 2013년 12월 쌀 목표 가격 인상을 위해 국회 로텐더 홀에서 철야농성을 할 때의 모습.

민주연합 전당대회에서 선출된 문재인 대표가 4·29 재보선에서 패배한 뒤 안철수 의원, 호남지역 의원 등 비주류와 갈등이 계속 커졌기 때문이다. 문재인 대표의 2선 후퇴 주장이 나오고, 9월 추석 이후에 치러진 10·28 재보선 역시 패배하면서 주류와 비주류의 간극은 더 커질 수밖에 없었다. 연이은 선거 패배가 민주당의 분열을 초래한 것이다.

나는 11월 구당위원회가 구성되자 합류했는데, 12월 혁신 전당대회를 열자는 안 의원의 요구를 문 대표가 거부하면서 이후 탈당 사태가 본격화됐다. 결국 새정치민주연합은 12월 28일 지금의 더불어민주당으로 명칭을 바꾸었고, 2016년 1월 탈당한 의원들은 국민의당을 결성하기에 이르렀다. 당시 광주·전남 지역의 의원들이 대부분 탈당했고, 지역 민심도 민주당보다는 국민의당으로 향하고 있었다.

나 역시 고민할 수밖에 없었다. 2016년 4월 제20대 국회의원 선거에서 패배할 수도 있었다. 지역구 관리에 각별히 신경을 쓰고 있었지만, '바람'을 극복한다는 것은 쉬운 일이 아니었다. 하지만 나는 민주당을 배신할 수 없었다. 민주당이 아닌 곳에서의 정치는 상상할 수도 없었기 때문이다. 불공정한 공천에 반발해 탈당한 후 무소속으로 정치에 입문했으나, 이후 8년간 민주당에서 정치를 배웠고, 중견 정치인으로 성장할 수 있었다.

무엇보다 민주당은 오랫동안 중산층·서민을 위한 정당이자, 민주주의와 시장경제를 양축으로 하는 정당이다. 중도와 진보, 개혁보수 등 다양한 스펙트럼을 갖고 있다는 점도 마음에 들었다. 3선 중진으로 나아갈 수 있는 확실한 길이 보였지만 단호히 거부하고, 민주당에 대한 나의 의리를 지키고 싶었다. 친구들은 당적을 바꿀 것을 권유했으나 내 생각은 변함이 없었다.

낙선, 그러나 문재인 정부
초대 장관으로 재기

예상했던 대로 2016년 4월 제20대 국회의원 선거에서 처음으로 고배를 마셨다. 더불어민주당 후보로 해남·완도·진도 선거구에 출마했으나 국민의당의 태풍에 휩쓸리고 말았다. 고향 완도에서는 상대 후보를 압도했지만, 인구 규모가 큰 해남에서 밀렸던 것이다. 그해 1월까지만 해도 앞서가고 있었으나, 2월부터 불기 시작한 민심의 바람을 이겨내지 못했다. 정치는 그래서 어려운 것이다. 언제부터인가 진도·해남에서 나에 대한 부정적인 소문이 돌았고, 이를 하나하나 대처하기도 어려운 상황이 전개됐다.

아무리 역량 있고, 정직하며, 깨끗하더라도 분위기나 흐름에 어긋나면 쉽사리 극복하기 어려운 것이다. 정치 입문 8년 만에 맛본 첫 좌절이었다. 다만 선거를 치르면서 어느 정도 감으로, 패배할 수도 있겠다는 생각을 했던 탓인지 충격은 오래가지 않았다. 야인으로, 지구당 활동을 하면서 차분히 후일을 준비하겠다고 다짐했다. 이후 오랜만에 시간을 내 홀가분하게 주민들을 만나고, 지역구를 돌며 현안들을 꼼꼼히 챙겨봤다. 다양한 책을 읽고 전문가들과 이야기를 나누면서 미래를 준비하면서 나름 알차게 시간을 보내고 있었다.

그러던 차에 2016년 10월 박근혜 대통령의 국정농단 사건이 터졌다. 이른바 '비선 실세'인 민간인 최순실이 대통령의 의사 결정과 국정, 인사 문제 등에 광범위하게 개입해 사익을 취했다는 사실이 폭로된 것이다. 박 대통령의 탄핵과 파면을 촉구하는 촛불집회가 계속 이어졌으며, 2016년 12월 국회 국정조사가 시작됐다. 이어 박 대통령에 대한 탄핵소추안이 국회를 통과했고, 특별검사의 수사도 본격화되면서 조기 대통령 선거 가능성이 열렸다.

나 역시 시민 한 사람으로서 거리로 뛰어나가 주권자인 국민을 속이고, 권력을 사유화한 박 대통령과 여전히 그녀를 추종하는 사람들의 잘못을 지적하며 목소리를 높였다. 특히 우리나라 민주주의의 심장이자 보루인 호남의 분노는 극에 달했다. 한겨울 얼음장 같은 도로 위에서 대한민국의 민주주의 회복을 외쳤던 국민의 응원 덕분인지, 결국 2017년 3월 10일 헌법재판소가 박 대통령에 대한 파면을 결정했다. 이는 어쩌면 당연한 일이었다.

촛불집회에서 나타난 민심을 새기며, 나는 더불어민주당 문재인 후보의 조직본부장을 맡았다. 대한민국을 되살릴 다시없는 기회를 놓칠 수 없어 몸이 부서져라 전국을 돌았다. 민주주의 퇴행, 중앙집권 강화, 수도권 집중, 양극화 심화 등 수많은 문제점을 안고 있던 보수 정권이 다시 집권하는 것은 있을 수 없는 일이었다. 대안도 없는 신생 정당에게 정권을 맡길 수도 없는 노릇이었다. 오로지 민주당이 승리해야 했으며, 그렇게 해야 역행과 퇴행을 막을 수 있을 것이라고 확신했다.

내 고향 전라도는 한없이 정겹고 포근한 곳이지만, 불의와 부정에는 단호히 저항해 온 자랑스러운 역사를 지니고 있다. 조선 시대 외세에 맞선 의병과 동학혁명, 일제강점기 광주학생운동, 신군부의 쿠데타와 불법 계엄에 항거한 5·18민주화운동에 이르기까지 호남인들은 자신의 목숨까지도 기꺼이 내놓으며 정의를 외쳤다. 권력에 순응하고 기득권 세력에 들어가 부와 권력을 누리기보다는 역사의 잘못을 단죄하고 바로잡아 불의에 맞서는 당당한 역사인 것이다. 개발독재 시대, 소외되고 낙후돼 차별까지 받았지만, 호남인들은 그 기개와 의지를 가슴속 깊이 간직하고 있다.

나는 2017년 조기 대선에서도 호남인들은 의연하게 대처할 것이라고 믿었다. 다만 문제는 당시 안철수 대표가 이끈 국민의당이 2016년 4월 제20대 총선에서 호남을 거의 휩쓸며, 민주당이 호남에서 역사상 처음으로 야당이 돼 버린 구도에서 너무나도 중요한 대선을 치러내야 한다는 점이다. 국민의당은 전남 10석 가운데 8석, 광주 8석 가운데 8석, 전북 10석 가운데 7석을 가져갔고, 민주당 소속 국회의원은 고작 3석에 불과한 상황이었다.

나는 이번 대선의 중대함을 강조하면서, 그동안 민주당의 잘못에 대해 반성하고 있다는 점을 적극적으로 알리는 전략을 폈다. 국민의당이 민주당을 대체할 수 없으며, 선명한 민주정당은 오로지 민주당밖에 없다며 지지를 호소했다. 다시 민주주의를 회복하고, 서민과 중산층을 위한 비전 있는 정당으로 거듭나겠다는 더불어민주당의 각오, 퇴행과 절망 속에 괴로워하는 국민을 곁에서 위로하며 함께 걸어갈 수 있는 더불어민주당의 진심을 전하기 위해 최선을 다한 것이다.

다행히 여론조사에서 문재인 민주당 후보가 새누리당과 국민의당의 후보들을 상당한 격차로 계속 앞서갔고, 2017년 5월 9일 치러진 제20대 대통령 선거에서도 41.08%를 득표해 문 후보가 당선됐다. 문 후보에게 광주는 61.14%, 전남은 59.87%, 전북은 64.84% 등 안철수 국민의당 후보보다 두 배 이상 압도적인 지지를 보내줬던 것이 결정적인 역할을 했다는 분석이 나왔다. 호남에서 민주당에 대한 지지가 되살아난 것이다.

개인적으로는 총선 패배라는 정치적 위기와 국가적으로는 민주주의 위기 속에 치러진 조기 대선을 거치면서 나는 어려움을 만나면, 그것을 넘어서기 위해 그 전과 비교할 수 없는 더 큰 노력을 해야 한다는 가르침을 얻었다. 대선 승리 이후 만난 문재인 대통령 당선인은 내게 농림축산식품부 장관과 전남지사를 제안해 왔다. 고민 끝에 장관을 경험해 보는 것이 나을 것 같아 그 뜻을 전했더니 농림축산식품부 장관으로 발탁해 주셨다.

청와대는 나를 장관 후보자로 내정하면서 "중앙과 지방을 아우르는 폭넓은 행정 경험과 국회 의정활동을 통해 쌓은 정무적 감각을 겸비하고 있다"라며 "6년간 국회 농해수위 위원 및 간사로 활동해 농림축산식품부의 조직과 업무에 대한 이해도

농림축산식품부 장관으로 취임하면서 나는 정책 수혜자인 농어민을 위한 정책을 만들어 추진하겠다고 다짐했다.

나는 2017년 7월 3일 장관 임명 직후 경기도 화성시 봉담읍 덕우리 가뭄 현장을 찾았다.

가 높다"라고 평가했다. 이어 "쌀 수급과 고질적인 AI·구제역 문제, 가뭄 등 당면한 현안들을 슬기롭게 해결해 농축산인들의 시름을 덜어주고, 농·축산업의 경쟁력을 한층 강화해 나갈 적임자라고 판단했다"라고 덧붙였다.

청와대 발표 이후 문재인 정부는 물론 정치권에서도 나의 행정 관료 및 국회의원으로서의 경험과 농수산 발전을 위한 지금까지의 노력, 미래 비전에 공감하는 분위기가 형성됐다. 청문회는 순조롭게 진행돼 여야 이견 없이 청문 보고서를 채택했다. 이로써 나는 문재인 정부의 초대 농림축산식품부 장관이 돼 정부 부처의 수장으로서 새로운 길을 가게 됐다.

정책 수혜자를 최우선에 두고
관행을 바로잡은 장관

2017년 7월 3일 장관으로 임기를 시작하면서 한 언론과의 인터뷰를 통해 정책의 수요자인 농민, 정책을 수행해야 하는 농림축산식품부 공직자들에게 부처 운영 방향에 대해 천명했다. 우리가 누구를 위해, 어떤 방향으로, 무슨 노력을 기울여야 하는지를 공감하는 것이 먼저라고 생각했기 때문이다. 우선 한미 FTA 개정과 관련 국내 농가 피해가 극심한 상황에서 미국의 농업 부문 추가 개방 압박은 받아들일 수 없으며, 만약 재협상을 요구할 경우 강하게 대처할 생각임을 밝혔다.

여기에 쌀값 인상을 통한 농산물 제값 받기, 농민 보호를 위한 밥쌀 수입 감축, 청탁금지법(부정청탁 및 금품 등 수수의 금지에 관한 법률)의 적용 대상에서 농축산물 상한선의 합리적인 조정 필요성 등을 강조했다. 지금까지 농림축산식품부 장관과는 전혀 다른, 말 그대로 정책 수혜자인 농어민을 위한 수요자 중심의 정책 추진 의지를 강조한 것이다. 농어민과 공직자들에게 한 장관의 약속이었다.

나는 가장 먼저 쌀값 인상을 최대 현안으로 설정했는데, 취임하자마자 쌀 우선 지급금 차액 환수 문제가 부상했다. 2016년 농민들에게 쌀 우선 지급금으로 산지 쌀값의 93% 수준인 40kg(1등급, 포대 벼)에 4만 5,000원을 지급했는데, 산지 평균 쌀값이 이보다 더 낮은 4만 4,140원으로 확정되면서 차액이 발생

2018년 2월 14일, 용산역에서 설 귀성객을 대상으로 농정 홍보 캠페인을 진행했다.

한 것이다. 농가당 평균 7만 8,000원을 정부가 환수해야 하는 상황에 직면한 것이다. 농가당 액수는 얼마 안 됐지만, 전체 규모는 197억 원에 달했고, 쌀값이 폭락한 상태에서 농민들에게 단 몇 푼이라도 돌려달라고 하기에는 어려움이 있었다.

농민들은 돌려줄 수 없다는 입장을 강하게 밝혔고, 정부로서는 법적으로 정산을 해야 하는 난감한 입장이었다. 고민하던 차에 농민 대부분이 조합원으로 돼 있던 농협이 우선 이 차액을 농림축산식품부에 갚고, 농민단체, 조합원들에게 이를 회수하는 방안을 떠올렸다. 즉시 농협과 협상을 시작하도록 하고, 농협 역시 이 같은 제안에 동의해 양해각서를 체결하면서 꽉 막힌 문제가 해결의 실마리를 찾았다. 이후 농협은 대신 정부에 갚았던 비용을 농민단체, 조합원 등을 통해 모두 정산을 받으면서 잘 마무리할 수 있었다. 약자인 농민의 입장에서, 정부가 중재와 조율이라는 본연의 자세와 역할을 다한 것으로, 공직자로서 자부심을 느꼈던 사안이다.

2016년 하반기 농축산인들의 가장 큰 민원은 청탁금지법과 관련된 것이었다. 그해 9월 28일 시행된 이 법이 명절 선물비의 상한액을 5만 원으로 정했기 때문이다. 추석과 설 명절은 농축수산물 소비가 가장 활발한 시기로, 이에 맞춰 농축수산인들은 저가부터 고가에 이르기까지 다양한 상품을 내놓고 팔고 있다. 이때의 매출이 한 해 장사를 좌우한다고 해도 과언이 아닌 것이다. 좋은 취지로 제정된 법률이 경제적으로 가장 약자인 농축수산인들의 생계를 위협하는 아이러니한 상황이었다.

꽉 막힌 문제를 풀기 위해서는 우선 명분을 찾아야 하고, 이어 보편타당한 해결책을 만들어 공감대를 확산시킬 필요가 있었다. 농축수산업에 종사하는 이들이 얼마나 어려운 여건이며, 당시 선진국에 다가서고 있는 우리나라 경제 여건에서 선물비 5만 원 상한이 지나친 측면이 있다는 것을 주변에 알렸다. 특히 농수축산물과 이를 주원료로 하는 경우 상한선을 높인다면, 청탁금지법의 입법 취지를 훼손하지 않을 것이라는 점도 강조했다. 농축산 관련 단체들과 간담회를 진행해 의견을 모으고, 선물비 인상을 해야 할 근거와 그렇게 됐을 때 나타나는 긍정적인 효과를 산출하는 데 집중했다. 한편으로는 여야 정치권은 물론 각계 지도층 인사들을 만나 이 문제에 대해 조속히 해결해 줄 것을 간곡히 말씀드렸다.

이러한 노력 덕분인지 설 명절을 앞둔 2017년 12월 11일 우여곡절 끝에 국민권익위원회가 전원회의를 열어 재상정된 청탁금지법 시행령 개정안을 통과시켰다. 농축수산물, 농축수산물을 원재료의 50% 넘게 사용해 가공한 농축수산 제품에 한해서 10만 원까지 인정하는 예외 조항을 두기로 한 것이다. 이에 앞서 열린 전원위원회 심의에서는 격론 끝에 1표 부족으로 부결되는 등 상당한 진통을 겪었지만, 경제적 약자인 농축수산인들을 보호하는 것이 중요하다는 사실을 국민 상당수가 공감하고 있었기에 재심의에서는 표결 없이 합의로 처리될 수 있었다.

과정은 어려웠지만, 선한 의지로 설득하고 의견을 조율하면서 방법을 찾아내는 행정의 진가를 보여준 사례라는 점을 강조하고 싶다. 갈수록 복잡해지는 현대 사회의 문제들은 이견과 마찰, 갈등과 다툼이 있을 수밖에 없기에 현안을 해결하기 위해서는 전문가, 시민사회단체, 관련 단체, 수요자, 이해관계자 등과 지속적으로 대화해야 한다. 훌륭한 정치인은 대화 과정에서 핵심 이슈를 파악해 대책을 강구하고, 이를 다듬어 완성해가면서 주변을 설득해 강력히 추진하는 능력을 갖춰야 하는 것이다.

나는 장관에 취임하며 목표로 삼았던 쌀값을 올리는 데 온 힘을 쏟았다. 농민단체들을 만나거나 각종 간담회, 세미나 등에 참석해서 우선 당시 12만 원 선에 그치고 있던 쌀값(80kg)을 15만 원 이상으로 올리겠다는 의지를 밝혔다. 구체적인 방법으로 일단 나는 과잉 생산을 우려해 매년 격리하는 쌀을 기존 25만 톤에서 35만 톤으로 늘리겠다고 공언했다. 물론 기획재정부와 사전 협의는 없었다. 우선 시장에 공급량을 줄이겠다는 신호를 줘 쌀값 하락을 막기 위한 조치였다.

기획재정부는 이에 대해 예산 문제를 거론하며 크게 반발했으며, 나는 당시 김동연 부총리와 면담에 나섰다. 처음에는 김 부총리와 갈등을 빚었으나, 나는 김 부총리에게 이 상황을 타개하기 위해서 우선 20만 톤의 플러스알파가 있어야 한다는 점을 설득하는 데 성공했다. 이제는 플러스알파를 어느 정도 하는지가 관건이었다. 김 부총리는 3만 톤을, 나는 15만 톤을 고집했다. 나는 10만 톤은 돼야 시장 가격에 영향을 미친다고 강조했고, 김 부총리가 수긍하자 거기에 2만 톤을 더하자고 웃으며 이야기했다.

결국, 김 부총리가 이 안을 받아들였고, 쌀 32만 톤을 시장에서 격리하기로 했다. 이 같은 정부 방침이 확실한 신호가 된 것은 당연했다. 쌀값은 상승하기 시작했고, 2017년 첫 수확한 쌀이 15만 800원을 기록했다는 보고를 받았다. 드디어 약속을 지킬 수 있게 됐다는 생각에 너무 기뻤다. 원래 쌀값은 10월 5일을 기점으로 계속 하락해 왔는데, 2017년에는 이후에도 계속 상승하면서 16만 원을 돌파했다. 쌀값이 오르자 다른 농산물 가격도 어느 정도의 선을 유지할 수 있게 됐다는 보고를 받았다. 쌀 수매 때마다 반복됐던 농민들의 한숨이 2017년에는 조금 줄어들었을 것이다. 후일담이지만 장관을 그만두고 전남도지사 선거에 나서겠다고 출마 선언을 하자 농민단체들은 계속 장관을 맡아달라고 사정하기도 했다. 정치인으로서, 장관으로서 너무나 감격스러운 기억이다.

살충제 계란 파동 역시 잊을 수 없는 사건이다. 2017년 8월 15일 광복절 행사에 참석하기 위해 상경하던 도중 이미 유럽을 휩쓸었던 살충제 성분인 피프로닐과 비펜트린이 다량 검출된 계란이 우리나라에서도 나왔다는 보고를 받았다. 곧바로 세종에 내려가 간부 직원들과 대책 논의에 들어갔다. 우선 살충제가 검출된 농장의 계란 출하를 금지하고 검사에서 통과한 곳만 출하하는 것을 원칙으로 제시했다. 식품의약품안전처는 전국 농장에 대한 검사에만 한 달이 소요된다고 통보해 왔는데, 그렇게 되면 계란 수급에 문제가 생겨 국민에게 큰 불편을 줄 것이 자명했다. 나는 우선 농림축산식품부 차원에서 양계장협회에 연락하도록 지시해 대규모 산란계 사육농장의 개별 동의를 받아 일주일 만에 검사를 마치도록 조치했다.

다음 날인 8월 16일 언론 브리핑에서 직접 국민에게 사과한 뒤 계란 전수 검사 결과를 매일 오전 10시와 오후 4시에 발표하겠다고 밝혀 '정보의 비대칭'에서 올 수 있는 국민의 불안감을 해소하는 데 주력했다. 국민 모두의 건강권을 위협할 수 있는 중대 사안이 발생했을 때 정부가 이를 해결하기 위해 무엇을 어떻게 하고 있는지를 정확히 알려줌으로써 국민의 신뢰를 얻을 수 있기 때문이다. 이후 전국을 떠들썩하게 했던 살충제 계란은 점차 자취를 감췄고, 곧 잠잠해졌다. 당시 장관이 모든 브리핑에 나서 농장 사례를 구체적으로 열거해 설명하면서 기자들의 호평을 받았던 기억이 난다.

축산농가 무허가 시설, 조류인플루엔자 살처분 등의 사안에서도 장관으로서 회피하거나 떠넘기는 것이 아니라 책임감을 갖고 해결 의지를 보였다. 4년 전인 2013년 전국적으로 광범위하게 산재해 있던 무허가 축산시설에 대해 관련 법 적용과 단속을 5년간 유예했던 것이 화근이었다. 취임한 뒤 곧바로 2만 여 축산농가에 대해 행정처분을 해야 하는 상황에 직면한 것이다. 직원들은 법대로 행정처분을 해야 한다는 의견이었으나, 대부분 영세한 농장주들은 2년간 이를 더 유예해 줄 것을 요구하며 팽팽하게 대립하고 있었다. 우선 추가 유예를 요구하는 농장주들을 설득해 스스로 명분을 만들게 하고, 환경부, 국회 환경노동위원회 소속 국회의원들이 받아들일 수 있는 방안을 만드는 것이 급선무였다.

내가 아이디어를 냈는데, 일단 농장주들에게는 이행각서를 받고, 규모나 사정 등을 감안해 3개월, 1년, 2년의 기간을 허용해 무허가 축산시설을 양성화하거나 철거하는 안을 만들었다. 농장주들도 자신들이 불법을 저지르고 있다는 것을 이미 알고 있었고, 농장 규모에 따른 보다 세분화된 대책에 만족했으며, 환경부와 환경노동위원회 소속 의원들도 농림축산식품부의 중재안을 받아들이면서 논란은 일단락될 수 있었다.

장관으로 있으면서 가장 골치가 아팠던 문제가 조류인플루엔자였다. 한번 발생하면 그 주변 3km 농장에 대해서까지 예비적 살처분을 하면서 농장들의 피해가 지나치게 컸으며, 이 같은 살처분에도 불구하고 바이러스의 확산을 막지 못했고 오히려 주변으로 번져 나갔다. 문제가 발생하면 그 근본적인 원인을 파악하는 것이 중요하다. 왜 이 같은 현상이 반복적으로 일어나는지를 살펴볼 필요가 있었다.

2017년 12월 17일, 조류인플루엔자 상황 점검 회의(AI방역대책상황실).

당시는 H5N6 조류인플루엔자가 유행이었는데, H5가 검출되고, N6 여부가 나올 때까지 하루가 소요됐고, 이를 기다렸다가 살처분을 결정했다. 따라서 그 하루 사이에 아무런 대책도 없이 방치하면서 바이러스가 주변으로 다 퍼져 나갈 수밖에 없었던 것이다. 고민 끝에 일단 H5가 검출되면 즉시 예비적 살처분을 하도록 하고, 대신 그 범위를 500m로 축소하는 방안을 추진하기로 했다. 일단 이 방법을 시행해 본 뒤 문제가 똑같이 발생한다면 다시 대책을 논의하기로 했다. 새로운 기준은 대성공이었다. 당연히 농장주들의 피해는 크게 줄었고, 조류인플루엔자의 확산도 신속하게 막아냈기 때문이다. 조류인플루엔자의 확산으로 생닭, 계란 등의 가격이 폭등하는 문제도 예방할 수 있었다.

문제를 정면으로 대하고, 모든 신경을 집중해 대책을 고민하면 어떻게든 방법은 찾아지는 것이다. 관행이라는 이름으로, 의례적으로 받아들이는 행정이 아니라 관련 법과 주민, 당사자, 정책 수요자 등의 이해와 의견 사이에서 적절하고 모두가 공감할 수 있는 정책과 대안을 내놓는 행정. 그것이 내가 추구하는 진정으로 수준 높은 대한민국의 행정이다. 이렇게 사건, 사고, 문제 등을 겪으며, 8개월간의 나의 장관 임기는 끝을 향해 가고 있었다.

고향과 민주당의 부름을 받아
전남지사로 나서다

장관으로 정신없이 현안 해결에 매달리고 있었던 2018년 1월부터 갑자기 지역 언론에 전남도지사 후보로 내가 언급되기 시작했다. 앞서 밝혔듯이 지난 총선에서 민주당이 국민의당에 밀려 전남에서 거의 전멸하면서 뚜렷하게 나설 후보가 없었기 때문이다. 고향 완도를 비롯한 전남 곳곳에서 나에게 지사로 나서 줄 것을 요청했다.

사실 나는 장관직을 훌륭하게 마친 뒤 국회의원에 한 번 더 당선돼 당의 중진으로 성장하고자 계획했었다. 원내대표, 당대표 등을 지낸 뒤 시대의 부름을 받는 정치인이 되고 싶었다. 처음 제안을 받았을 때는 다소 혼란스러웠지만, 무작정 개인의 정치적 목표만을 강조할 수 없었다. 급박했던 당내 사정을 감안하면서도 쇄도하는 지역민들의 바람도 외면할 수 없었다. 두 달여의 고민 끝에 3월 14일 장관직을 내려놓을 수밖에 없었다. 더 이상 거절해서는 안 될 것 같았다.

뒤늦게 전남도지사 후보 경선에 참여하는 만큼 여러 가지 문제가 있었다. 우선 장관직에 최선을 다하다 보니 지역을 제대로 살펴볼 수 없었다. 다른 후보들은 이미 조직체계를 갖추고, 출마 준비를 상당 부분 마친 상태였던 데 반해 나는 뒤늦게 당에서 특별 경선 자격을 부여했기 때문에 모든 것이 미흡한 상황이었다. 다만 국회의원·장관을 수행하면서 그 누구보다 성실하게 성과를 냈다는 점을 지역민들이 알아줄 것이라는 왠지 모를 확신이 있었다. 어렵겠지만 이번에도 이겨낼 수 있을 것이라는 느낌이었다.

민주당 경선에는 3명이 나섰는데, 권리당원 투표 50%와 시민경선 여론조사 50%를 반영해 실시했다. 조직을 제대로 갖추지 못한 상태에서 박빙 구도를 보였으나, 결선 투표에서는 61.92%를 득표해 압도적인 표차로 민주당 전남지사 후보로 확정될 수 있었다. 힘 있고 준비된 깨끗한 도지사를 표방한 선거 캠페인이 당원과 유권자에게 먹혀들었던 것이다. 2018년 6월 13일 제7회 전국동시 지방선거에서도 77.08%라는 높은 투표율로 무난히 당선되면서 전남도청에 입성했다. 2008년 1월 정치의 뜻을 품고 행정부지사로 명예퇴직한 지 10년여 만이었다.

농림축산식품부 장관으로 있던 2018년 초 민주당과 지역민의 요청으로 전남도지사 출마를 결심했다. 이후 당내 경선을 거쳐 77.08%의 득표율로 무난히 당선됐다.

27년의 공직과 8년의 국회의원, 8개월의 장관을 거쳐 쌓은 역량과 지혜를 바탕으로 드디어 광역자치단체를 책임지는 전남도지사가 된 것이다. 정치는 선언이 아니라 실천이며, 말이 아니라 성과로 나타나야 한다는 각오로 출근 전 밤잠을 설쳤다. 전남도지사로, 그렇게 바랐던 고향 발전을 직접 진두지휘하며, 쇠락해가는 전라남도의 미래를 획기적으로 바꾸겠다는 포부를 펼칠 기회를 얻은 것이다.

완도의 한 어촌에서 태어나 광주에서 배우고 성장한 뒤 성인이 돼 서울·세종을 오가며 봐왔던 전남은 낙후의 상징 그 자체였다. 계속해서 전남의 인구·경제·위상은 위축되고 있었다. 무엇이 어떻게 해서 쇠락의 길로 접어들었는지 그 원인을 밝히고, 대책을 내놓으며, 새로운 미래로의 도약으로 전남을 이끌겠다는 굳은 마음가짐으로 무안 남악의 전남도청사에 첫발을 내디뎠다.

전남이 가진 훌륭한 자원들의 가치를 높여 산업화하고, 인재들을 끌어들여 새로운 활력소를 불어넣는 것이 무엇보다 시급하다고 판단했다. 선거 기간 만난 지역민들도 두 손을 잡아주며, 힘을 불어넣어 주셨다. 지방과 중앙을 아울렀던 고위공직자, 재선 국회의원, 장관 등을 거치며 능력을 인정받은 만큼 이제야 비로소 전남을 도약시킬 수 있는 적임자가 등장했다는 기대감이 컸던 것이다. 전남의 미래상을 정립해 방향을 설정하고 그에 따라 중앙정부와 상의해 대규모 프로젝트들을 계획해 실현하는 전략을 마련하는 것이 중요했다. 머리에 가득 차 있는 구상을 후배 공직자들과 상의하며, 실제적인 효과로 이어질 수 있도록 구체적인 사업들로 만들어야 했다.

우선 지금까지의 전남도정을 파악하는 데 집중했다. 취임하자마자 계속되는 실·국 보고를 들으며, 매우 안타까웠던 것은 도청 고위 간부들조차 전라남도가 앞으로 어떻게 가야 하는지에 대해 지향하는 바를 제대로 알지 못하고 있다는 점이었다. 게다가 지역 성장·발전을 위해 필수적인 도로, 철도, 공항, 항만 등 사회기반시설이 영남권·충청권·수도권에 비해 매우 미흡한 데다 앞으로의 전남도 과제들이 각종 정부 부처 계획에서 누락돼 있는 데도 별다른 노력을 기울이지 않은 것으로 파악

2018년 7월 1일 취임과 동시에 나는 전남의 미래상을 정립해 방향을 설정하고, 중앙정부와 협력해 대규모 프로젝트를 수립하는 데 집중했다.

됐다.

우선 전남의 미래를 구상하기 위해 지역 내외의 전문가들과 공직자들이 협의할 수 있는 틀을 만들고, 미래 전남을 대표할 수 있는 슬로건과 산업을 한데 엮을 수 있는 대규모 프로젝트를 서둘러 만들도록 지시했다. 동시에 중앙부처, 관련 전문가들을 수시로 만나면서 전남이 선도할 수 있는 미래 가치가 뛰어난 자원이 무엇인지 직접 발굴에 나섰다. 우리가 가진 것들이 무엇이고, 이 가치가 뛰어난 것인지에 대해 파악하고, 이를 어떻게 세계적인 수준으로 다듬어 전남 발전, 도민 행복으로 연계시킬 것인지를 일목요연하게, 누구나 알기 쉽게 만들어야 했다.

이렇게 탄생한 것이 취임 1주년을 맞아 2019년 7월 발표한 '청정 전남, 블루 이코노미'이다. 철저한 연구와 분석을 거쳐 마련한 이 프로젝트는 전남의 미래 선도산업으로 에너지, 관광, 바이오, 트랜스포트(운송기기), 농수산, 스마트 블루시티 등 여섯 가지로 설정하고, 이와 관련한 다양한 과제를 제시했다. 당시 문재인 전 대통령은 비전 선포식에 직접 참석해 힘을 실어 주면서, 중앙부처에 이와 관련한 사업비를 반영하는 것도 수월해졌다. 당시 참석한 성윤모 산업부 장관은 "전국을 다 돌았는데, 이렇게 잘 준비된 발표를 본 적이 없다"며 감탄했으며, "전남이 첨단산업을 추진할 수 있다는 느낌을 받았다"라는 소감을 밝히기도 했다. 나는 이 발표가 전남이 나아가는 데 매우 중요한 의미가 있을 것으로 판단해 하나부터 열까지 문안을 직접 다듬었다.

두 번째 시급한 것이 너무도 열악한 사회기반시설(SOC)이었다. 조선, 석유화학, 철강 등 기존 산업은 물론 관광, 에너지, 바이오 등 미래 전략산업까지 가장 중요한 전제조건은 도로, 철도, 항만, 공항 등 교통기반시설이 잘 갖춰져 있어야 한다는 점이다. 기반시설이 미약한 지역의 기업은 물류비, 인건비 등을 더 지불해야 하고, 그러한 지역을 찾는 방문객들은 비용, 시간 등을 더 부담해야 한다. 이렇게 되면 무엇보다 민간 자본 유치가 어려워져 기업이 정착하지 못하고, 좋은 일자리 역시 사라져 지역이 쇠락해가는 것이다. 전남이 그러한 악순환의 고리를 끊어내지 못하고 있었던 것이다. 철도, 도로, 항만, 공항 등과 관련된 정부 부처 계획을 검토한 결과 대부분의 사업이 누락되거나 최소한의 수준에서 반영돼 있었다. 곧바로 관련 실·국에 중앙부처와의 협의를 지시하고, 지역 정치권에도 이러한 문제들을 호소하며 바로 잡아나가기 시작했다.

하나의 전라도,
대한민국에서 가장 행복한 지역 될 것

취임하자마자 전남은 특히 '소외'와 '낙후'라는 상투적인 과거의 용어에서 벗어나는 것이 중요하다고 판단했다. 용어 자체가 현실을 좌우하는 경우도 있기 때문이다. 그렇게 계속 생각하고 말하면, 실제로 그렇게 되는 경우도 다반사다. 따라서 전남에 밝은 기운과 할 수 있다는 희망을 주는 것이 시급했다. 슬로건이나 표어는 소구력도 있어야 했다. 그렇게 해서 만들어 낸 것이 '생명의 땅, 으뜸 전남', '내 삶이 바뀌는 전남 행복시대, 전남 성공시대' 등이다.

민선 7기 들어 전남을 새롭게 설계하며, 산업체계 혁신, 기반시설 신속 구축 등을 진두지휘하고, 노인, 청년, 여성 등 도민들의 일상을 챙겨 실질적인 변화를 이끌어 나갔다. 도정이 어느 정도 안정적인 궤도에 접어들고, 각각의 부문에서 그 효과가 나타나고 있다고 판단한 뒤에는 광주와의 현안을 해결하는 데 보다 관심을 기울였다. 극심한 수도권 집중 문제가 부각되면서, 부산·울산·경남의 메가시티, 대구·경북 행정통합 등 각 권역의 움직임이 구체화되고 있는 시점이었기 때문이다. 원래 하나의 뿌리에서 갈라져 나온 광주와의 협력이 시급한 만큼 논의를 시작했다. 다만 광주·전남의 통합이나 메가시티는 다른 권역과 달리 걸림돌이 있었다.

우선 인구 규모가 전북까지 합친다고 하더라도 대도시권이라고 할 수 있는 500만 명이 안 됐고, 연계 기반시설이 워낙 미흡해 대도시 중심부의 편의, 서비스 등을 권역 내 주민 모두가 공유할 수 없는 여건이었다. 게다가 정부의 지원이 상대적으로 열악해 호남권은 '가난한 집안'으로 전락했고, 그러다 보니 작은 것도 서로 가지려 하는 과정에서 갈등과 마찰도 잦았다.

이 같은 분위기에서 2020년 9월 광주에서 행정통합을 제안해 왔다. 하지만 광주·전남 발전의 전기가 되려면 행정통합은 그만큼 철저한 준비가 필요하다고 판단했다. 정치 논리, 지역 이기주의 등에 익숙했던 광주·전남이 순수한 의지만 가지고 이를 극복하기는 어려울 것으로 봤기 때문이다. 수도권·영남권·충청권에 대응하기 위해 몸집을 키워야 한다는 방향성과 비전에는 공감했지만, 더욱 냉철한 전략과 부단한 노력이 필요

갈수록 쇠락하고, 인구가 감소하고 있는 호남의 단합이 필요하다는 지역민의 성원과 나의 건의에 강기정 광주시장, 김관영 전북지사가 기꺼이 동참했다.

하다는 생각이 들었다.

무엇보다 정부가 현재의 불균형을 타개할 수 있도록 광주·전남 행정통합에 대해 적극적으로 지원하겠다는 사전 전제가 있어야 했다. 동시에 광주와 전남이 우선 거대한 프로젝트를 함께 하며, 상호 신뢰를 쌓아 지역민들의 정서적 거리감을 좁히면서 경제동맹으로 시작하는 것도 좋겠다고 판단했다.

단합해 함께했을 때 성과를 내고, 이를 지역민들이 인정해 준다면 행정통합이 아니라 그 이상의 것도 할 수 있을 것이다. 무엇보다 균형발전을 미래 최고의 가치로 하며, 광주·전남은 물론 전북특별자치도(이하 전북)까지 호남이라는 테두리를 강화하고, 그 안에서 해답을 찾기 위한 큰 걸음이 필요한 때였다. 예상했던 대로 민선 7기 광주가 제안한 행정통합 논의는 이후 지지부진했다.

광주 군 공항 이전 등에 대한 논의가 정체됐고, 무엇보다 전북 역시 2023년 1월 특별자치도로 출범하면서 행정통합 논의는 다시 수면 아래로 가라앉았다. 다만 호남의 철도, 도로, 항만, 공항 등 사회기반시설을 보다 고도화하고, 이를 통해 산업·경제의 숨통을 트여 미래 경제 부흥에 나서야 한다는 절박함은 더 강해졌다. 이미 전남과 전북은 소멸 위기에 처했고, 대도시 광주 역시 배후 지역의 쇠락, 수도권으로의 인구 유출로 성장이 멈췄고, 현 상태를 유지하기도 어려워졌기 때문이다.

광주와 전남은 한 뿌리이자 경제공동체로서, 어느 한쪽이 잘 되거나 안 되면 상호 파급효과가 있을 수밖에 없다. 광주 인공지능산업, 전남 에너지산업 등과 관련해 경제공동체임을 인식하고 연계 기반시설 등 초광역 협력 사업을 적극적으로 추진하면서, 그 성과를 바탕으로 시·도 통합을 논의하는 방향으로 접근할 필요가 있는 것이다.

그렇게 시간이 흘러 2025년 3월 광주·전북에 호남권 경제동맹 구축과 전북의 2036년 하계올림픽 유치를 위해 함께 노력할 것을 제안했다. 강기정 광주시장, 김관영 전북지사도 흔쾌히 이에 동의했고, 3월 23일 나주에서 협약을 맺고 향후 각종 사업을 함께 추진하기로 했다.

나주에서 열린 '대혁신호남포럼' 창립대회에는 무려 7,000여 명의 시·도민들이 참석해 호남의 도약과 발전을 바랐다.

같은 날 호남이 이제 대한민국의 중심으로 도약하는 취지에서 창립한 '대혁신호남포럼'도 출범했다. 일제강점기, 해방 이후 경부선 중심의 산업 구축과 경제 성장 정책으로, 한없이 작아지고 있는 호남이 소외·쇠락·소멸 위기를 떨쳐내고, 전남·광주·전북이 단합해 새로운 미래를 도모하자는 민간 차원의 움직임이다. 각계 교수, 전문가 등은 물론 평범한 지역민에 이르기까지 광범위한 참여로 구성된 포럼은 앞으로 호남권 경제동맹 구축과 전북의 2036년 하계올림픽 유치를 위해 전력을 다하겠다고 밝혔다. 미래 호남의 성장과 발전을 위한 공감대를 만들고 분위기를 주도하면서 중앙정부에 단합된 목소리를 전달하는 플랫폼으로 그 역할과 기능을 다했으면 한다. 전남 역시 광주·전북과 함께 우선 서해안철도, 전주와 광주를 잇는 내륙철도, 전라선 고속화, 세종-전주-광주-고흥 고속도로 등 지금까지 진전을 보지 못하고 있는 기반시설들을 하루속히 설치하기 위해 공동 노력해야 할 것이다.

이러한 기반시설을 통해 사람과 물류의 이동을 신속하게 연결하고, 그것이 인공지능, 반도체, 신재생에너지, 바이오 등 미래 첨단산업과 위기에 봉착한 철강, 석유화학, 조선 등 핵심 전략산업들이 더 혁신하고 성장할 수 있도록 뒷받침해야 한다. 전남이, 더 나아가 호남이 성장·발전하기 위해 무엇보다 시급한 것이 대규모 기반시설의 신속한 설치다. 국가균형발전은 쇠락한 지방에 대한 대대적인 기반시설 설치에서 시작한다는 것이 나의 소신이다. 특히 섬과 오지가 곳곳에 흩어져 있는 전남은 섬과 섬, 섬과 육지를 잇는 연도·연륙교를 시작으로 동서남북으로 철도와 도로를 촘촘히 배치하고, 세계와 연결할 수 있는 국제공항과 항만을 제대로 활용할 수 있어야 한다.

호남인들은 스스로를 자랑스러워해야 한다. 불의에 항거했던 우리의 의로운 역사의식이 대한민국의 독립을 이룩하고 민주주의를 꽃피우게 했기 때문이다. 편견과 차별에 과감히 맞서 싸워야 하며, 산업화 이후 가속화된 인구 감소와 유출로 인해서 줄어들고 나누어진 지역사회를 다시 일으켜 세워야 한다. 우리 스스로 호남을 다시 일으켜 세우겠다는 '자강론'으로 무장하고, 우리를 붙잡고 있는 구습을 분연히 떨치고 일어서 새로운 호남 시대를 열어 나가야 할 것이다. 역사는 수레바퀴처럼 돌고 돈다. 나는 호남에 다시 생기가 돌고 대한민국에서 가장 행복한 지역이 될 날이 반드시 올 것으로 믿는다.

3장

＊

새로운 비전으로
전남을 깨우다

분명한 방향성으로,
전남의 잠재력을 깨우다

2019년 도지사 취임 1주년을 맞아 발표한 도정 목표 '청정 전남, 블루 이코노미'는 전남이 가지고 있는 보물 같은 자원으로 미래 성장 동력을 마련하자는 의미가 있었다. 방향성을 잡았으니 공직자들과 소통·협의하며 구체적인 과제를 만들고, 어떻게 이를 실천할 수 있을지에 대한 로드맵을 그리는 일이 남았다. 비전을 제시하고, 책임을 지며, 성과를 제대로 평가하는 것은 리더의 몫이다.

그렇게 3년 동안 전남은 이전과 전혀 다른 모습으로 변해가고 있었다. 우선 '청정 전남 블루 이코노미'와 '전남형 뉴딜'이라는 미래 성장 비전을 갖게 됐다. 먼저 경전선 고속전철화 등 주요 기반시설을 정부 계획에 대거 반영한 것은 물론 서남해안 바람을 이용한 '세계 최대 8.2GW 해상풍력발전단지 조성 사업'을 본격 시작하고, 한국에너지공과대학교를 건립해 한국전력과 관련 기업 등이 집적한 나주를 글로벌 에너지 신산업 허브로 키워낼 수 있는 근간을 다졌다. 여기에 화순이 우리나라 백신·면역치료 중심 바이오산업 국가거점으로 거듭나기 시작했고, 광양만권 산단 친환경 지능형 산단 대개조, 조선업 특화육성 등이 정부 공모 사업에 선정돼 철강, 석유화학, 조선 등 전남도의 전통 주력산업이 다시 경쟁력을 되찾을 수 있는 계기도 만들었다.

　전국 최초로 농어민 공익수당을 도입하는 등 농어업의 가치

'청정 전남 블루 이코노미'는 해상풍력, 태양광 등 전남이 가진 천혜의 자원을 이용하고, 기반시설을 대거 확충해 전남을 획기적으로 발전시키겠다는 취지의 대규모 프로젝트다.

제고와 농어민 소득 안정에 기여하면서, 전남도가 가지고 있는 천혜의 자연자원과 맛있는 음식 등을 기반으로 관광산업을 고도화하는 노력도 기울였다. 동시에 고령화와 인구 감소로 어려움에 처한 읍면지역, 섬이나 오지의 주민들이 겪을 수밖에 없는 일상의 어려움을 해소해 주기 위해 '우리 동네 복지기동대' 운영에 들어갔다.

무엇보다 새천년 인재 육성 프로젝트를 추진한 것은 전남의 새로운 시작을 알렸다는 점에서 의미가 컸다. 어려운 가정 형편 탓에 자신의 재능을 제대로 키워내기 어려웠던 다양한 분야의 지역 인재들이 전남도의 직접 지원을 받아 교육비, 유학비 등의 부담 없이 마음껏 자신의 날개를 펼 수 있도록 한 것이다. 지역 인재들이 지역공동체의 도움으로 성장하고, 이들이 성장해 지역에 보은하는 선순환 구조를 만들었다는 점이 무엇보다 기분을 좋게 했다. 벌써부터 여러 학생의 성공 사례가 나오고 있다. 그중에서도 지난 '2024 파리올림픽' 양궁 여자 단체전 10연패의 신화를 달성한 순천 출신 남수현 선수를 잊을 수 없다. 남 선수는 2021년 전남도의 '새천년 인재 육성 프로젝트'를 통해 발굴돼 전남도의 지원을 받으며 안정적으로 자신의 실력을 쌓아갈 수 있었다.

민선 7기 들어 국고 예산도 급격히 늘어났다. 상대를 설득할 수 있는 철저한 논리와 성과를 보장할 수 있는 구체적인 내용을 들고, 관련 정부 부처와 기획재정부를 세심하게 공략한 결과다. 국고 예산은 2020년, 2021년 연속 7조 원을 넘어섰고, 2021년에는 사상 처음으로 예산 10조 원 시대를 열었다. 산업 기반이 취약하고 경제구조 역시 제대로 갖추지 못한 전남의 경우 공공재정의 역할은 다른 지역과는 비교할 수 없이 중요하다. 농어업인, 중소기업 임직원, 장애인, 노인, 청년 등 사회적·경제적 약자를 더 촘촘하게 보호하면서 한편으로 미래 전략산업의 기초를 다지고, 기존 핵심 사업의 경쟁력을 향상시키면서 전남의 도약은 비로소 시작되고 있었다.

이러한 성과가 더 놀라운 것은 모두 코로나 팬데믹이라는 세계적인 위기 상황에서 이뤄냈다는 점 때문이다. 2020년 1월 본격적으로 코로나19가 유행하기 시작하자 나는 서둘러 대응체제를 지시한 데 이어 곧바로 방역대책본부를 확대하고 확산 방지를 위한 현장 점검에 나섰다. 농림축산부 장관 당시 조류인플루엔자 방역을 진두지휘했던 경험을 살려 신속한 현장 대응이 무엇보다 중요하다고 판단했기 때문이다. 의료인, 전문가 등과 협력 시스템을 구축하면서도 코로나19 확산으로 피해가 불가피한 소상공인, 중소기업, 서민 등에 대한 피해 지원 대책을 마련하는 등 눈코 뜰 새 없는 일정을 소화했다. 서둘러 자체적인 가이드라인을 만들고 선제적인 심층 역학조사, 감염 경로 조사 등 예방 조치에 나서 다른 지역보다 감염자 수, 사망자 수가 크게 적었다는 것에 안도의 한숨을 쉬었다.

전남에 첫 확진자가 나온 뒤에는 도민들의 불안감을 줄여주면서 지역사회 확산을 최대한 저지하는 것이 가장 중요했다. 방역물품을 신속하고 꼼꼼하게 배포하면서 입원 또는 격리된 도민들의 가족들이 일상을 유지할 수 있도록 지원하고, 다중이용시설에 대한 방역을 크게 강화하는 등 온갖 방법을 다 동원했다. 코로나19에 대해 불명확한 정보를 최대한 억제하면서 불필요한 공포감을 해소하는 것이 중요하다고 판단했다. 특히 고령자들을 대상으로 방역수칙을 철저하게 숙지시키는 것도 필요했다. 전남도와 시·군 공무원들이 노인정, 양로원, 사회복지시설 등을 순회하면서 방역물품을 전달하고, 방역수칙을 충실히 알렸다. 위험 요소가 있다고 판단되면 선제적으로 진단검사에 나서는 등 공직자들의 적극 행정이 빛을 발했다.

이 같은 노력으로 2020년 코로나19 발생 현황을 분석한 결과 전남도는 인구 10만 명당 환자 발생률이 전국에서 가장 낮게 나와 주목을 받았다. 지역에 적합한 방역 정책을 체계화하고 코로나19 유행 확산 차단 및 감염병 위기에 신속하게 대응했던 결과다. 전남도 내 감염자는 2020년 말까지 해외 유입 58명을 포함 총 566명이 발생해 10만 명당 환자 발생률이 30.35명에 불과해, 전국에서 가장 낮았다. 사망자 역시 5명으로, 치명률은 0.9%, 실시간 감염 재생산지수는 1.46을 보였다. 코로나19는 2021년 2월 말 백신 접종이 본격화되면서, 그 광풍도 서서히 잦아들기 시작했다. 그 뒤에도 산발적으로 집단 감염이 발생했지만, 안정적인 추이를 유지할 수 있었다. 2022년

5월 실외 마스크 착용 의무 완화에 이어, 2023년 1월에는 실내와 3월에는 대중교통 내 마스크 착용 의무가 해제됐다. 드디어 2024년 5월 1일 세계를 휩쓸었던 코로나19 감염병 위기단계가 '관심'으로 떨어졌다. 4년 4개월간의 긴 터널을 지나 빛을 볼 수 있게 됐다.

코로나19에 대처하면서 전남의 미래를 다지는 일이 쉽지는 않았지만, 이 시기를 놓칠 수는 없었다. 포스트 코로나와 기후

코로나19 팬데믹이 전국을 강타했지만, 신속하게 현장 대응에 나선 덕분에 전남의 환자 발생률은 전국에서 가장 낮았다.

변화, 4차 산업혁명 등 앞으로 벌어질 시대적 변화에 능동적으로 대응하면서 미래 전남 발전을 견인할 10대 핵심 과제를 마련한 것도 이 시기였다. 10대 핵심 과제에는 '2050 탄소 중립 실현', '그린 수소 에너지섬 조성 등 글로벌 에너지 신산업 육성', '국립 의과대학 유치 등 K-바이오산업 선도', '우주발사체, 클라우드 데이터, 신소재, 친환경 선박, 미래 이동체 등 5대 첨단 전략산업 육성', '무안국제공항 고속철도 역사, 전라선 고속철 등 전남 SOC 르네상스 개막' 등이 우선 포함됐다.

여기에 '네덜란드 푸드밸리형 첨단농산업 융복합단지 등 농업의 글로벌 경쟁력 제고', '김산업 혁신클러스터 등 돈 버는 수산업 실현', '세계적인 체류형 관광문화 중심지 도약', '환황해권 국가철도망, 영호남 동서내륙 관광벨트, 목포-군산과 목포-제주 환황해권 국가철도망 등 초광역 협력으로 대한민국 중심축 비상', '2026 여수세계섬박람회, 전남국제수묵비엔날레, 국제남도음식문화큰잔치 등 대한민국 대표 국제행사 육성' 등을 담았다. 이들 과제는 전남 각 지역 산업·기반시설만이 아니라 국가적·세계적 이슈 등을 모두 담고 있다는 것을 누구나 알 수 있을 것이다. 나는 그만큼 신중을 기했고, 이들 과제는 지금도 전남 발전의 기반이 되고 있다.

민선 7기,
그 위대한 시작과 눈부신 성과

전남도지사로 취임하면서 나는 산업화 시대에 소외되고, 그로 인해 쇠락하고 있는 전남이지만, 이 지역만이 가지고 있는 자원과 자산은 그 어느 지역도 넘볼 수 없는 독보적이고 대단한 것이라는 자신감이 있었다. 지금까지는 주목받지 못하고, 스스로 자세히 보지 못했던 전남의 자산을 고도화·산업화하고, 너무도 미흡한 사회기반시설을 신속하게 제대로 갖춰나간다면 지금까지의 패배 의식을 떨쳐내고, 가장 잘살았고 최대 인구를 자랑했던 과거의 영광을 되찾을 수 있다는 생각이었다. 그런 의미에서 매년 새해 시작과 함께 새로운 비전을 제시하고, 공직자들과 도민들에게 도정의 방향성을 분명하게 설명하는 것을 공식화했다. 이러한 도지사의 의도가 전남도의 계획, 정책, 사업 등에 그대로 녹아들기를 바란 것이다.

그렇게 한 결과는 도정에서 그대로 나타났다. 한국에너지공과대학교를 나주 빛가람혁신도시에 설립한 뒤 지원 법령을 제정해 정부 지원을 확보했고, 8.2GW 해상풍력발전단지 48조 원 투자 협약을 체결했다. NHN오라클데이터센터를 유치했으며, 900개 기업 22조 원 투자 유치에 성공하며 글로벌 경쟁력을 갖춰나갔다. 전라선 고속철도화 사업을 정부 계획에 반영시켰으며, 신안 압해-목포 율도, 달리도-해남 화원 간 연륙·연도교 착공, 여수-남해 해저터널, 신안 비금-암태 연도교 예타 통과 등 그동안 해결 난망이었던 기반시설들을 제 궤도에 올려놓았다. 과거 정부 부처 계획에 포함되지 못했던 전남의 기반시설들이 이 시기에 거의 반영됐으며, 이는 앞으로 관광, 산업 등의 활성화에 기여할 것이다. 전라선 고속화 사업은 예비타당성조사 대상 사업으로 선정돼 조만간 통과할 것으로 보인다.

이뿐만이 아니다. 농식품기후변화대응센터 유치, 남도 장터 브랜드대상 4관왕 연 매출 500억 원 달성, 전남 갯벌 유네스코 세계자연유산 등재, 신안 자은 해양관광단지 개장, 전남도립미술관 개관, 남도의병역사박물관 건립 승인, 복지기동대 및 재난현장긴급자원봉사단 운영, 전국 최초 섬 주민 천원 여객선 운영, 청정 전남 으뜸마을 만들기 시행, '여수·순천 10·19사건 특별법' 제정, 2026 여수세계섬박람회 국제행사 승인 등 셀 수도 없는 성과들이 봇물처럼 터져 나왔다.

기업들도 전남을 다시 보기 시작했다. 민선 7기 4년 동안 무려 1,002개 기업이 27조 8,000억 원의 투자를 약속해 왔다. 코로나19 사태와 글로벌 공급망 위기에도 불구하고 민선 6기(17조 800억 원)보다 63%나 증가한 사상 최대 실적이었다. 착공 등 실제 투자를 한 기업은 557개로, 56%의 실현율까지 보였다. 외국인들의 투자 유치도 활발히 이뤄졌다. 2차전지 등 첨단산업 분야 글로벌 기업 20개 사와 1조 5,461억 원 규모의 투자 협약을 맺었고, 무려 98%의 높은 투자 실현율을 보였다.

민선 7기 1년을 남긴 2021년, 나는 전남을 '신해양친환경수도'로 만들자고 주장했다. 전남은 우리나라 국토 최남단에 자리하고 있으며, 수도권에서 가장 멀다. 전남의 도약을 담보하기 위한 보다 확실한 프로젝트가 필요하다고 생각했다. 그 같은 고민 속에 '환태평양시대, 신해양친환경수도 전남 건설'을 전남의 미래 100년 청사진으로 공개했다. 해양·환경 관련 정부 부처 및 공공기관의 이전, 남해안 탄성소재벨트 및 글로벌 해양관광벨트 조성, 영호남 동서내륙 관광벨트 구축 등이 핵심 내용이다.

중부권인 세종에 행정수도, 남부권인 전남과 경남의 경계에 신해양친환경수도를 조성한다면 명실상부하게 국가균형발전을 완성함과 동시에 미래 대한민국의 새로운 동력이 될 것이라고 여긴 것이다. 우리나라가 태평양으로 향해 가는 전진기지이자,

세계 속에 빛날 수 있는 대표 관광지가 될 남해안의 중요성을 감안한다면 정부도 이에 공감하고, 적극적으로 뒷받침할 것으로 본다.

민선 7기 마지막 해인 2022년부터 추진해야 할 과제들도 함께 제시했다. 무엇보다 첨단산업에서 전남의 미래 100년 동력을 찾아야 했다. 산업기반이 취약하다 보니 경제구조가 튼실하지 못하고, 이는 좋은 일자리 부족으로 이어져 청년층의 이탈과 지역 쇠락으로 나타나고 있기 때문이다. 그에 따라 한국에너지공대 산학연클러스터에 특화 연구기관 및 첨단 기업 유치, 초강력 레이저와 인공태양 연구시설 유치, 국가 백신안전기술센터 및 국립 심뇌혈관센터 건립, 우주발사체 산업클러스터 구축, 국내 최대 2차전지 양극재 생산기지 조성, 광양만권 석유화학산업단지의 첨단 신소재 친환경 석유화학 소재 국가거점 육성 등을 선별했다.

미래를 생각할 때 기후변화는 이제 모든 분야의 상수로 자리 잡을 것이다. 앞으로 RE100(재생에너지 100% 사용)은 기업들이 당연히 받아들여야 할 조건이 돼 풍부한 신재생에너지원을 가진 전남은 우리나라에서 가장 주목받을 것이다. 깨끗하고, 지속 가능하며, 효율까지 높은 에너지를 생산하고 공급하는 시스템을 구축하는 것이야말로 전남을 위한 일이다. 기후변화에 대응해 글로벌 에너지 대전환을 선도하고 해상풍력산업 생태계 조성을 위한 '풍력발전 보급촉진 특별법' 제정, 집적화단

2021년 2월 5일, 신안군 임자대교에서 원전 약 8기에 해당하는 8.2GW 세계 최대 규모 해상풍력발전단지 조성 협약식을 진행했다.

지 및 상생 일자리 지정, 지원 부두 및 특화산업단지 조성, 주민 이익 공유 모델 적용, 그린 수소 상용화 기술 개발, 그린 수소 에너지 섬 조성, '기후변화 대응 선도지구 특별법' 제정, 탄소 중립 특화단지 조성 등을 이를 위한 과제로 삼았다.

'환태평양 시대, 신해양친환경수도'를 위해 기반시설들도 서둘러 확충해야 했다. 호남선 고속철도 2단계 및 경전선 조기 완공, 전라선 고속화 사업 조기 착공, 광주–화순 광역철도, 광주–고흥·영암–진도 고속도로, 광양항 '국내 최초 자동화 부두' 조성, 목포항 '친환경 조선과 해상풍력 거점항만' 조성, 무안국제공항 활주로 연장을 통한 서남권 거점공항 도약, 흑산공항 신속 착공 등이 세부 과제에 포함됐다.

전남은 다른 지역에 비해 관광과 농어업에 있어 잠재력과 강점이 있는 곳이다. 따라서 관광지의 고도화·세계화와 농어업의 고부가가치화가 무엇보다 중요하다. 전남 메타버스 홍보관 구축, 국립 마한역사문화센터 유치 및 유네스코 세계문화유산 등재, 남부권 광역관광개발계획에 전남관광개발 프로젝트 반영, 국가 첨단농산업 융복합단지 조성, 국립 남도음식진흥원 설립, 2030 청년 농업인 1만 명 육성, 김산업 혁신클러스터 구축 등의 사업도 구상했다.

이들 사업을 계획하고 실천해야 할 이유는 물론 전남도민의 행복한 일상을 위해서다. 도민이 잘살아야 다른 지역에서도 전남으로 찾아올 것이며, 청년들도 떠나지 않을 것이다. '도민 행복 시책'으로 30년 염원 국립 의대 유치, 전국 최초 청년문화복지카드 신설과 청년 부부 결혼 축하금 지급, 난임 시술비 확대, 여성 농업인 행복 바우처 확대, 사회복지시설 종사자 상해보험료 신설, 장애인 행복 여행 활동지원금 신설 및 교통약자 바우처 택시 확대 등의 정책도 시행하고 있다.

이러한 성과와 계획, 과제는 모두 도민들이 그동안 바라왔던 도정이었을 것이다. 도민들은 전남도청이 자신의 삶을 조금이라도 더 나아지게 해주고, 자신이 하려는 것들을 조금이라도 도와주려는 태도와 자세를 바랄 것이다. 공복이라고 입버릇처럼 말하고 있지만, 사실 그것을 실천에 옮기는 것은 매우 어려운 일이다. 나는 전남의 더 나은 미래를 고민하며, 도민들이 더 행복하게 살 수 있도록 도정을 이끌어갔고, 공직자들이 그렇게 노력하는 리더를 마음으로 따르도록 했다고 자부한다.

전남도지사로 일하면서 일부러 관심을 두지는 않았지만, 그래도 신경이 쓰였던 것이 직무수행평가였다. 한 여론조사 전문기관이 매달 지역민을 대상으로 전국 17개 광역자치단체장의 직무수행평가 결과를 발표하고 있었는데, 민선 7기 시작부터 선두권에 자리했기 때문이다. 당시 지금은 대통령이 되신 이재명 경기지사, 이철우 경북지사 등 쟁쟁한 단체장들과 경합해 도민들로부터 60~70%의 높은 긍정평가를 받았다. 그러면서 평가 기간 43개월 가운데 30개월 동안 1위 자리를 지킨 것이다. 과거 전남도지사는 물론 전국 어느 광역단체장도 이처럼 오랜 기간 지역민으로부터 높은 지지를 받은 적은 없었다는 점에서 개인적으로도, 전남도지사로서도 매우 영광스러운 일임에 틀림없다.

민선 8기,
7년여의 노력이 빛을 보게 된
재생에너지 사업

'촛불혁명'의 염원을 안고 출범한 문재인 정부는 코로나 팬데 믹 극복, 적폐 청산, 남북 긴장 완화, 대한민국의 위상 정립 등에서 상당한 성과를 냈다. 하지만 국민이 바랐던 교육, 부동산, 세제 등 개혁 과제를 이행하지 못했고, 특히 양극화, 수도권으로의 극한 집중, 지방소멸 위기, 저출생 등에 대한 대책이 국민의 기대에 부응하지 못하면서 실망감이 높아졌다. 이에 더해 검찰개혁과 관련해 윤석열 검찰총장과 추미애 법무부 장관간 갈등 양상이 지나치게 부각되면서 국민의 피로감은 커져만 갔다.

정부와 여당에 불리한 분위기 속에 2022년 3월 9일 제20대 대통령 선거가 다가왔다. 민주당에서는 이재명 전 경기지사와 이낙연 전 국무총리 간 격한 대립과 경쟁 속에 분열된 양상을 보인 반면, 국민의힘은 문재인 정부에서 검찰총장을 지낸 윤석열을 영입해 대통령 후보로 선출하면서 보수 세력을 하나로 묶어냈다. 마침내 2022년 3월 9일 선거일이 되었다. 10일 새벽까지 계속된 접전 끝에 48.56%를 득표한 국민의힘 윤 후보가 47.83%를 득표한 이 후보를 24만 7,077표, 즉 0.73%포인트 차이로 이기고, 역대 대통령 선거 사상 최소 득표율 격차로 대한민국 제20대 대통령으로 당선됐다.

설상가상으로 3개월도 채 남지 않은 2022년 6월 1일 제8회 전국동시지방선거가 예정돼 있었다. 나는 민선 7기의 독보적인 성과를 당내에서 인정받았고, 도민들의 높은 지지를 받아 민주당의 단수 공천으로 전남도지사 최종 후보가 됐다. 본선에서도 상대 후보를 압도적으로 이겼다. 하지만 민주당은 전남을 비롯해 광주, 전북, 경기, 제주 등 5곳에서만 승리했고, 국민의힘은 서울, 부산 등 총 12곳의 단체장을 휩쓸었다.

여당에 소속된 광역자치단체장으로 정부·여당의 적극적인 지원을 받으면서 전남의 발전 방안을 제시하고, 예산을 반영함으로써 성과를 내왔던 민선 7기와는 달리 민선 8기에서는 야당 지사로 신분이 바뀌게 됐다. 정부를 상대로 한 계획 반영, 예산 확보 등에 있어서 비상이 걸릴 수밖에 없다는 뜻이다. 달라진 여건에 어떻게 대처할지를 고민하면서, 더 내실 있게 준비하고, 누구나 인정할 수 있는 대안을 제시하는 등, 더욱 철저해질 필요가 있었다. 정권이 바뀌었지만, 상대가 누구든 최선을 다해, 소멸 위기에 이른 내 고향 전남을 위해 요청하고 설득하며 반영시키고, 예산을 얻어내겠다는 각오를 다졌다.

민선 8기에 접어들면서 전남도청 공직자만이 아니라 도민들, 타 지역 주민들까지도 전남도가 새로운 가능성과 잠재력을 갖고 있다는 점을 인식하기 시작했다. '청정 전남 블루 이코노미' 비전 제시, 한국에너지공대의 건립, 세계 최대 8.2GW 해상 풍력단지 조성, 철도·도로·공항 등 기반시설의 획기적인 개선, 남해안 관광벨트 사업으로 대표되는 체계적인 관광산업 추진 등은 전남 밖에서 더 주목을 받는 이슈이기도 했다. 전남도의 공직자와 도민들에게는 전남이 이제 도약할 수 있다는 자신감도 심어 줬다.

스마트팜과 같이 첨단기술과 농수산업을 접목해 청년 농수산업인들의 체계적인 육성에 전력을 기울였다. 농수산업의 고도화·고부가가치화를 시도해 농수산업인들이 직접 가공·유통할 수 있는 방안도 제시, 산업 경쟁력을 높이기 위해 최선을 다했다. 전남만이 아니라 전국 모든 지역이 겪고 있는 고령화, 저출생 등에 선제적으로 대응하기 위한 '우리 동네 복지기동대'의 운영, 홀로 사는 어르신 등을 위한 난방비 지원, 국립 의과대학 유치 추진 등 현안을 피하지 않고 정면으로 다뤄 해결책을 만들어냈다. 공직자들이 도정에 집중하며 팀워크를 발휘하도록 조직을 정비하고, 분명한 비전을 보여주며 성과를 낼 수 있도록 이끌어왔기에 가능한 일이었다. 이러한 성과와 자신감은 민선 8기의 비전 '세계로 웅비하는 대도약 전남 행복시대'의 밑바탕이 됐다.

전남이 세계에 내놓을 수 있는 요소로는, 신재생에너지, 바이오 자산, 유네스코가 인정한 갯벌, 순천만 등 자연 정원, 조선·철강·화학이라는 강력한 기간산업 등이 대표적이다. 과거, 이들 요소가 제대로 부각되지 못하거나 자생력을 갖추는 데 급급했다면, 이제는 세계 선진 사례들과 비교해 보고, 이들을 넘어서 세계 최고가 될 방안을 추진할 수 있는 수준에 이르렀다는 의미다.

다만 우리가 이러한 비전을 실현하기 위해 해결 과제들이 산적해 있다는 점은 부인할 수 없다. 무엇보다 세계와 우리나라 전국 곳곳에서 전남으로의 접근성을 높이기 위해 공항, 철도, 도로, 항만 등을 신속하게 정비해야 하며, 관련 법·제도를 개정 또는 신설해 관련 사업들을 제시간에 적정 규모로 추진할 수 있도록 하는 것이 급선무였다. 공공재정은 물론 민간투자를 이끌어내기 위한 정부의 적극적인 지원도 뒷받침돼야 한다. 이들 삼박자가 잘 맞아떨어진다면 전남으로 사람과 기업이 몰려들어 인구소멸 위기를 떨쳐낼 수 있을 것이다.

이미 전남의 여건과 잠재력은 세계와 어깨를 나란히 할 수 있는 수준이라는 것을 그 누구도 부인할 수 없다. RE100으로 대표되는 신재생에너지 중시, 기후위기에 대한 우려, 한류 열풍 등 지금 세계의 흐름 역시 전남에 매우 우호적이다. 해상풍력, 태양광 등 재생에너지 이익을 민간 사업자에게 몰아주는 것이 아니라 주민들에게도 연금처럼 이익 일부를 공유하게 하면서, 수용성을 높여가는 방안을 적극 채택하면서 주민 반발도 넘어설 수 있었다. 전남도는 2021년 광역지자체 가운데 최초로 에너지국을 신설하고 그 산하에 해상풍력산업과를 두는 등 신재생에너지산업 발전을 선도한 공로를 인정받아 '2022 한국에너지대상'에서 대통령 표창을 받기도 했다.

문제는 전남도가 주도적으로 전남의 발전을 이끌 수 없다는 점에 있다. 대규모 해상풍력발전단지를 조성하기 위해서는 무엇보다 정부의 사전 승인을 받아야 한다. 전남지사가 허가할 수 있는 규모는 3MW 이하인데, 풍력발전기 1기가 15MW 이상이기 때문이다. 따라서 전남 자체적으로는 단 1기도 설치할 수 없다. 이와 함께 미국의 세계적 엔지니어링 기업이 안정적 전력계통을 확보한 전남의 여건을 확인하고, 재생에너지 글로벌 데이터센터 건립 투자 협약까지 맺었지만, 수도권이 추가 전력 수급 방안을 마련한다는 소식을 접하고 투자를 차일피일 미루고 있다. 수도권의 규제 완화가 지방에는 독으로 작용하는 것이다.

한국데이터센터연합회에 따르면 2023년 기준, 재생에너지를 거의 생산하지 못하고 있는 수도권에 전국 153개 데이터센터의 60%가 넘는 무려 90개가 집중돼 있다. 정부는 지난 2023년 3월 '데이터센터 수도권 집중 완화 방안'을 발표하는 등 대책을 내놓고 있지만, 업계는 수도권 집적 효과, 지방의 기반시설 미흡 등을 이유로 난색을 표하고 있다. 특히 전남은 2024년 9월부터 계통 포화 문제로 인해 신규 재생에너지 발전 사업 허가가 중단된 상태다. 재생에너지를 수도권으로 내보낼 시설이 없어 재생에너지 생산을 억제하는 아이러니한 상황이 벌어진 것이다.

세계 최대 8.2GW 해상풍력단지 조성 사업도 신속하게 추진되지 못하고 있다. 규제가 가로막고, 중앙정부의 인허가 과정이 지나치게 까다로운 것은 물론 법·제도 미비, 기반시설 미흡 등이 걸림돌이 되고 있다. 국방부의 해상풍력발전기 높이 제한, 계속해서 미뤄지고 있는 해상풍력 특별법 등 이른바 '재생에너지 4법'의 제·개정, 해상풍력에너지 송전·배전·저장 시설 전무 등은 여전히 과제로 남아 있었다. 다행히 2025년 4월 산업통상자원부가 신재생에너지정책심의회를 거쳐 아시아·태평양 최대이자 세계 2위 규모로 추진되는 3.2GW 신안 해상풍력 발전단지를 집적화단지로 지정하면서 전남이 그려왔던 큰 그림들을 실현할 수 있는 계기는 마련됐다.

이 신안 해상풍력발전단지는 지자체 주도로 민관협의회를 통해 주민 수용성과 환경성을 확보하여 재생에너지 발전시설을 집단으로 설치·운영할 예정이다. 민자 20조 원이 투입돼 전체 10개 단지가 조성되는데, 이는 설비 용량 기준으로는 원전 3기에 해당하는 규모다. 전남이 가진 해상풍력의 가능성에 대해 세계적 기업들도 높은 관심을 갖고 있다. 2024년 4월 덴마크 베스타스 본사와 오덴사 항만 등을 찾아 투자 유치를 논의한 바 있는 헨릭 앤더슨 베스타스 회장을 11월 전남도청에서 다시 만났다. 이 자리에서 그와 터빈 공장 착공 연기에 따른 대책과 안정적 공급망 구축 방안을 논의했으며, 터빈 공장을 2년 내 착공하기 위해 상호 협력하겠다는 의지도 재확인했다.

앞으로 전남 전역에 해상풍력 30GW가 보급돼 에너지를 본격적으로 생산하게 된다면, 전남이 대한민국 에너지산업의 수도이자, 아시아·태평양 해상풍력 중심지로 거듭날 수 있을 것으로 확신한다. 다행히 이재명 정부에서 이러한 전남도의 노력이 인정받았다. 새 정부가 국가 에너지 미래 전략을 다시 구상하는 '재생에너지 중심 에너지 대전환'에 나선 것이다. 해상풍력 단지 구축, 규제 혁신 등을 통한 재생에너지 보급 확대, RE100 산업단지 조성 등을 위해 모든 가용한 노력을 기울여 나가기로 하면서, 재생에너지 분야에서 두각을 나타내온 전남도의 정책이 주목을 받게 되는 것은 당연했다.

이재명 정부는 RE100 산업단지 조성을 위해 특별법 제정을 추진하고 있으며, 관계부처 합동 협의체(TF)를 구성해 구체적인 계획을 수립 중이다. 재생에너지 자원이 풍부하고 이미 준비를 해왔던 전남이 대상지가 될 수밖에 없다. 이미 정부는 지난 7월 전남을 차세대 전력망 혁신기지로 만들겠다며 '양방향 계통의 차세대 전력망 실증 사업' 대상지로 선정했고, 한전 전력망에 민간이 구축하는 에너지저장장치(ESS)를 도입하는 2025년 제1차 ESS 정부 입찰 공모에서는 전남이 사업비 1조 5,000억 원 규모의 전체 물량을 확보했다. 전남 곳곳에 에너지를 저장했다가 수요가 높은 시간대에 필요한 지역에 공급하기 위함이다. 설비 용량은 총 523MW 규모로, 1시간에 523MWh의 전력량을 ESS에 저장 또는 공급할 수 있다.

전남은 이미 정부가 인정하는 재생에너지 생산·저장, 차세대 전력망의 메카이다. 나는 정부의 국가균형발전 전략과 에너지 정책 추진에 대응하기 위해 관련 공직자들이 참석하는 현안 회의를 갖고 전남의 더 적극적인 역할을 주문했다. 우리의 미래를 정부가 그려주는 것이 아니라, 바람직한 대안을 만들어 정부를 추동하기 위함이다.

전남은 하늘이 주신 태양광·해상풍력 등 재생에너지의 잠재량이 전국에서 가장 많다. 나는 이 가능성을 보고 민선 7기부터 아시아태평양 최대 3.2GW 주민 참여형 해상풍력 집적화단지 조성, 영농형 태양광 확산, 전국 최초 데이터센터 RE100 산업단지 조성, 분권형 에너지고속도로 구축계획 수립 등을 추진해 왔다. 여기에 에너지 기본소득, 주민 참여형 재생에너지 발전 사업 등 새로운 정책 대안들을 연구·검토해 왔으며, 연 1조 원 규모의 에너지 기본소득 실현을 위해 재생에너지 시설

공공 주도 방안도 고안했다.

7년여의 노력이 이제 그 빛을 발할 수 있게 된 것이다. 이재명 정부가 세제 혜택, 전기요금 인하 등 인센티브를 제공할 경우 RE100 산업단지에 국내 유수의 대기업이 투자할 것이다. 이어 세계적으로도 그 유례를 찾을 수 없는 재생에너지 100% 산업단지의 배후도시도 서남권에 조성될 것이다. 필요한 에너지를 자체적으로 생산·소비하는 에너지자립 도시, 물 순환 시스템으로 홍수나 가뭄 등의 재해 피해를 최소화할 수 있는 도시, 인공지능을 통해 주거 편의와 물류 이동이 최적화된 도시가 될 것임을, 나는 확신한다. 가까운 미래, 세계를 선도하는 인구 50만 명의 미래 신도시가 전남 서남권에 들어서게 되는 것이다.

30년 숙원,
전남 국립 의대 유치의 길을 만들다

전국 17개 광역자치단체 가운데 전남에만 유일하게 의대가 없
다. 이는 충분한 의료 인력, 최상급인 대학병원 등 고차원의 의
료 인프라를 갖추지 못했다는 의미로, 고령화로 인해 의료 수
요가 넘쳐나는 전남의 가장 큰 취약점이라고 할 수 있다. 지역
민들은 타지역으로 나가 치료를 받느라 비용 부담과 불편을 감
수하고 있으며, 이 같은 열악한 의료 현실에 전남으로 귀농·귀
촌하려는 도시민들도 주춤거리고 있다.

2023년 6월 한국은행의 〈전남지역 소득 및 소비 역외유출의
현황과 정책적 시사점〉 보고서에 따르면 2022년 기준 전남지역
소득의 역외유출과 1인당 소득 역외유출 규모는 각각 19조 원,

1,066만 원으로 추정돼 충남에 이어 두 번째로 높은 것으로 나타났다. 이 가운데 20%가량이 치료를 받기 위해 타지역에서 소비한 경우다. 목포대학교, 순천대학교 등 전남의 국립대학 역시 의대가 없다 보니 우수한 인재들을 확보하지 못하면서 경쟁력을 상실하는 등 의과대학의 설립은 30년 이상 전남의 핵심 현안이었다.

문제는 정부와 의료계였다. 전남도는 물론 지역 대학들도 과거 여러 차례 정부에 이 같은 상황을 설명하고, 의대 설립의 필요성을 역설했지만, 의료 인력의 수도권 쏠림과 지방 의료기반 붕괴라는 현실 속에 번번이 좌절됐다. 수도권에 의과대학, 의료 인력이 몰려 있고, 정부가 이를 강제로 분산하지 않는 한 지방에 의대를 신설할 수 없는 실정이다. 여기에 의료계가 의대 정원 증원을 강력히 반대하고 있어 도무지 길을 찾을 수 없었다.

하지만 기회가 없었던 것은 아니었다. 민선 7기 문재인 정부는 2020년 7월 2022학년부터 10년간 의대 정원을 연간 400명씩, 모두 4,000명을 늘리겠다고 발표했다. 나는 비로소 숙원인 의대 설립이 가능할 것으로 보고, 정부 부처, 청와대를 적극적으로 설득해 정부로부터 국립 의대 설립 약속을 받아내는 데 성공했다. 하지만 코로나19 팬데믹이 대한민국을 휩쓸 때 의료계가 파업에 나서며 압박하자 정부가 백기를 들면서 결국 증원은 물거품이 됐다. 국내 의대 정원은 이해집단이자 기득권을 가진 기존 의사들의 반대로 2006년 이후 무려 20년간 3,058명에서 정체되고 있는 실정이다.

보건복지부가 공개한 〈OECD 보건 통계(Health Statistics) 2024〉에 따르면 2022년 기준 인구 1,000명당 우리나라의 임상 의사 수는 2.6명으로, 자료를 제출한 OECD 회원 38개국의 평균 3.8명에 크게 못 미치는 수준이다. 멕시코와 함께 공동 최하위다. 특히 우리나라 통계에는 한의사가 포함돼 있다는 점에서 실제 임상 의사 수는 OECD 회원국 가운데 가장 적다. 독일(4.6명)이나 노르웨이(4.9명), 오스트리아(5.4명) 등과 비교하면 너무도 큰 차이다. 여기에 피부과, 안과, 성형외과 등 일부 진료 과목에만 의사들이 몰리면서 응급의학과, 산부인과, 소아과 등 필수 분야에는 의사 부족 문제까지 발생하고 있다. 이로 인해 인구가 적고, 경제기반이 미흡한 지방, 특히 농어촌에 사는 국민은 의사가 없어 제때 치료를 받을 수 없는 위험을 감수해야만 한다. 위중한 질환의 경우 타 지역까지 가야 하는 불편과 경제적 부담까지 더해지며, 응급상황에서는 자칫 골든아워를 놓칠 위험에도 노출돼 있다.

따라서 섬과 오지가 산재해 있고, 고령자 비율이 가장 높으나, 인구는 감소하고 있는 전남이 이러한 의료 현실의 가장 큰 피해 지역이 됐다. 나는 전남도지사로서 국립 의대 설립에 전력을 다하겠다고 다짐했다. 반드시 이뤄내겠다고는 했지만, 민선 8기 야당 지사로 입장이 바뀐 상황에서 민선 7기와는 완전히 다른, 고도의 전략을 세우고 접근할 필요가 있었다. 우선 도청 내에 의과대학 유치를 위한 별도의 팀을 구성하고, 국립 의대 설립을 도정의 최우선 핵심 현안으로 상정했다. 지역 내 의견을 모으고 국민적 공감대를 얻는 것도 중요했다. 동시에 의대 유치로 상호 갈등을 겪고 있었던 목포대학교와 순천대학교를 설득해 2023년 6월 '국립 의대 설립 공동 협력' 선언을 이끌어냈다.

전남도민, 지역 대학, 전남도청 등 내부를 충분히 다진 뒤에는 본격적으로 보건복지부 장관을 만나 전남 국립 의대 설립을 강력히 요청했으며, 의료 취약지인 경북과 연대해 대정부 공동 건의문을 발표하기도 했다. 2023년 12월 조직 개편을 통해 보건복지국 소속에 '의대유치추진단'을 신설하고 정책 및 전략 구상·실천 조직도 꾸렸다. 같은 해 10월 정부가 '2025학년도 의대 정원 확대 추진계획'을 발표한 데 따른 후속 조치였다.

이어 캐나다를 찾아 노던 온타리오 의과대학에서 두 대학 공동 설립 사례를 벤치마킹했다. 전남은 서부권과 동부권이 거리가 멀고, 오랜 기간 경쟁적인 구도에 있었다. 따라서 나는 전남 서부권의 목포대학교와 동부권의 순천대학교를 모두 만족시킬 수 있는 의대 설립 방안을 고민했다. 이러한 노력에 목포대학교와 순천대학교는 '공동 단일 의대 추진'으로 화답하면서 국립 의대 설립을 위한 준비를 거의 완벽하게 마칠 수 있었다. 이처럼 전남의 철저한 준비에 더해 지방 의료의 열악함에 대한 전국적인 공감대가 형성되면서 2024년 3월 전남을 찾은 당시 대통령이 "국립 의대 (신설) 문제는 어느 대학에 할 것인지 전남도가 정해서, 의견을 수렴해 알려주면 추진하도록 하겠다"라는 발언이 나올 수 있었다.

1990년 목포대가 의대 신설 건의문을 정부에 보낸 이후 34년간 전남도가 줄기차게 요구해 온 숙원 사업의 돌파구가 마련된 것이다. 국무총리, 보건복지부 장·차관 등의 대통령 약속을 이행하겠다는 발언이 뒤따르면서, 어느 대학에 국립 의대를 설립할지를, 또 어떻게 결정하느냐는 문제가 남았다. 우선 목포대학교와 순천대학교가 모두 만족할 수 있도록 '공동 단일 의대'를 추진했다. 하지만 정부가 난색을 표하면서 물거품이 됐다. 2026년 정원 배정을 위해서는 최소한 10월 말까지 하나의 대학을 선정해 추천하거나 대학을 통합해 하나로 신청하든지 해야 하는 상황이 된 것이다.

시간이 촉박해지면서 양 대학의 통합은 무리가 있다는 판단 아래 공모를 추진하기로 결정했다. 전남도의 추천이 중요해진 만큼 공정하고 모두가 인정할 수 있는 과정을 거쳐 의대 설립 대학을 선정하기로 한 것이다. 나는 공모 탈락 대학에 대학병원 분원을 설치하는 '1대학·2병원' 방안을 추진하기로 했다. 당시로서는 이 방안이 최선이었다. 이번 기회를 놓칠 수 없다는 절박함이 있었기 때문이다.

공모 방침이 알려지자 순천대학교와 동부권 전체가 부적절함을 부각하며 반대하고 나섰다. 국립 의대 유치에 모두가 한 마음으로 나섰지만, 막상 이것이 현실로 다가오면서 처음으로 지역 여론이 양분되며, 서부권과 동부권 모두 불만을 표하고 나선 것이다. 난관이었다. 순천대학교와 동부권을 설득해 공모에 참여하도록 유도하면서, 한편으로는 양쪽 모두 받아들일 수 있는 방안을 마련하는 것이 새로운 과제로 부상했다.

나는 전남을 이끄는 리더로서, 전남의 성장과 발전, 도약을 위해 추진하고 있는 '국립 의대 유치'가 지역 갈등의 소재가 돼서는 안 된다는 생각에 잠을 이룰 수 없었다. 그만큼 부담이 컸다. 그렇다고 해서 정부 입장에 대한 고려 없이 양쪽 모두가 수혜를 입을 방안을 마련할 수도 없었다. 갈수록 고민은 커지고, 상황은 부정적으로 흘러갔다. 시한 내에 대학을 추천하지 못한다면 지금까지의 노력이 물거품이 될 수도 있었다. 절체절명의 순간, 양 대학에 모두가 최상의 방안이라고 말하곤 했지만, 실현 가능성이 희박해 누구도 꺼내지 못했던 '대학 통합과 그에 따른 통합 의대 설립'을 타진해 봤다.

이미 나의 지시로 전남도는 물밑에서 '공모를 통한 1대학·2병원'과 한편으로는 '대학 통합과 그에 따른 통합 의대 설립'을 함께 추진하기 시작했다. 교육부가 '1도 1국립대' 정책을 추진하고 있는 가운데 목포대학교와 순천대학교가 통합할 경우 정부 역시 의대 정원을 배정할 수 있는 명분을 가질 것이다. 동시에 의대 설립 대학 선정을 둘러싼 지역 간 갈등도 잠재울 수 있다고 판단했다. 양 대학의 반응은 뜻밖에도 긍정적이었다. 지역 내 학령인구 감소와 경쟁력 약화 속에 무엇이든 돌파구를 마련해야 할 상황이기 때문이다.

그렇게 논의가 이어질 무렵 2024년 10월 14일 이주호 부총리 겸 교육부 장관이 전남을 찾았다. 이 자리에서 송하철 목포대학교 총장, 이병운 순천대학교 총장 등을 함께 참석하도록 해 대학 통합에 대한 교육부의 입장을 구체적으로 살펴볼 수 있도록 했다. 양 대학 총장들은 이 자리에서 통합에 긍정적인 입장을 보였으며, 이는 불가능할 것 같았던 목포대학교·순천대학교 통합의 실현 가능성을 한층 높여 주었다.

통합에 확신을 얻은 이상 정부의 시한 마감까지 합의문을 작성하도록 여건을 마련해 줄 필요가 있었다. 세부 논의 과정을 끝까지 지켜보며 기다렸지만, 기한인 11월 15일이 다가오고 있었다. 막판 양 대학 간 협의가 거의 막바지에 이르렀다고 판단되자 당시 박창환 경제부지사를 투입시켰다. 통합에 대한 전남도의 의지를 보인 것이다. 결국, 15일 밤 11시 50분쯤 송하철 목포대학교 총장과 이병운 순천대학교 총장이 기한을 지켜 합의문에 서명하면서 두 달여간 짧지만, 불가능에 가까웠던 양 대학의 통합이 마무리됐다.

도민들의 30년 숙원인 국립 의대 설립이 그 첫걸음을 뗐고, 전남 동·서부권의 오랜 갈등을 근본적으로 해소할 마중물을 마련했다는 데 그 의미가 지대하다고 언론과 도민들 역시 호평했다. 아무리 어려운 현안이라고 하더라도 이해당사자들을 지

2025년 9월 15일 정부서울청사에서 정은경 보건복지부 장관을 만나 의대 없는 전남에 통합 대학교 국립 의대와 대학병원을 신속히 설립해 줄 것을 건의했다.

속적으로 조정·중재하면서 끝까지 포기하지 않은 것이 성과로 이어졌다고 할 수 있다. 대화와 논의를 통해 소지역주의와 편 가르기를 극복해낸, '정치' 그 자체를 보여준 과정이었다.

　하지만 전남이 이렇게 어렵게 만들어낸 노력의 결실은 꽃을 피우지 못했다. 곧바로 윤석열의 비상계엄과 내란이 발생하면서 사실상 정부 기능을 하지 못한 상태가 돼버렸기 때문이다. 조기 대선으로, 이재명 정부가 들어서면서 전남의 국립 의대는 정부의 최대 현안 가운데 하나로 다뤄졌다. 전남도민이 그만큼 간절히 바라고 있다는 것을 이재명 대통령이 충분히 알고 있었기 때문이다. 대통령 직속 국정기획위원회가 '지역 격차 해소,

필수 의료 확충, 공공의료 강화'를 123대 국정과제에 최종 반영하면서 2027년 드디어 전남 국립 의대가 개교할 수 있는 길이 마련됐다. 이에 앞서 지난 5월 전남도는 목포대학교·순천대학교와 함께 '통합 의대 설립 공동준비위원회' 출범식을 갖고, 국립 의대 설립을 위한 체계적 추진기반 마련, 정부와 국회 등을 대상으로 한 건의, 유관기관과의 소통·협력 등에 나섰다. 정부가 국립 의대 설립 현안을 제대로 신속히 추진할 수 있도록 전남이 할 수 있는 모든 일을 사전에 해둔 셈이다.

하지만 여전히 난관은 남아 있다. 전남에 국립 의대가 신설되는 것은 확정됐지만, 개교 시기에서 이견이 있기 때문이다. 전남도는 2027년 개교를 목표로 삼았는데, 교육부가 2030년 개교를 담은 전남 국립 의대 설립 세부 이행계획 로드맵을 제시한 것이다. 나는 전남 통합 대학교 국립 의대 설립은 도민의 생명권과 건강권이 걸린 국가적 과제이자 이재명 정부의 핵심 국정과제인 만큼 교육부가 이를 감안해 줄 것을 촉구했다. 교육부가 관행과 일부의 반대를 이겨내고, 나와 전남도민의 바람을 꼭 들어주기를 간절히 소망한다.

회피하지 않고 정면으로 맞서 현안을 해결하다

사실 어려운 문제는 누구나 피하고 싶다. 특히 도저히 해결이 안 될 가능성이 큰 문제라면 더더욱 그렇다. 괜히 손을 댔다가 해결하지 못하거나 오히려 부작용으로 더 큰 문제로 확대될 수도 있기에 그럴 수밖에 없다. 그러나 정치인이라면, 적극적인 소통, 냉철한 판단, 명확한 대안, 강력한 추진, 단호한 평가 등의 과정을 거쳐 성과를 내야 한다.

전남도지사로 취임하면서 전남이 가지고 있는 현안들을 발굴하고, 이를 정면으로 부딪쳐 공직자들과 함께 하나씩 해결해가는 것은 어렵기도 했지만, 한편으로는 즐거운 일이었다. 이들 현안은 새롭게 드러났다기보다는 과거에 해결하기 어렵다는 이유로 방치·외면됐거나 하는 척만 하며 성과를 내지 못한 사안들이었다. 먼저 공직자들과 과거와는 다른 새로운 방법을 모색하고, 그 안에서 가야 할 방향을 찾아 제시해야 했다. 그다음 정부 부처, 정치권, 이해관계자 등을 설득하고 이해시켜 전남도가 발전하고, 도민들이 만족할 방안을 만들어내는 것이 전남도지사의 임무인 것이다.

2024년 1.03명(전국 평균 0.75명)으로 전국에서 가장 출생률이 높은 전남이지만, 인구가 꾸준히 감소하면서, 더욱 획기적인 출생 장려책이 필요하다는 생각이 들었다. 인구소멸 위기 지역에서 아이를 낳아서 기를 수 있도록 여건을 만들어주는 것이야말로 지금 반드시 해야 할 일이라는 의무감도 있었다. 이미 시·군 자체적으로 출생수당 등 각종 혜택을 주고 있었고, 정부에서도 별도의 출생 장려 대책을 실시하고 있었기에 중복 논란이 일었다.

보건복지부에서도 처음에는 반대 입장을 밝히기도 했다. 하지만 출생을 권장할 수 있는 확실한 대책을 내놓아야 한다는 생각에 2024년 2월 22개 시장·군수와 '출생기본수당 신설'을 위한 업무협약을 갖고 본격적으로 추진했다. 전남도 지급분에 대해 보건복지부와 협의를 마치고 2024년 1월 이후 태어나 전남에 출생신고를 한 아동에 대해 2025년부터 1~18세에 매월 20만 원씩 모두 4,320만 원을 지원할 수 있게 된 것이다. 전남연구원은 이번 수당 신설로, 통계청이 추계한 2041년 출생아

나는 전남의 출생률을 높이기 위해 출생기본수당을 지급하기로 결정했다.

수가 3,099명 늘어 1만 425명(29.7% 증가)이 될 것으로 전망하기도 했다.

　내가 사랑하는 전라남도가 가지고 있는 태생적인 문제가 '동서 갈등'이다. 대한민국 전체가 아니라 소외와 낙후의 상징인 전남에서조차 안으로 분열돼 사사건건 갈등과 마찰이 반복되고 있다. 전남도청 남악 이전, 여수엑스포 개최 등 전남 발전을 위한 변곡점마다 양 지역은 어김없이 두 갈래로 나뉘어 서로의 이익과 손실을 따졌다. 그러나 이는 정부와 전남도가 지금까지 전남 전체를 만족시킬 수 있는 발전 방안을 찾지 못했기 때문이기에 양 지역을 탓할 수만은 없는 노릇이었다. 언제나 미흡했던 정부 지원과 뒷받침은 고작 하나의 프로젝트만 간신히 추진할 수 있는 수준이었다. 이번 국립 의대 유치에서도 어김없이 드러났듯 수도권은 물론 영남권, 충청권에서는 유사한 사례를 찾아볼 수 없을 정도로 전남도 내 동·서 갈등은 지금도 분명하게 존재하고 있다.

나는 이 문제를 정면으로 다루고자 했다. 행정, 농수산업이 집적돼 있는 서부와 인구, 화학·철강산업이 강점인 동부는 어쩔 수 없이 상호 부족한 것을 채우면서 선의의 경쟁을 벌일 수 있도록 현명하게 대처해야 했다. 우선 나는 민선 7기 핵심 사업으로 전남도 동부청사 건립을 약속하고 취임하자마자 신속하게 절차에 들어가 2021년 10월 청사를 착공했다. 여수, 순천, 광양, 고흥, 보성, 곡성, 구례 등에서 남악 전남도청까지 올 필요 없이 순천의 동부청사에서 충분히 민원과 업무 처리를 할 수 있도록 하고, 동부권 시·군의 인재들이 전남 동부청사로 유입돼 질 높은 행정을 서비스하도록 해야 했다. 2012년 4월 남해고속도로 영암-순천 구간이 개통하면서 소요시간이 크게 단축됐다고는 하지만, 동부권 시·군 공직자들은 여전히 전남도청으로의 전입을 꺼렸고, 동부권 주민의 불편도 여전했기 때문이다.

전남도청을 사실상 동부권과 나누는 나의 결정에 당연히 서부권 지방의원, 주민 등은 반대 의사를 강하게 밝혔다. 서부권에 비해 경제기반이 잘 갖춰져 있어 소득이 높은 동부권에, 서부권의 보루인 전남도청의 일부를 떼어 준다는 것이 마음에 들지 않았을 것이다. 하지만 나는 기본적으로 양 지역 간 공공서비스의 격차를 해소하는 것이 바람직하다고 생각했다. 경제력을 갖추지 못한 서부권을 해상풍력 등 에너지산업, 무안국제공항 활성화, 농수산업의 고도화를 통해 부흥시킨다면, 양 지역은 어느 정도 균형을 맞출 수 있겠다는 자신감도 있었다. 지금 당장 어렵다고 해서 문제를 회피하면, 그것은 더 큰 부메랑이 돼 미래를 덮칠 것이 분명하다. 갈등과 마찰이 있다면 더욱 앞장서 그 근간을 바로 잡는 것이 정치인이자, 리더가 할 일이다.

2년이 채 안 돼 2023년 7월 청사 완공과 부서 이전을 마무리하고 본격적인 업무에 돌입했다. 나는 직접 동부청사에 가서 '광양 국가산업단지 투자지원계획'을 결재하며 명실상부한 제2청사의 위상을 대내외에 천명했다. 조직은 기존 환경산림국 6과 130명에서 일자리투자유치국, 문화융성국, 여순사건지원단을 더해 총 4국 320명으로 확대 개편한 것은 물론 기획홍보담당관을 둬 정책, 민원, 홍보 등의 기능을 강화했다.

나는 동부청사에 되도록 자주 가서 보고도 받고 시장, 군수 등과 동부권 현안에 대해서 토론하기를 즐긴다. 화학·철강산업의 고도화·첨단화, 남해안 글로벌 해양관광벨트, 우주산업클러스터, 13GW 해상풍력발전단지, 수소산업 기반 마련 등 동부권의 미래는 더없이 밝을 것이다. 동부권과 서부권을 연결해 부산까지 이어지는 전남 남해선(목포-보성)도 2025년 9월 26일 개통됐다. 전남은 하나였고, 앞으로도 하나여야 한다. 내부 역량을 하나로 모아 더 많은 과업을 이뤄내 도민을 행복하게 하는 것, 그것이 나의 소명이다.

민선 7기부터 무안국제공항을 명실상부한 대한민국 서남권의 관문 공항으로 만들기 위한 노력을 기울인 것은 이 공항이 세계와 전남을 이어주는 매개체이기 때문이었다. 2018년 8월 광주시장·무안군수와 함께 광주 민간 공항을 2021년까지 무안국제공항으로 조건 없이 이전하고, 광주 군 공항 이전을 위해 협력하기로 한 합의를 이끌어낸 것도 이러한 이유였다.

하지만 내부 반발을 이유로 광주가 합의를 파기하면서 당사자인 광주와 무안의 관계가 극한 상황으로 치닫고 있는 상황이 계속 이어졌다. 전남도가 아무리 국제선을 확보해 띄운다고 하더라도, 고정 고객을 확보하지 못하면 무안국제공항의 지속성을 담보할 수 없었다. 광주는 무안이 민간 공항만 받고 군 공항을 거부하려 한다는 의심을, 무안은 광주가 소음시설인 군 공항만 떠넘기려 한다는 불신을 갖고 있는 상태에서, 아무런 진전 없이 민선 8기를 맞았다.

전남 나아가 광주·전남 모두를 위해, 무안국제공항을 이용해 더욱 편리하게 해외로 오가고 싶은 국민을 위해 결단이 필요한 시점이었다. 무안이 전남에 속해 있기 때문에 아무래도 무안군민들이 수용할 수 있는 방안을 우선 광주에 요청했다. '기부 대 양여'라는 군 공항 이전 방식에 의하면 현 공항 부지를 매각해 신공항 부지, 보상금 등을 모두 마련해야 하기 때문에 한계는 있었다. 하지만 적어도 기피시설을 다른 지역으로 이전하려는 광주가 진정성을 보여줄 필요가 있다는 판단이었다.

무안군과 군민에게는 무안국제공항이 활성화되기 위해서는 민간 공항과 함께 군 공항이 함께 옮겨 와야 한다는 점을 설득하고 나섰다. 무안군의 일방적인 군 공항 이전 반대 홍보에 문제를 제기하고, 그들이 근거로 삼고 있는 정보의 부정확함과 과장된 점을 알리는 일에 직접 나서도록 전남도 관련 실·과에 지시했다. 이 과정에서 광주 군 공항 이전 특별법의 내용이 대구 군 공항 이전 특별법이 담고 있는 국가 주도, 이전 대상지에 대한 혜택 등을 담지 못하고 있다는 점을 발견하고 이에 대한 시정을 요청하는 등 최선을 다했다.

다행히 이재명 대통령이 지난 6월 광주 타운 홀 미팅에서 광주 군 공항 이전을 직접 챙기겠다고 약속하면서 광주 민간·군 공항의 동시 이전과 그로 인한 무안국제공항의 활성화는 이제 곧 실현될 전망이다. 이재명 정부의 국정과제로 채택된 뒤 정부 관련 부처와 광주·전남·무안이 참여하는 6자 협의체도 가동되고 있다. 2007년 11월 국방부에 군 공항 무안 이전을 건의한 지 18년, 2014년 10월 이전 건의서를 국방부에 정식 제출한 지 11년 만에 가시적인 방안이 나올 수 있을 것으로 기대된다.

지난 9월에는 광주 민간·군 공항 무안 통합 이전 관련 무안 군민 설문조사에서 응답자의 절반 이상인 53.3%가 찬성한다는 결과가 나오기도 했다. 지금까지 반대 의견이 우세했으나 처음으로 찬성이 과반을 넘어섰다는 데 큰 의미가 있으며, 이는 통합 이전 논의의 분수령이자, 지역 발전의 새로운 동력이 될 것으로 나는 자신한다. 통합 이전 시 우선 지원 과제로는 산업단지 등 지역 발전 사업, 경제적 보상 및 소득 사업, 국가 공공기관 이전, 교통망 확충 등이 제시됐는데, 이는 전남도와 정부가 이미 약속을 했거나 충분히 추진 가능한 수준이다.

이 대통령의 국가 주도 해결 의지가 무안군민들에게 신뢰를 줬으며, 그동안 전남도가 광주 민간·군 공항 문제 해결을 위해 이재명 대통령은 물론 민주당에 꾸준히 건의하고, 군민들에게 군 공항 소음 문제의 제대로 된 정보를 계속 제공해 온 덕분이라는 것이 언론의 평가다. 앞으로 국제선 다변화, 전국 최초 고속철도 무안국제공항역 경유, 항공기 정비 산업단지 조성 등이 예정대로 실현된다면 무안은 전남 발전의 핵심 거점으로 자리 잡을 것이다.

그동안 어떻게 하면 무안국제공항을 서남권 거점공항으로 자리매김할 것인지 고민하고 있던 나에게 2024년 12월 29일 발생한 '제주항공 여객기 참사'는 너무나도 가슴 아픈 충격으로 남아 있다. 참혹한 그날, 현장에 가장 먼저 달려가 사고 수습과 유가족 위로에 나섰다. 나는 무엇보다, 그리고 그 누구보다 사고 원인 규명, 유가족의 심신 안정, 무안국제공항 안전성 확보 등을 소망한다. 대형 참사가 날 때마다 공직자의 한 사람으로,

죄책감과 책임감을 느꼈고, 그러한 사고를 예방하기 위해 지금 내가 해야 할 일들이 무엇인지를 되뇌었다. 피해자들의 명복을 빌며, 다시는 그러한 참사를 마주하지 않기 위해 우리 사회 시스템 전반을 재점검하고, 꼼꼼히 체크하는 일을 게을리하지 말아야 하겠다.

전례가 없는
지속적인 긍정평가를 받다

감사하고 영광스럽게도, 민선 7기에 이어 민선 8기 현재까지 한 여론조사기관의 시·도지사 평가에서 몇 차례를 제외하고 꾸준히 1위를 달리고 있다. 2024년 8월 기준으로 민선 7기 평가 기간 43개월 가운데 30개월, 민선 8기 38개월(대선 기간 제외) 중 32개월간 가장 높은 자리에 있었다. 60%에서 한때는 70%를 넘나드는 긍정평가가 취임 초기부터 7년 이상 계속되고 있다는 점에서, 사실 부담을 느낄 수밖에 없다. 처음에는 '제일 앞에 있을 정도로 일을 잘했는지'를 자문하며, 더 노력하는 자세를 보였고, 계속 이 같은 추세가 계속되면서는 '어떻게 하면 도민들이 더 행복할 수 있을지'를 고민하게 됐다. 도지사의 도정을 상당수 도민이 만족하고 있다는 것만큼 도파민이 쏟아지는 일이 어디 있겠는가.

이 같은 지속적인 긍정평가는 민선 시작 이후 지금까지 전남도지사만이 아니라 다른 광역자치단체장 그 누구도 누려보지 못한, 전례가 없는 것이라고들 한다. 다른 단체장들은 물론 정부 부처, 여야 정치인들까지 그 이유와 배경에 대해 궁금해하며, 물어오는 분들도 있을 정도다. 언론들도 이를 분석하는 기사들을 내놓았다.

우선 그 같은 배경으로 행정고시를 거쳐 중간관리직으로 전남도와 중앙부처를 일선에서 두루 경험하고, 강진·완도군수, 행정안전부 국장, 전남도 행정부지사 등 고위직까지 섭렵하며 27년간 축적한 행정 경험을 들었다. 다양한 현장을 체득하고, 정책의 발굴·작성·보고·수정·실행의 과정을 반복했기 때문에 공직사회를 잘 다룰 수 있다는 것이다. 어떻게 하면 정책 수혜자인 국민의 만족도를 높일 수 있는지, 그렇게 하기 위해 공직자들을 어떻게 지휘해야 하는지 등을 간파하고 있다는 뜻이기도 하다.

또한, 언론은 전남도 행정부지사를 끝으로 정치에 입문한 뒤 국가와 국민이, 지역과 지역민이 바라는 것을 수렴해 법을 제정하고, 제도와 정책의 입안을 주도하며, 국정에 참여하면서 문제 해결 능력이 더 상승했다고 분석했다. 선거구 유권자들은 물론 각계 전문가, 이해관계자 등을 만나며 과거 행정이라는 틀 안에 매여 있었던 사고와 인식의 폭을 확장했다는 것이다. 돌이켜보면 초선과 재선 국회의원으로 긴 안목에서 필요한 법과 제도를 만들어내는 데 최선을 다했다. 이후 복잡한 정치 상황 속에 치러진 20대 국회의원 선거에서 낙선하며, 잠시 현실정치에서 떨어져 보내야 했지만, 이 역시 지금을 있게 한 밑거름이 됐다. 더 낮은 자세로 지역민들을 만나고, 더 세심한 눈으로 지역의 문제들을 살펴볼 수 있었다.

곧이어 문재인 정부의 초대 농림축산식품부 장관직을 맡은 것도 큰 자산이 됐다. 완도의 섬에서 태어나 농도인 전남에서 공직의 대부분을 보내고, 농림수산식품위원회에서 6년간 경력을 쌓아 왔기에 그 누구보다 자신이 있었다. 애정을 가진 분야에서 능력을 선보일 기회이기도 했다. 농업은 국민의 먹을거리를 책임지는 기간산업이자 식량안보 확보를 위한 핵심 산업임에도 불구하고 그만큼 대우를 받지 못하고 있었고, 따라서 그 위상을 확립하고, 무엇보다 농어민들에게 힘이 되는 장관이 되고 싶었다.

조직을 정비하고, 과제별로 추진계획을 수립해 신속하게, 하지만 꼼꼼하게 현장을 체크하면서 정책을 다듬어 나갔다. 그렇게 조직 전체가 정책의 수혜자라고 할 수 있는 농어민·축산인은 물론 국민 모두를 위해 정비되면서 서서히 성과를 내고 있을 무렵, 민주당으로부터 전남도지사에 출마해달라는 요청을 받았다. 당의 바람을 저버릴 수 없었고, 고향인 전남을 위해 지금까지 쌓은 경험과 능력을 쏟을 기회도 될 것 같아 고심 끝에 당의 제안을 받아들였다. 장관 재임 기간이 생각보다 짧았지만, 국무회의에 참석하며 국정 전반이 어떻게 운영되는가를 몸소 체험하면서, 농정 분야의 최고 책임자로 국민 전체를 위해 정책을 구상하고 실천한 경험은 어디서도 얻을 수 없는 소중한 것이었다.

이렇게 오랜 기간 지방자치단체, 중앙부처, 입법부, 행정부 등을 오가며 쌓인 지혜와 아이디어, 대내외 융합 능력과 실천력, 공직 시스템과 공직자에 대한 이해 등을 종합행정으로 녹여내야 하는, 전남도지사라는 자리에 앉게 됐다. 도민들은 어떤 전남을 바라고 있는지, 전남도의 과거·현재를 근간으로 미래를 어떻게 그릴 것인지, 구체적인 성장·발전을 어떻게 할 것인지, 언제까지 무엇을 해낼 것인지 등을 면밀히 파악하고, 공직자들에게 구체적으로 지시를 내렸다. 무엇보다 중요한 것은 전남에 대한 애정이었다.

진심으로 전남도민이 잘살고, 행복하며, 전국 어디에서든 자랑스럽게 자신의 고향을 이야기할 수 있도록 자긍심과 자존감을 안겨 드리고 싶은 마음이 간절했다. 시간이 있을 때마다 현장에 찾아가 지역민의 실생활에 실질적인 도움이 되는 정책을 고민하며 적용하려 했고, 문제점을 찾아내면 신속하게 개선하도록 최선을 다했다. 누가 무엇을 물어보든 현장에서 즉각적으로 답을 할 정도로 연구하고 준비했다.

나는 매년 도정의 방향을 설정하고 공무원과 도민들에게 이를 발표했다. 2021년 11월 25일 개최한 '으뜸전남 미래전략 도민보고회'에서 브리핑하는 모습.

가끔 방법을 찾지 못하고, 아이디어가 궁할 때는 존경하는 과거 리더들의 행적을 살피며, 작은 실마리라도 찾기 위해 노력했다. 최근에는 지인이 선물해준 도리스 컨스 굿윈의 저서 《혼돈의 시대, 리더의 탄생》을 읽었다. 링컨, 시어도어 루스벨트, 프랭클린 루스벨트, 린든 존슨 등 4명의 미국 대통령을 조명한 이 책에서 나는 위기 속에서 담대하고, 따뜻하며, 실천적이고, 명확하며, 포용력 있고, 관대한 판단을 내리고 대처하는 리더십을 곱씹어 보았다. 운도 좋았다. 전남도지사로 취임하면서 내놓았던 전남도정의 기조가 시대적 과제, 세계 추세와도 정확히 일치했기 때문이다. 탄소 중립과 RE100으로 대표되는 기후변화 대응, 친환경, 신재생에너지, 인재 육성, 혁신 기업 육성 및 유치, 관광산업 진흥 등이 대표적이다.

조금 더 노력해야 할 부분이 있다면 전남을 국가균형발전의 거점으로 만드는 것이다. 해방 이후 지금까지 수도권 중심의 성장으로 비수도권, 특히 호남의 성장은 더딜 수밖에 없었다. 사실 호남의 인구, 자본 등이 수도권·영남권으로 유출돼 지금의 대한민국이 있는 것 아닌가. 앞으로는 수도권 중심, 국가 주도의 정책 설계에서 벗어나 각 지역 간 협력체계를 꾸려 새로운 국가 성장기반을 만들어야 할 것이다. 충청권까지 포함된 수도권 중심 패러다임에서 벗어나 새로 제시한 개념이 '신해양·문화관광·친환경 수도 전남'이다. 경제수도 서울, 행정수도 세종에 이어 한반도의 최남단에 '신해양·문화관광·친환경 수도'을 조성해 지역이 스스로 자립할 수 있는 '대한민국 경제 선순환 구조'를 갖춰야 한다는 것이다.

이와 함께 앞으로 수려한 섬과 바다, 갯벌, 해안선 등 세계 어느 관광자원과 비교해도 부족함이 없는 남해안을 유럽의 지중해에 버금가는 '세계 속의 남해안'으로 만들고 싶다. 남해안을 종합·체계적으로 개발하기 위해 '남해안발전특별법'이 제정되고 '남해안종합개발청'이 신설됐으면 하는 바람이다. 여전히 청년 인구 유출, 인구 감소 등은 계속되고 있으나, 민선 7기 이후 전남의 성장은 눈부시다. 최하위에 머물렀던 각종 경제지표에서 중위권을 넘어 상위권으로 나아가고 있다. 2024년 9월 통계청이 발표한 '2022년 기준 시·도 지역 소득'에 따르면 1인당 총생산(GRDP) 4위, 지역 총생산(GRDP) 8위, 사업소득 전국 1위, 1인당 근로급여소득 9위 등으로 집계됐다. 이는 일단 전남에 정착하면 적어도 타지역보다는 더 높은 소득이 보장된다는 의미다. 서서히 이러한 효과가 나타나 전남으로 사람·기업이 몰려들었으면 하는 소망 가득하다. 세계가 주목하는 전남, 빛나는 지방시대 1번지, 사람이 모여드는 전남 행복시대를 열고 싶다.

2023년 10월 13일 목포종합경기장에서 열린 제104회 전국체육대회 개회식은 민선 7기 이후 비약하는 전남을 가장 잘 표현해 주었다. 박명성 감독의 〈웅비하라 전남의 땅 울림〉이라는 주제공연이 뮤지컬과 마당놀이, 문화예술과 최첨단 미디어를 융복합시켜 전국적인 화제가 된 것이다. 특히 나로호가 발사되는 모습과 해상풍력·태양광 발전 등 새로운 미래 전남의 청사진을 형상화한 드론쇼는 모두의 주목을 받을 정도로 수준이 높았다. 전남의 발전상과 미래 도약을 위한 태세를 대내외에 천명하며, 새로운 전남의 시작을 알렸다고 할 수 있다.

2025년 들어 전남의 미래를 보다 담대하게 그려나가겠다는 의미로 '더 위대한 전남(The Great JeollaNamdo)'을, 브랜드 네임으로는 새로운 기회를 전남과 함께 하자는 뜻으로 '오케이 지금은 전남(OK! Now Jeonnam)'을 각각 제시한 것도 민선 7기로부터 7년여간의 성과와 자신감이 있었기 때문이다. 세계와 당당히 경쟁하고 동행하는 글로벌 전남을 향해 힘껏 뛰어 명실상부한 전남시대를 열어가겠다는 각오를 여기에 오롯이 담았다.

4장

＊

다시 찾은 민주정부와
전남의 과제

반민주 세력에 맞서
국민과 함께한 거리 투쟁

2024년 12월 3일 밤 너무도 어이없는 윤석열 대통령의 비상계엄 선포는 국민 모두를 공포에 몰아넣었다. 대통령의 지시를 받은 군대가 국회, 중앙선거관리위원회 등에 진입해 국회의원과 직원들의 출입을 막아서는 등 도저히 상상도 할 수 없는 일이 벌어졌다. 갑작스러운 사태에도 용감한 시민들이 국회로 몰려들어 군인들을 막아서고, 민주당 의원들이 속속 국회의사당에 모여 비상계엄을 해제하면서 윤 대통령과 그 추종 세력들의 내란을 멈춰 세울 수 있었다. 1987년 10월 항쟁 이후 민주주의의 모범국가로 자리 잡은 대한민국이 1979년 10·26 사건 직후 비상계엄이 선포된 이래 45년 만에 헌정 질서가 무너질 위기를 겪

윤석열의 탄핵을 촉구하는 농성에 참여했다. 2024년 12월 12일.

은 것이다.

민주시민들은 윤 대통령의 탄핵을 촉구하며 거리로 뛰어나왔고, 윤 대통령을 추종·동조하는 세력들도 맞불 집회를 여는 등 정국은 혼란을 거듭하고 있었다. 12월 7일 국회는 윤 대통령의 탄핵소추를 위해 표결에 나섰으나, 여당인 국민의힘이 탄핵 반대를 당론으로 정해 집단 퇴장하면서 정족수 미달로 무산됐다. 일주일 뒤 두 번째 표결에는 여론에 떠밀린 국민의힘이 표결에 참여하면서 가까스로 가결됐다. 공은 이제 헌법재판소로 넘어갔다.

이때부터 탄핵을 반대하는 수구 세력들의 준동이 본격화됐으며, 이들은 결국 폭력으로 사법부를 침탈하는 만행을 보였다. 윤 대통령이 현직 대통령으로서는 처음으로 내란 우두머리 혐의로 구속되자 윤 대통령 지지자들이 영장실질심사가 이루어진 서울서부지방법원의 시설을 파괴하며 경찰과 민간인, 기자 등에게 무차별적인 폭력을 휘두른 것이다. 지금까지 헌정사에 없었던 충격적인 일이었다.

우리나라는 오랜 기간 독재 체제에 머물다 1987년 6월 항쟁 이후 일련의 민주화 조치 속에 비로소 진정한 정치 활동이 시작됐다. 그때부터 정치는 보수와 진보라는 이념으로 구분돼 대립했다. 집권한 보수 정당은 대한민국의 미래상과 지향하는 바를 담지 못하고, 기득권층을 감싸고, 대기업이나 부유층에게 혜택을 주는 정책을 반복했고, 진보 정당은 국회에서 이를 제지하기 위해 반발하며 갈등과 마찰이 계속됐다.

1998년 헌정사상 최초로 정권교체에 성공한 진보 정당은 이후 몇 차례 집권에서 경험 부족, 관료 조직의 저항, 보수 세력의 반발 등으로 제대로 된 정책을 발굴·수립·집행하는 데 한계를 보였으며, 실망한 국민이 보수 정당을 다시 선택하게 하는 빌미를 줬다. 무엇보다 안타까운 것은 민주시민들의 촛불혁명에 이어 박근혜 대통령의 탄핵으로 치러진 조기 대선으로 집권한 문재인 정부와 민주당이 정권 재창출에 실패하면서 결과적으로 윤석열이라는 '괴물'을 막아내지 못했다는 점이다.

이번 비상계엄과 내란 행위를 지켜보며, 1980년 5·18을 직접 겪었던 호남인들은 그 어느 때보다 분노했다. 군사독재에 항거한 수많은 시민의 희생 위에 강건히 자리 잡았다고 여겨졌던 우리나라의 민주주의가 이렇게 한순간에 무너질 수도 있다는 불안감도 작용했을 것이다. 호남인의 한 사람으로, 도저히 가만히 있을 수 없어 거리에 나가 비상계엄을 선포한 윤 대통령과 그 추종 세력에 대한 단죄를 요구하는 피켓을 들고 시위에 나선 것도 이러한 호남인의 마음을 대변해야 한다는 마음 때문이었다.

전국적인 집회와 시위가 계속되는 가운데 여야 정치권에서는 향후 전개될 대통령 탄핵 정국을 준비하고 있었다. 그러나 찬반으로 갈린 여론 탓인지 헌법재판소의 결정은 계속 미뤄지고 있었고, 민주당을 이끌고 대선에 출마할 이재명 대표는 무도한 윤석열 정권의 기소 남발로 사법 리스크를 완전히 떨쳐내지 못하는 불안한 상태가 이어졌다.

호남을 대표하는 유일한 연임 광역자치단체장이면서, 전남 도민들에게 높은 지지를 받고 있는 입장에서 나 역시 조기 대선 출마 여부를 고민할 수밖에 없었다. 무엇보다 내란 세력의 척결과 단죄, 이를 위한 민주당의 압도적인 승리가 필요했던 시점이었다. 또한, 민주당의 본산이자 대한민국 민주주의의 상징이지만 쇠락을 넘어 소멸 위기에 봉착한 호남을 대변해야 했다. 이런 의무감이 들자 "나는 호남 사람인 것이 자랑스럽습니다"라고 외쳤던 고 김대중 대통령의 말씀이 떠올라 가슴이 뜨거워졌다.

지역을 대표할 수 있는 인물이 나서야 정치권에서도 호남을 보다 비중 있게 바라볼 것이고, 이러한 시도가 결국 지역 성장·발전에도 도움이 될 것이라는 여론도 있었다. 다양한 의견들을 듣고, 곰곰이 스스로 돌이켜보니 조기 대선에 출마해, 정치를 하면서 쌓아 왔던 생각을 국민 모두에게 알리고, 그에 대해 평가를 받아 보는 것도 좋겠다는 용기가 생겼다. 기회가 된다면, 가장 먼저 비상계엄과 내란 행위를 단죄해 우리나라 민주주의를 반석 위에 올리고, 우리나라 정치권의 변화와 혁신을 이끌고 싶었다.

수도권이 아닌 지방을 대표해 지속 가능한 대한민국 미래를 위한 국가균형발전과 지방분권·자치를 실현하고, 경제 양극화 해소와 건강한 자본주의를 통해 선진경제의 틀을 구축하는 방안도 제시하고 싶었다. '일 잘하는 정부'를 구성해 모든 국민이 자신의 일상을 보다 편하고 걱정 없이 보낼 수 있는 대한민국을 꿈꿨다. SNS에 비상계엄과 내란 행위 등과 관련해서 쏟아지는 이슈에 대해 솔직한 의견을 밝히며 주목을 받았고, 정치권을 비롯해 여러 인사가 건네는 조언과 충고도 귀담아들었다. 대선에 나설 수 있는 역량을 키워 나가고 있던 시점이었다.

그러나 이후 상황이 급변하기 시작했다. 먼저 이재명 대표에 대한 공직선거법 위반 사건 항소심에서 재판부가 무죄를 선고하면서 흔들렸던 이 대표의 리더십이 보다 확고해졌다. 이어 늦었지만, 헌법재판소가 윤 대통령에 대한 탄핵을 전원 일치 의견

으로 인용하면서 정국도 비교적 안정됐다. 조기 대선에 나서야
겠다고 생각한 명분이 사라지면서, 나는 고민이 깊어질 수밖에
없었다.

　호남을 대표해 조기 대선 출마를 강행하기보다는 대한민국
민주주의의 확립과 내란 세력 척결을 위한 정권교체에 힘을 싣
고, 당원과 국민으로부터 두터운 지지를 받는 이재명 대표를
돕는 것이 당면 과제로 여겨졌다. 갑작스러운 조기 대선 출마
에 따른 여러 미흡한 부분들도 신경이 쓰였다. 과감하게 이번
조기 대선에 불출마하는 것이 낫겠다는 판단이 서면서 기자회
견을 준비하고 2025년 4월 8일, 국회 소통관에 섰다.

　기자회견을 통해 국민에게 "우리 시대의 시대정신은 내란종
식과 정권교체이며, 정권이 교체돼야 내란종식도 가능하고 국
민통합의 길도 열린다"며 "이러한 시대정신의 중심에 이재명 대
표가 있다"고 강조했다. 이어 "내란의 혼란 속에서 빛의 혁명과
국민의 승리를 이끌어낸 이재명 대표가 시대정신을 대표한다
는 신뢰와 믿음으로 함께 동행하겠다"고 덧붙였다. 이재명 대통
령과 민주당의 조기 대선 승리를 위해, 그리고 전남·호남의 발
전과 도약을 위해 이 한 몸 헌신하겠다는 나의 일념은 더욱 강
해졌다.

　우선 조기 대선에서 반역사·반민주·반국민 세력들을 압도
적으로 이겨야 했다. 대한민국이 다시 일어서 역사와 민주, 국
민을 위한 길로 나아갈 수 있도록 내가 할 수 있는 일을 해야

한다는 생각이 머리를 가득 채웠다. 우선 SNS를 통해 현 상황에 대한 나의 의견을 분명하게 밝혀 같은 생각을 갖고, 함께 실천할 수 있는 사람들과 공감대를 갖는 것이 중요하다고 판단했다. 대선 출마를 접고, 전남도정을 챙겨야 했던 나로서는 국민과 쉽게 소통하는 방법이 SNS였다.

그동안 SNS를 통해 전남도의 행사 참석이나 방문 소감, 전남을 포함한 지방의 실정, 지방자치와 분권의 필요성 등을 알려온 나는 윤석열의 비상계엄 이후 윤석열과 추종 세력의 근원적인 문제, 우리나라의 정치 현실, 민주당이 나아가야 할 길 등을 주제로 한 글을 주로 올렸다. 언론들도 나의 이러한 행보에 주목하며, 자주 거론해 줬고, 지지자들도 응원의 메시지를 보내 줬다. 내가 SNS에 올린 글들을 요약·정리해 봤다.

2024년 12월 4일 새벽, 비상계엄 즉시 철회를 주장한 나는 그날 오전 강기정 광주시장, 김관영 전북지사, 김동연 경기지사, 오영훈 제주지사 등과 윤석열의 즉각 퇴진을 요구하는 성명서를 발표했다. 12일에는 윤석열의 담화를 본 뒤 '한심하다'는 소회를 밝히고, 그의 탄핵과 체포를 강조했다. 14일 국회에서 윤석열의 탄핵소추안이 가결된 것을 다행스럽게 여기며, 자랑스러운 대한민국을 위한 사회 대개혁에 착수해야 한다고 언급하기도 했다.

해를 넘겨 2015년 1월 3일 제주항공 여객기 사고 수습에 정신이 없었지만, 윤석열의 불법적인 체포영장 무력화 시도에 분노의 마음을 전했고, 1월 11일에는 진영논리와 양비론을 주장한 가수 나훈아에게 그 영향력을 감안해 보다 신중한 발언을 해줄 것을 당부해 여론의 주목을 받았다. 1월 15일과 19일 윤석열의 체포와 구속으로 내란 수괴에 대한 법적 처리가 어느 정도 궤도에 올랐다고 판단되자 특단의 민생 경제 회복을 위한 추경을 제안했으며, 20일에는 윤석열 추종 세력의 서부지법 폭력 사태 주동자들의 엄벌을 강력히 주장했다.

2월 10일 이재명 민주당 대표가 민생과 경제 회복을 위해 주장한 30조 원 추경으로 지역 상품권을 대거 발행하고, 긴급 민생지원금도 지급하자는 방안을 제안했다. 전남도는 이미 자체적으로 3,500억 원의 지역사랑 상품권을 10% 할인율로 발행해 서민 경제와 골목 상권에 숨통을 터주고 있었다. 2월 11일에는 당시 이재명 민주당 대표와 국회에서 만나 시급한 현안과 시국에 대한 의견을 나눴다.

언제나 그렇듯 이 대표는 밝은 표정으로 나를 반겼고, 편하게 대화를 나눴다. 당시 조기 대선 출마를 염두에 두었던 나는 "헌정 질서 회복과 정권교체를 위해 호남이 핵심적 노력을 다할 것이며, 저 또한 다양성의 힘으로 민주개혁 세력에 힘을 보태겠다"라고 말했다. 이에 이 대표는 "다양한 세력과 여러 사람이 함께 뛰는 것은 우리 당의 큰 자산이고 힘이 된다"며 "우리 함께 승리하자"라며 격려해 줬다.

2월 14일 민주주의 성지 광주에서 윤석열 탄핵 반대 집회가 열린 것에 분노하며 15일 열리는 탄핵 촉구 집회 참석을 다짐했다. 이어 반드시 윤석열을 탄핵하고 민주정부를 수립해야 한다는 집회 참석 소감을 밝혔다. 20일에는 김대중 대통령의 고향 목포에서 22일 윤석열 탄핵 반대 집회가 열린다는 소식에 울분을 감추지 못하고, 이를 반드시 막아 내겠다고 다짐했다. 3월 8일 야 5당 내란종식 윤석열 파면 촉구 범국민대회에 참석한 뒤 내려오는 기차에서 내란 수괴 윤석열의 석방에 대한 허탈과 분노의 마음을 전하며 끝까지 싸우겠다는 각오를 다졌다.

3월 11일부터 나는 1인 시위를 시작했다. 정치인, 리더가 아니라 국민의 한 사람으로서 윤석열의 석방, 헌법재판소의 판결

2025년 3월 11일부터 나는 피켓을 들고 1인 시위를 시작했다. 업무에 지장을 주지 않는 선에서 아침 일찍 거리로 나가 윤석열의 파면을 외쳤다.

지연 등을 지켜보면서 SNS 외에 무엇인가 내가 할 수 있는 일을 찾아야 했다. 전남도지사로서의 업무에 지장을 주지 않는 선에서 새벽에 출근하거나 통학하는 직장인, 학생, 자영업자 등을 대상으로 피켓을 들고 윤석열의 즉각 파면을 외치기로 한 것이다. 12일에는 국회에서 전남지역 시장·군수, 도의원, 시·군의원, 호남 향우회 등과 윤석열 파면 촉구 공동기자회견을 열었고, 18일에는 광주에서 1인 시위 중 유명을 달리하신 애국 시민을 조문했다. 22일 광화문광장에서 열린 야 5당의 윤석열 파면 범국민대회에 참석한 뒤 24일 출근길에는 목포역 광장에서 피켓을 들고 주민들을 만났다.

3월 25일 이재명 민주당 대표의 선거법 기소에 대한 나의 의견을 장문으로 남겼다. 이는 '윤석열 정치 검찰의 정적 죽이기'로 규정한 나는 이 대표에 대한 혐의를 조목조목 반박하며, 무죄를 확신했다. 26일 이 대표의 2심 재판을 지켜보기 위해 나는 역사적 현장인 서울중앙지법으로 향했다. 그날 법정에 들어가는 이 대표와 직접 악수하면서 응원했는데, 결론은 무죄였다. 사필귀정. 정의와 국민이 승리한 것이다.

4월 1일 헌법재판소가 드디어 선고기일을 지정했다. 나는 3일 국립현충원 김대중 대통령의 묘소를 찾아 그의 생전의 말씀처럼 "정의가 강물처럼 흐르고, 자유가 들꽃처럼 만발하는", 새로운 대한민국을 위해 헌재의 정의로운 탄핵 인용 결정을 확신하며, 거듭 그렇게 되기를 기원했다. 드디어 4월 4일 아침이 밝았다. 눈을 뜬 순간부터 온 국민과 함께 헌재 발표에 눈을 고정했다. 헌재의 판결 시간까지 그 기다림은 길었지만, 역시 역사의 수레바퀴는 거꾸로 돌릴 수 없는 법이다.

윤석열 파면. 불법 비상계엄과 군사 쿠데타로 무너져버린 대한민국의 기강과 법치주의를 다시 세울 수 있게 됐다. 나는 이제 분열된 국론을 하나로 모아 대통합의 길을 열고, 민생경제 회복에 집중해 서민 경제와 골목 상권을 살려야 하는 일에 정치권이 집중해야 한다는 점을 강조했다. 앞으로 새로운 민주개혁 정부의 과제도 제시했다. 정치 개혁과 사회 개조를 통해 새로운 대한민국을 만들어야 하며, 이를 위해서는 1987년 헌법을 대수술해 분권형 대통령제, 실질적 지방분권, 선거제도 개혁 등 7공화국의 새로운 헌법 체제를 만들어야 한다는 점을 강조했다.

이어 4월 8일 나는 대선 출마의 뜻을 접으면서 시대적 과제로, 민주공화국 회복, 내란 완전 종식, 진짜 민생을 돌보는 대한민국 시작을 제시했다. 단순한 정권교체가 아니라 바뀐 시대에 맞는 리더십으로의 교체, 다수 국민의 여망을 실현하는 실용적인 태도, 소신과 문제 해결 능력 등이 절실하다는 점도 강조했다. 그러한 의미에서 나는 이재명 대표에게 절대적인 지지를 보냈다. 그가 그러한 리더라고 확신했기 때문이다. 정권교체라는 시대정신의 중심에 있는 이재명 대표와 함께 가겠다는 뜻과 함께 주권자의 큰 뜻을 놓치는 우를 범하지 않겠다는 나의 의지도 밝혔다.

　어둠은 빛을 이길 수 없다. 작은 촛불을 들고 국정을 농단한 박근혜 정부를 물리쳤던 우리 국민은 다시 아스팔트로 뛰쳐나와 '빛의 혁명'으로 윤석열을 쫓아냈다. 국민이 위임한 권력으로 사리사욕을 채우고, 그것도 모자라 검찰과 군대를 동원해 국민을 지배하려 했던 윤석열은 그의 아내 김건희와 함께 쓸쓸히 감옥으로 향했다. 시대착오적인 아둔함으로, 온갖 블랙코미디를 만들어냈던 그의 대통령 당선 자체가 대한민국 역사에서 지워져야 할 오점이라고 나는 평가한다. 여전히 그를 추종하거나 동조하는 정치인과 세력들이 대한민국에 존재한다는 것이 믿어지지 않지만, 이 역시 우리가 극복해야 할 극단주의의 한 단면일 것이다.

압도적인 승리,
다시 찾은 민주정부와 과제들

본격적인 조기 대선 정국이 열렸다. 민주당 대선 경선은 비교적 차분하게 오랜 기간 준비해왔던 이재명 대표의 독주 양상을 보였다. 그의 철학, 신념, 방향성, 소통 능력, 실천력 등에 민주당원과 국민은 절대적인 지지를 보냈다. 반면 윤석열을 배태한 국민의힘은 윤석열 정권의 국무총리를 맡았던 한덕수가 대선 출마 의사를 밝히고, 당내 경선에서 승리한 전 노동부 장관 김문수와 단일화 논란을 겪고 있었다.

나는 한덕수의 대선 출마는 제2의 내란 행위라며 강력히 비난했다. 파면된 윤석열 정권의 이인자로, 불법 비상계엄을 막지도 못했고, 그 후에도 윤석열 내란 세력에 동조하는 내란 대행을 자임하듯 행동했기 때문이다. 오랜 기간 관료로 지내며 호남 출신임을 부정했다는 일화가 있는 그가 5·18 국립묘지를 찾아 자신이 호남인임을 외치는 것을 본 뒤에는 나 자신이 한없는 부끄러움을 느껴야 했다.

2025년 4월 30일에는 민주 세력을 외면하고 '내란 세력 빅텐트' 참여를 선언한 이낙연 새미래민주당 고문에 대해서도 유감과 안타까움을 표했다. 한때 호남의 기대를 한 몸에 받았던 그의 '호남 배신'은 이재명 대표와 윤석열을 동일 선상에 놓는 '시대착오적 억지'에서 비롯된 것으로 보인다. 호남과 민주당의 토대에서 5선 국회의원과 전남도지사에 이어 총리까지 지낸 이낙연의 이러한 행태는 피와 땀으로 민주주의를 지켜온 호남 정신에 정면으로 반하는 일이었다.

민주정부 재수립을 위한 이재명 예비후보의 전진은 계속되고 있었다. 호남에 대한 강한 애정을 표명한 이 예비후보는 4월 24일 호남을 AI 에너지산업과 농생명이 함께 하는 지속 가능한 메가시티로 만들겠다는 호남 부흥 공약과 비전을 발표했다. 전남도가 추진하고 있는 국립 의대 신설, 지역 발전의 획기적인 전기가 될 기반시설 등이 대거 반영된 것에 나는 크게 만족했고, 전남도 공직자들에게 그에 따른 발전 전략 수립을 지시했다. 이재명 후보와 함께 새로운 호남시대, 대한민국의 대전환을 열 수 있다는 확신이 들었다.

4월 25일 전남농업기술원을 찾은 이 예비후보는 청년 농업인들과 간담회를 가졌고, 나는 이 자리에서 식량안보를 위한 양곡관리법 개정, 국가 차원의 농어민 공익수당 도입, 농작물 재해보험 전면 개편, 친환경 농산물 판로 확대 등을 제안했다. 미래 농업의 전초기지인 전남이 AI 농업혁명을 주도하며 대한민국 농업의 대전환을 이끌겠다는 계획에 이 예비후보는 적극 공감하며 전폭적으로 지원하겠다고 화답했다.

4월 27일 이재명 예비후보가 민주당 대통령 후보 최종 경선에서 누계 합산 89.77%라는 사상 최대의 득표율로 승리했다. 예상했던 대로 민주당원과 국민의 선택은 이재명이었다. 민심과 국민의 염원이 그의 대통령 당선에 있었다. 이 후보는 수락 연설에서 오늘의 절망을 넘어 내일의 미래를 위한 연대와 협력을 강조해 국민의 심금을 울렸다.

그러나 이렇게 순조롭게 이어갈 것으로 예상됐던 조기 대선에 엄청난 변수가 등장했다. 5월 1일 이재명 후보의 공직선거법 위반 상고심 선고에서 대법원이 2심 무죄 판결을 파기 환송한 것이다. 전원합의부 회부 9일 만에 단 2회의 심리만으로, 대선 후보 등록 10일을 앞두고 졸속 판결을 내린 의도는 누구나 짐작할 수 있었다. 대선을 목전에 두고 대법원이 선거에 개입해 노골적으로 정치적 판결을 내린 것이다. 듣는 순간 귀를 의심한 나는 이 대법원 판결이 사법 쿠데타이며, 대법원이 정치와 대선에 개입한 부끄러운 역사로 기록될 것임을 직감했다.

나는 선거운동 기간 중 이재명 후보에 대한 모든 재판은 불공정 사법 폭력이라는 사실을 주변에 알리며, 대선 이후로 이를 연기해야 한다고 주장했다. 대법원이 6만 쪽에 달하는 공판기록을 단 이틀 두 차례의 심리로 파기 환송을 결정한 데 이어 서울고법이 대선 기간 무려 5번이나 이 후보 재판기일을 확정하는 등 사법부가 국민의 바른 선택을 오히려 방해하는 행태를 보이고 있는 상황이었다. "선거운동은 공평한 기회를 보장해야 한다"는 헌법 제116조의 정신과 취지에 위반된 것이다. 이는 국민이 선출하지 않은 사법 엘리트들이 선거와 국정을 좌지우지하는 것으로, 사법개혁이 반드시 필요하다는 사실을 주권자인 국민에게 인식시키는 계기가 될 것이다. 헌법과 민주주의를 수호해야 할 사법부가 재판 과정과 판결에서 국민 뜻에 반하는 반민주적 재판을 하며, 기득권을 수호하려는 행태를 보이는 것이 어디 한두 번이었던가. 윤석열의 '내란 친위 쿠데타'가 국민 의사결정권을 유린하는 '대통령 선거 개입 사법 쿠데타'까지 이어지고 있는 것이다.

다행히 이 같은 국민의 여망이 통했는지, 서울고법 항소심 재판부는 이재명 후보의 첫 공판을 대선 이후인 6월 18일로 연기한다고 밝혀 사법부의 대선 개입 논란은 다소 잠잠해졌다. 이제 국민 주권의 시간, 투표로 윤석열과 그 추종·동조 세력 등을 심판하는 일만 남았다.

5월 10일 '유권자의 날'을 맞아 나는 SNS를 통해 이번 대선에서의 투표가 가진 의미와 소중함을 다시 한번 강조했다. 주

나는 2025년 5월부터 거리에 나가 내란 종식과 민주정부 수립을 위해 제21대 대통령 선거에 반드시 참여해 줄 것을 도민들에게 당부했다.

권자인 우리 국민이 지금까지 투표를 통해 민주적인 정권교체와 시대정신을 이끌어왔다는 점을 언급하면서 6월 3일 대선에 반드시 투표해 내란을 종식하고 대한민국을 바로 세워 주기를 호소했다. "투표가 힘이다(Vote is power)"라는 글귀와 함께 사전투표일인 5월 29일과 30일, 본투표일인 6월 3일을 각각 해시태그하며 의미를 부여했다.

5월 18일 5·18 민중항쟁 45주년을 맞아 나는 '촛불혁명'에 이어 '빛의 혁명'을 완수해 5·18 정신 헌법 전문 수록을 반드시 이뤄내자고 호소했다. 어느덧 반세기가 흘렀지만, 5·18 정신과 오월 영령들이 변함없이 우리를 지켜주고 있으며, 윤석열의 불법 비상계엄을 극복해낸 것도 그 정신과 뜻이 면면히 이어져 내려오고 있기 때문이리라. 돌이켜보면 1987년 6월 항쟁도, 2017년 촛불혁명, 그리고 2024년 빛의 혁명도 5·18의 유산이다. 늘 살아 숨 쉬며, 우리가 지키고 가꿔야 할 자랑스러운 역사를 헌법 전문에 수록하는 것은 당연한 일이다.

5월 12일부터 제21대 대통령 선거운동이 본격 시작된 가운데 또 하나의 충격적인 소식이 전해졌다. 5월 27일 이낙연 전 총리가 내란을 동조하고 옹호한 국민의힘과 공동 정부 구성과 개헌 추진에 협력한다고 밝힌 것이다. 결국 돌아올 수 없는 강을 건너버린 것이다. 이 전 총리와 같은 정부에서 장관으로 일하고, 한때 선배 정치인으로 모셨던 나로서는 정말 얼굴이 화끈거릴 정도의 창피함을 느꼈다. 그는 무엇을 위해 정치를 하는 것인가. 어떤 가치를 추구하고 있는 것인가. 수많은 질문이 내 머릿속을 어지럽혔다. 그의 정치인으로서의 마지막 선택은 역사가 판단할 것이다.

나는 내란 종식과 민주정부 수립을 위해 전남도민에게 투표 참여를 독려하는 데 전력을 쏟았다. 정의와 경제 회복, 국민통합과 새로운 대한민국 건설을 향한 역사적 선거임을 강조하며, 5월 27일에는 장흥에서 22개 시장·군수, 부단체장과 함께 투표 동참 공동 담화문을 발표했다. 이어 28일에는 순천에서 투표 참여 출근길 1인 캠페인을 펼쳤고, 목포, 나주 등 주요 도시에서 계속 이어 갔다.

5월 29일과 30일, 이틀간 진행된 사전투표에서 전남이 역대 최고인 56.5% 투표율을 기록했다. 전국에서 가장 높은 수치로, 지난 20대 대선보다 전남만 유일하게 5.05%포인트가 상승했다. 도민들도 이번 선거의 중요성을 인식하고, 새로운 대한민국 건설을 열망하고 있다는 것을 보여 준 것이다. 나는 100% 투표 참여로 전남의 선진 시민의식을 보여주길 기대하며, 6월 2일 선거운동 마지막 날까지 피켓을 들었다. 5월 28일부터 매일 전남 곳곳을 누비는 동안, 마주치는 도민들이 내 손을 잡고 격려해 주었다. 그들의 마음이 나의 마음과 다르지 않음을 느낄 수 있었다. 새로운 미래를 만들어 낸 원천은 언제나 국민에게 있었다. 국난 극복도, 민주 회복도, 경제 발전도, 12·3 불법 비상계엄을 막아 낸 것도 결국 국민이었다. 그 중심에 늘 전남도민이 있었다는 사실에 나는 자긍심을 느낀다.

6월 3일 드디어 대선 본투표일의 아침이 밝았다. 나는 일찌 감치 사전 투표를 마치고, 투표 결과를 초조하게 기다렸다. 물론 이재명 후보의 승리는 확정적이었지만, 압도적으로 이겨야만 대한민국이 더 수월하게 혁신의 길을 갈 수 있을 것이다. 오후 5시부터 도청 1층에 대형 TV를 설치하고 제21대 대통령 선거 개표방송을 공직자, 도민 100여 명과 함께 지켜봤다. 6시 투표가 끝나고 언론사들의 출구조사 결과가 발표됐다. 51.7%를 득표할 것으로 예상된 이재명 후보가 39.3%의 김문수 후보를 12.4%포인트 차이로 앞서 승리한다는 내용이었다. 당연한 결과

지만, 한편으로는 내란 정당의 후보, 윤석열 정부의 노동부 장관을 지낸 후보를 지지하는 국민이 40%에 육박한다는 사실에 조금 실망감도 느꼈다.

곧이어 전국 투표율이 발표됐는데, 전남은 무려 83.6%로, 전국 평균(79.4%)보다 4.2%포인트를 넘어선 것으로 나타났다. 나는 곧바로 감사 발표문을 내고 "전남도민이라는 것이 무척이나 자랑스러운 하루"라며 "자랑스러운 도민의 성숙한 민주시민의식이 만들어낸 감동적인 결과"라고 평가했다.

나는 이러한 전남도민의 높은 투표율을 흔들리는 정의와 민주주의를 회복하고자 하는 간절한 염원과 의지가 만들어낸 결과이자 동시에 전남의 미래를 향한 확고한 의지 표명이라고 해석했다. 도민들은 자신이 사는 마을이 더 살기 좋아지기를 바

전라남도의 높은 투표율 기록을 청년들과 함께 자축했다.

라는 마음, 우리 아이들이 고향에서도 꿈을 펼칠 수 있기를 소망하는 마음, 이웃과 함께 더 나은 세상을 만들겠다는 다짐으로 주권자의 소중한 한 표를 행사했을 것이다. 나는 투표로 보내 준 도민들의 간절한 메시지가 새 정부에 반영돼 전남 발전의 원동력이 되도록 혼신의 힘을 다하겠다고 다짐했다. 새로운 정부와 혼연일체가 돼 더 위대한 전라남도, 더 자랑스러운 대한민국을 향해 나아가는 데 나는 내가 가진 모든 역량을 쏟을 것이다.

나는 정치를 시작할 당시 다짐한 초심을 떠올리며, 다시 각오를 다졌다. 이재명 대통령 후보가 당선이 확정된 뒤 잠자리에 들었으나, 앞으로 해야 할 일들을 어떻게 풀어 갈 것인지를 생각하느라 밤새 이리저리 뒤척이며 잠을 이루지 못했다. 전남 미래 100년을 좌우할 이재명 정부와의 5년은 전남의 다시없는 기회가 될 것이기 때문이다.

6월 4일 오전 이재명 대통령이 최종 49.42%의 득표율로 당선되며, 역대 대선 중 가장 많은 1,728만 7,513표를 얻었다는 소식이 전해졌다. 국민의 바람이 드디어 이뤄진 것이다. 우리 국민은 투표를 통해 내란 세력을 물리치고 다시 민주정부를 수립해 냈다. 1997년 제15대 대선(80.7%) 이후 28년 만에 투표율 최고치를 경신한 것으로, 그만큼 이번 조기 대선에 대한 국민의 관심은 지대했다고 할 수 있다. 다만 비상계엄과 내란 획책에 참여하고, 동조·옹호하는 세력이 주도하고 있는 국민의힘

후보가 41.15%를 얻었다는 점은 여러 가지를 시사하고 있다고 나는 생각했다. 내란 종결, 민생경제 회복, 대한민국 미래 경쟁력 확보에 이어 국민통합이라는 과제가 새 정부에 주어진 것이다.

제21대 대선에서 이재명 대통령은 17개 권역 중 강원·경북·대구·울산·경남·부산을 제외한 11곳에서 승리하며 전국적인 지지를 받았다. 특히 전남은 85.9%라는 가장 높은 지지율을 보여 줬다. 전남 22개 시·군 가운데 내 고향 완도가 무려 89.9%로 이 대통령에게 최다 득표율을 안겼다. 그만큼 이재명 정부의 탄생을 바라는 전남도민들의 열망이 컸다는 의미다. 전남은 이제 이재명 정부와 하나가 돼 비상과 도약을 위한 계획을 만들고, 서둘러 집행해 5년 내에 눈부신 성과를 만들어 내야 하는 '골든타임'을 맞이한 것이다.

철저한 준비가
'골든타임'을 만들었다

나는 이재명 정부 출범이 전남에게 다시 못 올 기회이자 운명이라고 생각한다. 민선 7기를 시작하며, 전남을 바로 세우겠다는 일념으로, 세계 속의 전남을 만들겠다는 각오를 다지며, 철저히 계획하고 문재인 정부를 움직여 그 기반을 마련했었다. 하지만 윤석열 정부의 출범은 이 모든 것을 멈추게 했다. 너무도 안타까웠던 나는 정부·여당을 상대로 더한 노력을 기울였으나 한계는 분명했다. 중앙정부가 가진 권한을 극대화하며 지방자치단체의 자율성을 침해했고, 수도권의 극한 집중과 지방소멸 위기에 대한 아무런 대책도 없었다. 기반시설과 산업 시스템을 갖추지 못한 전남, 광주, 전북 등 호남은 계속 더 어려워지기만 했다. 무엇보다 부유층 감세를 통한 긴축재정 기조로 인해 열악한 지자체들은 더 허리띠를 졸라매야 했다. 부익부 빈익빈, 양극화가 심화되고, 미래 경쟁력이 급감하면서 대한민국의 미래는 암울한 상황이었다.

내가 전남을 특별자치도로 하고자 했던 것도 이러한 한계를 어떻게든 극복하고자 했던 시도였다. 정부 부처의 아무런 비전 없는 자세, 지나친 규제, 비협조 등에서 벗어나 전남이 자구방안을 만들어 미래를 개척할 수밖에 없었다고 판단한 것이다. 더 이상 뒤로 물러날 수 없었던 순간, 이재명 정부가 어둠 속한 줄기 빛이 돼 출범한 것이다. 전남도민은 역대 최고의 투표율과 압도적인 지지로 이재명 대통령 당선을 뒷받침했고, 나는 이 절호의 순간을 놓칠 수 없음을 직감했다. 눈시울이 뜨거워질 정도로, 간절히 기다려왔던 시간이 아닐 수 없다.

나는 이재명 정부와 함께 신재생에너지 허브 조성, 미래 첨단 전략산업클러스터 조성, 국립 의과대학 설립, 여수 석유화학산업 대전환, 동북아 대표 관문 공항 육성과 초광역 교통망 확충, 미래 농수축산업 글로벌 경쟁력 확보, 남해안 해양관광문화 허브 조성 등 전남의 핵심 사업들이 차질 없이 진행될 것임을 확신했다. '오케이 지금은 전남시대'가 열린 것이다. 이재명 정부 첫날인 6월 4일 간부회의를 열어 이재명 정부 하에서 완성할 전남의 주요 사업들을 점검하고 철저한 준비를 당부했다. 이 기회를 놓쳐서는 안 된다는 지시도 잊지 않았다.

대통령 취임 이후 한 자리에 선 이재명 대통령과 나.

기대가 높아지고 있던 6월 25일, 이재명 대통령이 취임 후 첫 지방 일정으로 광주를 찾아 '호남의 마음을 듣다'라는 이름으로 타운 홀 미팅을 개최했다. 대통령으로서의 품격 있는 자세, 자신감 넘치며 주변을 배려한 언행, 분명한 상황 인식, 미래지향적인 사고, 대한민국의 명확한 비전 제시 등으로 인기를 한몸에 받고 있던 이 대통령에 대해 국민은 "대통령 잘 뽑았다"며 연일 호평했다. 타운 홀 미팅은 예정된 시간을 초과해 두 시간 넘게 진행됐지만, 시간 가는 줄 모를 만큼 박진감이 넘쳤다. 이 대통령은 소탈하고 자신감 넘치는 모습으로, 민생 현장 대화의 새로운 모델을 보여 줬다. 나는 광주 민간·군 공항의 무안국제공항 통합 이전과 관련 무안군민들이 수용할 정도의 대폭적인 국가 지원 사업이 필요하다고 건의하고, 이어 국가균형발전을 위한 전남도의 특화전략으로 해남 솔라시도 AI 에너지 신도시, 광양·순천 일원 미래 첨단소재 국가산업단지의 조성을 요청했다.

일을 하다 보면 시간 가는 줄을 깨닫지 못할 수밖에 없다. 2024년 12월 3일 이후 윤석열의 퇴진과 민주정부 수립을 위해 서울·광주·전남 곳곳을 오가며 생활하다 보니 더더욱 그랬다. 이재명 정부가 출범하고 보조를 맞추며 정신없이 업무를 챙기다 보니 벌써 7월 1일이었다. 이제 민선 8기가 고작 1년 남은 것이다. 돌이켜보면 지난 3년은 참 힘든 시간이었다. 코로나19와 50년 만의 최악의 가뭄, 고물가·고금리·고환율, 그리고 비상계엄까지, 하지만 도민 여러분과 함께 슬기롭게 헤치고 나와 그 어느 지역보다 괄목할 만한 성장을 이뤄냈다고 자부한다.

이제 전남은 대한민국 신성장 동력의 중심으로 우뚝 설 것이다. AI와 재생에너지, 우주항공, 농수축산업, 그리고 관광·문화 분야까지, 대한민국의 미래는 이제 전남에서 찾아야 할 것이다. 특히 전남은 이재명 정부와 함께 더 크게 도약할 것이다. 이러한 기대가 하나씩 현실이 되고 있다. 7월 10일 김용범 대통령 정책실장이 새 정부 출범 36일 만에 서남권에 RE100 산업단지 조성 방안을 발표한 것이다. 에너지 대전환과 지역균형발전이라는 대통령의 핵심 국정 철학을 반영한 것으로, 지역

재생에너지를 100% 활용하는 RE100 산단을 전남에 만들고, 이를 바탕으로 한 에너지 신도시를 조성한다는 내용이다.

이는 단순한 산업단지 조성을 넘어 에너지 수급체계와 대한민국 산업지도를 새롭게 디자인하는 국가적 프로젝트라고 할 것이다. 에너지 대전환을 통해 새로운 성장 동력 확보에 혼신의 힘을 기울여온 전남의 청사진이 이제야 빛을 보게 된 것이다. 민선 7기부터 해상풍력, 태양광 등 전남이 가진 천혜의 자원, 바람과 햇빛을 통한 신재생에너지산업을 적극적으로 키워왔는데, 이재명 정부가 이를 인정해 준 것이다.

여기에 이 대통령은 RE100 산단에 대한 규제 제로, 파격적인 교육 정주 여건 개선, 그리고 당초 검토했던 것보다 훨씬 더 획기적인 전기료 할인 방안을 마련하라고 특별히 지시했다. 이는 RE100 산단 성공의 핵심 열쇠가 될 것이다. 전남은 RE100 산단 조성의 최적지다. 2030년까지 모두 23GW 규모의 신규 재생에너지 발전단지가 구축될 것이다. 이를 발판 삼아 전남은 에너지 미래 도시를 만들어갈 계획이다. 에너지 기본소득 1조 원 시대를 실현하고, 파격적인 교육·정주 여건 개선 방안을 마련해 전남의 판을 바꾸는 새 역사를 쓸 생각이다. 기업도시 솔라시도와 서남권에 AI 에너지 신도시, 아시아 태평양 해상풍력 허브, AI 첨단농산업 융복합 지구와 첨단 식품산업, 미래 첨단 RE100 융복합단지와 AI 컴퓨팅 데이터센터 등을 집적시키는 작업을 하나씩 시작할 것이다.

2025년 7월 31일 국회에서 '여수·광양항 북극항로 거점항만 구축 정책 세미나'를 열고 여수·광양항의 미래 비전과 정책적 지원 방안 등을 논의했다.

이 같은 전남의 계획을 설명하기 위해 나는 이재명 정부 출범 이후 매주 대통령실, 국회 등을 찾았다. 그러던 중 이재명 정부가 국정과제로 내놓고 구상 중인 북극항로에 여수·광양항이 제외됐다는 소식을 접하고는 서둘러 대책을 지시했다. 북극항로는 원유와 LNG 같은 비컨테이너 화물이 99%로, 여수·광양항은 이런 비컨테이너 화물 처리에 특화된 항만이다. 북극항로 운항 선박에 대한 탄소 배출 가스 규제가 강화되고 있지만, 여수·광양항은 LNG를 해상에서 직접 공급하는 시설을 이미 구축하고 있다. 여기에 2013년 여수·광양항은 북극항로 운항에 대한 실제 검증도 완료한 바 있다. 당연히 이러한 장점이 있는 여수·광양항은 북극항로 정책에 반드시 포함돼야 한다는 점을 정부에 강력히 촉구하자, 정부도 긍정적으로 이를 검토하기로 했다.

어느 하나도 놓칠 수 없다는 각오로, 모든 사안을 머리에 담아 대통령실, 정부 부처, 국회의 누구를 만나든 즉석에서 설명할 수 있을 정도로 외우고 또 외웠다. 이재명 정부는 미국과의 관세 협상에서 전남 농민, 축산인 등의 요청을 받아들여 쌀과 쇠고기 추가 개방을 막아냈으며, 전남을 차세대 전력망 혁신기지로 만들겠다는 방침도 밝혔다. 전남의 철강, 석유화학 등 산업단지를 재생에너지 마이크로그리드 산단으로 조성하고, 전남의 대학 캠퍼스와 스마트팜, 공항, 군부대 등에도 마이크로그리드를 구축해 연결하는 '차세대 전력망 구축 혁신기지 시범 사업'을 진행하겠다는 것이다. 2026년 예산안에 2,000억 원 정도를 반영할 예정이라고 밝혔다. 에너지고속도로가 지방의 에너지를 수도권으로 가져가려는 취지라는 우려에 이 대통령이 직접 나서 에너지고속도로는 대한민국 전국을 촘촘하게 연결하는 첨단 전력망을 말하는 것이라고 설명하기도 했다.

전남과 전남도민이 간절히 바랐던 사안들이 일사천리로 추진되고 있는 것이다. 물론 업무가 쏟아지면서 전남도청 공직자들의 야근, 주말 근무 등이 계속되고 있어 미안함을 느끼지만, 지금이 아니면 이 같은 기회를 얻을 수 없는 간절함에 그들을 다독이며, 과제를 발굴하고 정부에 요청하는 과정을 반복하고 있다.

8월 1일 대통령 주재 시·도지사 간담회에서 나는 이 대통령에게 감사의 뜻과 함께 "이제 무엇인가 제대로 되고 있는 것 같다"는 도민들의 행복한 반응을 전했다. 이와 함께 집중호우 피해지역에 대한 특별재난지역 추가 지정, 농어업 재해보험 최고 할증률 현행 50%에서 10%로 인하, 46개 면 단위 농촌지역 하나로마트 소비 쿠폰 사용, 여수·광양항 북극항로 거점항만 육성 등을 건의했다. 이 대통령은 시·도지사들의 건의에 깊은 관심과 공감을 표하며 진지하게 경청했다.

민주당은 8월 6일 최고위원회의를 열어 호남특별위원회를 당 상설기구로 신설하는 등 호남에 정성을 기울이고 있다. 드디어 호남의 목소리가 당 운영 전반에 제때, 제대로 반영될 수 있는 토대가 마련됐다는 데 나는 진심으로 호남특위의 출범을 축하했다. 5·18 정신의 헌법 전문 수록, 전남 국립 의과대학 설립, 재생에너지 허브 구축, 제2우주센터 조성, 무안국제공항 활성화 등 전남 핵심 사업 추진이 더욱 탄력을 받을 것으로 기대된다. 민주당의 뿌리이자 본산인 호남은 민주당을 민주당답게 만들고, 민주당이 흔들릴 때마다 바로 잡아준 민주당의 어머니인데도, 사실 그동안 합당한 대우를 받지 못한 것도 사실이다.

경제화 과정에서 소외됐고, 중앙 정치 무대에서의 입지도 갈수록 좁아지고 있는 것이다. 그로 인해 호남인들의 설움과 상실감은 갈수록 커질 수밖에 없었다. 이재명 대통령이 "특별한 희생에는 특별한 보상이 따라야 한다"고 강조한 것도 이러한 호남인의 서운함을 알고 있었기 때문이다. 호남특위가 국가 발전과 민주화에 대한 호남의 헌신을 제대로 평가하고 획기적인 호남 발전을 이끌어주기를 진심으로 바란다.

8월 22일에는 국립해양수산박물관 건립, 화순 폐광지역 경제 진흥 개발 사업, 고흥-봉래 국도 15호선 4차로 확장 사업 등이 모두 예비타당성조사를 통과했다. 그동안 경제 논리에 밀려 번번이 정부 예타나 정부 계획에서 탈락 또는 보류됐던 대규모 사업들이 이재명 정부 들어 하나씩 반영되고 있는 것이다. 이들 사업은 모두 지역 발전의 새로운 기폭제가 될 것이다. 먼저 우리나라 수산자원과 해양문화를 한눈에 볼 수 있는 국립해양수산박물관이 2030년 완도에 들어서게 된다. 지난 118년간 지역경제를 견인해온 화순광업소는 첨단 스마트팜단지와 바이오식품클러스터로 다시 태어나며, 6,500억 원 이상이 투입되는 고흥-봉래 국도 4차선 확·포장 공사는 우주항공산업 발전에 큰 도움이 될 것이다.

이재명 정부 5년 동안, 전남은 낙후한 과거를 지워 버리고 미래 100년 도약의 기반을 만들어야 한다. 이재명 정부를 만나기 위해 전남은 민선 7기부터 7년 넘게 모든 준비를 해왔다고 해도 과언이 아니다. 전남은 이제 '골든타임'에 접어들었다. 전남에 살고 있는 도민, 앞으로 살아갈 미래 세대를 위해 반드시 이 기회를 살려야 한다. 언제나 한발 앞서 정책을 고민하는 이재명 정부와 보조를 맞추며, 때로는 정부의 정책을 이끌 수 있는 능력을 갖춘 리더만이 지금 전남을 이끌 수 있는 것이다.

전남 미래 100년 발판 마련, 눈물의 기자회견

나는 잘 울지 않는다. 어렸을 때부터 과묵했고, 표정 변화가 거의 없었던 것이 몸에 배었다. 나이 들고 나서는 감정 표출을 되도록 자제해야 하는 공직자로 살아왔다. 내가 우는 모습을 보인 것은 지난 1월 18일 무안국제공항에서 열린 '12·29 제주항공 여객기 참사 희생자 합동 추모식'에서였다. 참고 참았지만, 부모님을 그리워하는 유가족 자녀들의 마지막 편지 낭송을 들으며 결국 흐르는 눈물을 주체할 수 없었다.

그로부터 10개월이 채 안 돼 나는 다시 한번 눈물을 흘렸다. 이번에는 슬픔이 아니라 기쁨의 눈물이었다. 10월 1일 밤 SK가 세계적인 AI(인공지능) 기업인 '오픈AI'와 함께 전남에 AI

10월 2일 도청 브리핑룸에서 역사적인 오픈AI와 SK 합작 글로벌 AI 데이터센터 투자 환영문을 발표하면서 감사의 눈물을 닦고 있다.

데이터센터를 짓겠다고 발표했기 때문이다. 이재명 정부 출범과 동시에 나는 RE100 산업단지, 배후 AI 신도시 등을 주축으로 하는 '서남권 에너지 혁신성장벨트'를 추진하면서 정부에 지역 발전을 좌우할 앵커 기업과 대기업 유치를 요청한 바 있었다. "특별한 희생에 특별한 보답을 하겠다"고 약속한 이재명 대통령께서 정부 출범 4개월도 채 안 돼 이를 지켜 전남 미래 100년을 좌우할 프로젝트를 성사시킨 것이다.

한국에너지공대 설립, RE100 산업단지 추진, 관련 국내외 기업 및 데이터센터 유치 시도, 전력계통 문제 해결을 위한 노력, 신재생에너지 관련 인허가권 이양 요청 등 전남이 가진 해상풍력, 태양광 등 신재생에너지와 미래 첨단산업을 연계하려 했던 나의 시도가 7년이 지나서야 비로소 그 빛을 보게 됐기 때문이다. 그토록 염원했던 일이 이루어진 것이다.

산업화시대에 소외되면서 성장·발전이 더뎠던 전남이 이제야 비로소 도약할 수 있는 대전환기를 맞이했다. 막대한 자금이 투자될 AI 데이터센터가 제때 가동될 수 있도록 재생에너지 생산, 저장, 공급 등의 체계를 정립하고, 근무 직원과 가족들이 세계 최고의 편의를 누리며 거주할 수 있는 AI 신도시를 조성해야 하는 등 앞으로 해야 할 일은 셀 수도 없을 것이다. 관련 기업, 다른 대기업도 전남으로 향하도록 해야 한다.

나는 늘 그래왔듯 미래를 제대로 바라보고, 정직하고 바른 태도로, 도민들이 최대한 만족할 수 있도록 이 과업을 해낼 생각이다. 이 대통령께서는 나의 감사 편지에 "이제 시작일 뿐이다"는 짧은 답장으로 또 한 번 나를 감동시켰다. 도약의 첫 장을 연 전남이 세계 속에 우뚝 설 그날을 위해 내가 할 수 있는 모든 일을 할 것이다.

10월 1일 이재명 대통령과 SK그룹 최태원 회장, 샘 올트먼 오픈AI 최고 경영자의 발표 이후 나는 환영문과 함께 이 대통령에게 감사의 편지를 썼다. 이를 그대로 이 지면에 싣고자 한다.

존경하고 사랑하는 도민 여러분!

어제 저녁(10. 1.) 이재명 대통령 정부가 우리 전남 역사에 길이 남을 기념비적인 발표를 했습니다. 세계적인 AI 선도기업 오픈AI와 국내 굴지의 대기업 SK가 전라남도에 오픈AI 전용 데이터센터를 공동으로 구축하기로 했습니다.

글로벌 AI 3대 강국 도약을 목표로, 이재명 대통령님께서 오픈AI CEO 샘 알트먼과 역사적 회동을 통해 이루어내신 성과입니다. 하늘도 놀라고 땅도 놀라는, 한마디로 경천동지(驚天動地)입니다. 전라도 천년 역사상 가장 빛나는 이 역대급 쾌거를 온 도민과 함께 뜨겁게 축하하고, 또 환호합니다.

이재명 대통령님께서는 그동안 우리 호남의 특별한 희생에 특별한 보답을 하시겠다고 말씀하셨는데, 놀라울 정도로 빨리 약속을 지켜주신 것에 대해 거듭 감사드립니다. 무엇보다 트럼프 대통령의 관세 협상으로 대단히 어려운 국면 속에서 세계가 보란 듯이 초대형 스타게이트 투자 유치를 성사하신 것에 대해 깊은 경의를 표합니다.

전라남도는 이미 오래전부터 재생에너지에 기반한 에너지 대전환과 인공지능과 같은 첨단 전략산업을 미래 비전으로 설정하고 선제적으로 준비해 왔습니다. 풍부한 재생에너지와 용수, 그리고 즉시 사용 가능한 넓은 부지를 갖춘 준비된 땅 전남 서남권을 에너지 미래 도시로 조성하기 위해 끊임없이 노력해 왔습니다.

이재명 대통령님의 뛰어난 혜안과 전략, 압도적인 추진력과 결합하여 이뤄지게 된 역사적인 초대형 투자가 반드시 성공을 거둘 수 있도록 모든 노력을 다하겠습니다. 우리나라가 세계적인 AI 데이터센터 중심지이자 AI 수도로 거듭날 수 있도록 전남이 글로벌 초일류기업 오픈AI, SK와 함께 한국형 스타게이트를 실현해 나가겠습니다.

이를 위해 교통 편의와 정주 여건 역시 최우선으로 SK그룹 기업이 원하는 대로 조성하고, 국제학교를 건립해서 외국인들도 마음 놓고 근무할 수 있는 환경을 만들겠습니다. 더 나아가 AI 데이터센터를 중심으로 광주광역시와도 협력하며 AI 관련 산업생태계를 육성하겠습니다. 인재 양성과 스타트업 육성은 물론, 지역 사업과 연계한 AI 혁신을 가속화하여 산업·공공 부문의 AX를 본격화하겠습니다. 전라남도가 미래 재생에너지 밸리와 함께 에너지자립형 미래 신도시가 건설되어 전라도 부흥을 넘어서 세계적인 AI 선도도시가 되도록 최선을 다하겠습니다.

사랑하는 도민 여러분,

우리 땅에서 세계 최고 AI 혁신이 꽃피우고,

우리 청년들이 세계 무대에서 당당히 경쟁하며,

우리 아이들이 자랑스러운 고향을 품에 안고 자라날 것입니다.

오늘 우리는 새로운 역사의 문 앞에 서 있습니다.

전남의 위대한 미래를 이재명 대통령 국민주권정부와 함께,

그리고 국민과 도민 여러분과 함께 만들어 가겠습니다.

전라남도가 반드시 해내겠습니다.

존경하고 사랑하는 이재명 대통령님과 오픈AI 샘 알트먼 대표님과 SK그룹 최태원 회장님께 세계적인 투자를 결정해 주신 데 대하여 200만 전남도민과 1300만 호남 향우 이름으로 가슴 깊이 감사와 환영의 말씀을 드립니다. 감사합니다.

2025년 10월 2일

존경하는 대통령님,

저와 200만 전남도민 모두는 챗GPT로 AI 혁명을 이끌고 있는 오픈AI와 국내 굴지의 대기업 SK그룹이 함께 손잡고, 우리 전남에 '오픈AI 전용 글로벌 데이터센터'를 구축할 수 있도록 결단해 주신 대통령님께 하늘처럼 높고 바다처럼 깊이 감사드립니다. 특히 트럼프 대통령과의 관세 협상으로 복잡한 외교와 경제 환경 속에서도 세계가 깜짝 놀랄 '한국형 스타게이트'를 성사시킨 대통령님의 탁월한 혜안과 담대한 전략, 강력한 추진력에 대해서 우리 국민은 물론 전 세계가 감탄하고 있습니다.

지금 전남은 하늘도 놀라고 땅도 놀라는, 한마디로 경천동지(驚天動地)의 순간을 맞이하고 있습니다. 전라도 천년 역사상 가장 빛나는 역대급 쾌거를 도민 모두가 진심으로 축하하며, 환호하고 또 환호합니다. AI 패권 경쟁이 숨 가쁘게 전개되는 상황에서 전남에 세계적인 데이터센터가 들어선다는 소식은 도민들을 놀라움과 기쁨으로 물들이고 있습니다. "정말 우리 지역에?"라는 탄성이 곳곳에서 터져 나오고, "이제 아이들을 수도권에 보내지 않아도 되겠다, 우리 고향이 첨단산업의 중심이 되는구나"라는 희망의 목소리가 전남 전역으로 퍼지고 있습니다.

지금까지 민주화를 위해 희생했지만 수십 년간 지역 소외로 겪어온 도민의 아픔이 이 위대한 성과로 비로소 치유되고, 정치가 진심으로 국민의 상처를 어루만질 수 있다는 것을 대통령님께서 몸소 증명하셨습니다. 무엇보다도 대통령님께서 늘 강조하셨던 "호남의 특별한 희생에 대해 특별한 보상을 하겠다"던 약속이 놀라울 정도로 빠르게 현실화되고 있어 저와 전남도민은 깊은 감동과 울림을 받았습니다. 이는 전남을 향한 대통령님의 각별한 애정과 결단이 있었기에 가능한 일이었습니다.

존경하는 대통령님께 200만 도민과 1,300만 향우를 대표하여 다시 한번 깊은 감사와 뜨거운 환영의 마음을 전합니다. 앞으로 민주화의 성지 전라남도는 대통령님의 'AI 3대 강국 도약'과 '재생에너지 중심 에너지 대전환'의 국정 철학이 신속히 실현되도록 모든 역량을 집중하겠습니다. 대통령님께서 이끄는 국민주권정부의 성공을 위해 신명을 다해 뒷받침하겠습니다.

존경하는 대통령님! 고맙습니다! 감사합니다! 사랑합니다!

2025. 10. 2.

전라남도지사 김영록

김대중·노무현이 강조한
지방자치·분권의 의미

내가 가장 좋아하는 정치인 고 김대중 대통령은 지방자치를 민주주의의 기본이라고 강조하고, 이를 실현하기 위해 목숨을 건 단식까지 단행했다. 그는 1963년 제6대 국회의원 선거에서 당선된 이후 지방자치제를 실시하라고 요구했고, 1971년 대통령 선거에 나섰을 때도 지방자치제도 실시를 주요 공약으로 내세웠었다. 신민당 후보로 나선 김 전 대통령은 "제가 정권을 잡으면 지방자치를 실시해 민주주의의 기초를 확립하겠다"라고 강조했다.

《김대중 자서전》(삼인, 2011)에서 그는 "정치인 김대중에게 별명을 붙인다면 '미스터 지방자치'가 제일 어울릴 것 같다"고 밝히기도 했다. 그도 그럴 것이 김 전 대통령은 1990년 10월 8일 지방자치제도 실시를 요구하며 12일간 단식 투쟁에 나서 36년 만에 다시 지방자치 시대를 열었기 때문이다. 김 전 대통령이 이처럼 지방자치 전면 실시를 주장한 배경에는 에드윈 라이샤 워 미국 주일대사의 "민주화는 지방자치제도에서부터 시작한 다"는 권유와 함께 당시 만연했던 관권선거를 막기 위해서는 이 방법밖에 없다는 절박함이 있었다.

고 노무현 전 대통령 역시 지방자치를 강조하고 이를 실행에 옮겼던 분이다. 1993년 '참여시대를 여는 지방자치실무연구소' 를 설립하며 지방선거 출마자들에 대한 교육에 나서는 한편 상 향식 정당 공천, 지방분권, 지방자치 강화 등을 위해 노력했다. 노무현 자서전 《운명이다》(돌베개, 2010)에서 노 전 대통령은 "우 리나라는 시민 참여가 민주주의 선진국에 크게 뒤진다는 지적 이 많았다. 지방자치는 시민의 참여를 열어주는 제도적 기초였 다. 나는 지방자치실무연구소를 통해 분권화와 참여민주주의 문화의 조류를 받아들이고 싶었다"고 적었다.

하지만 연방제 수준의 지방분권을 실시하겠다고 했던 문재 인 정부에서 오히려 수도권으로의 인구·자본 집중이 더 심해졌 었다는 아쉬움이 있다. 이는 아마도 이미 수도권의 비중이 커 져 기득권으로 자리 잡았고, 여야 정치권 역시 수도권의 표심 에 절대적으로 의존할 수밖에 없는 정치 지형이 만들어졌기 때 문일 것이다. 하지만 이러한 수도권으로의 극한 집중과 동시에 현재 진행형인 지방소멸 위기는 대한민국의 미래 지속 가능성을 위협할 수 있는 가장 심각한 문제라는 것은 누구도 부인할 수 없다. 따라서 우리는 지방소멸의 위기에서 왜 지방자치와 분권이 필연적인지 살펴보고, 중앙권력의 분산과 수도권 규제가 대한민국 전체를 위한 방안임을 냉철하게 인식해 정부에 강력히 요청해야 할 때이다.

우리나라 지방자치제도는 1948년 제헌헌법에 지방자치 규정이 포함되면서 싹을 틔웠고, 1949년 7월 지방자치법이 제정돼 1952년 최초로 지방의회가 구성됐으나 1961년 5·16 군사 쿠데타로 전면 취소되면서 사라졌었다. 30년의 암흑기를 지나 1991년 3월과 6월 지방의회의원 선거를 치르면서 다시 부활해 지금에 이르고 있다. 30년이 넘는 시간이 흘렀지만, 우리는 여전히 '2할 자치'에 머물러 정치뿐만 아니라 경제·문화·기업·자본·대학·의료 등 거의 전 분야에서 수도권으로의 극한 집중이 계속되고, 중앙집권은 가속화되고 있다.

당장 중앙정부는 광역지방자치단체의 부지사·부시장을 2명(서울·경기 3명)으로 제한하고, 시·도지사를 차관급(서울만 장관급)으로 대우하는 것을 포함해 지방자치단체의 인사권을 쥐고 있으며, 시·도지사를 진정한 지역민과 지방의 대표로 예우하지 않고 있다. 기획재정부가 강력한 정부 예산 편성 권한으로 지방자치단체 재정 운용에 큰 영향력을 행사하고 있으며, 각 정부 부처가 지방자치단체의 정책 수립을 조정·통제하는 것도 당연

나는 2019년 11월 13일 국회의원회관에서 열린 국가균형발전 방안 모색을 위한 지역균형발전협의체 정책토론회에서 '지역균형발전협의체 공동건의문'을 낭독했다.

하게 여겨지고 있다.

이러한 수도권 집중과 강한 중앙집권의 폐해는 수도권에서 멀고 정부 투자가 미흡했던 가장 약한 고리, 즉 전남에서 가장 강력하게 발현됐다. 1970년대 초반 3,083만 명이었던 우리나라 인구가 2023년 말 5,133만 명으로 67%가 증가할 때 전남의 인구는 331만 명에서 180만 명으로 오히려 63%가 감소했으며, 2021년 전남의 지역내총생산(GRDP) 88조 원 가운데 21조 원이 서울·경기 등으로 유출됐다. 전남의 전력 자급률은 198%에 이르지만, 이 가운데 서울로 10%, 경기로 62%가 송전되고 있는 실정이다. 전남이 가진 인구, 자본, 에너지 등 모든 것이 수도권으로 가고 있는 것이다.

그럼에도 불구하고 전남이 할 수 있는 것은 너무도 제한적이다. 지방자치권의 핵심인 입법권, 재정권, 조직권 등을 제대로 갖추지 못했기 때문이다.

게다가 식품의약품안전처, 환경청, 노동청 등 특별지방행정기관 수가 계속 늘어나면서 지방자치단체와 기능이 겹쳐 지방행정의 종합성과 자율성을 저해하고 있다. 헌법 제117조는 '법령의 범위 안에서'만 조례를 제정하도록 돼 있어 조례 제정 범위가 너무 협소해지고, 법령 제정 또는 개정 시 지방의 의견을 전혀 수렴하지 않으면서 법령이 지방자치권을 침해하는 사례가 잦아지고 있다. 국세와 지방세 비중은 77대 23으로, 현재의 '2할 자치'를 대변하고 있다고 해도 과언이 아니다. 지방은 국고를 지원받아야만 운영이 가능한 구조이며, 재정 자립도가 낮은 지방일수록 정부 의존도가 높아질 수밖에 없다. 지방자치단체에 과세 자주권이 없기 때문에 지방세목을 신설하는 것도 불가능하다. 한마디로 우리나라는 지방자치단체의 자치를 제대로 보장하지 않고 있다는 것이다.

과도한 수도권 집중 역시 개선 없이 정도를 더해가고 있다. 1960년대부터 지금까지 60년 이상 효율과 집약의 사고에서 비롯된 국가재정의 차별적 집행이 그 원인이다. 여기에 1970년대 이후 군사정권의 장기 집권을 위해 획책된 지역감정이 지역 차별로, 지역 불균형으로 고착된 점도 간과할 수 없다. 일본 자본과 기술에 의존하며 시작된 산업화는 일본과 가까운 영남에 주로 산업기반을 집중시켰으며, 2000년대 이후에는 반도체를 중심으로 첨단산업들이 서울과 가까운 수도권에 집적됐다. 호남은 이 과정에서 어떠한 산업 시스템도 갖추지 못했으며, 호남의 인재들은 일자리와 좋은 대학을 찾아 떠나갔다.

이러한 격차가 고착되고 확대돼 지방의 국민은 서울이 있는 수도권의 국민에 비해 낮은 수준의 공공·민간의 서비스를 감수해야 하며, 앞으로 이는 계속 심화될 수밖에 없을 것이다. 하나의 국가 체제 안에서 수도권과 지방의 차별은 대한민국의 미래도 암울하게 할 것이 틀림없다. 좁은 국토 면적, 오랜 중앙집권의 역사, 중앙 의존적인 사고와 인식 등으로 인해 지방자치·분권이 착근하지 못하고 있으며, 이것이 수도권으로의 집중과 지방의 소멸 위기로 이어진 것이라고 진단할 수 있다.

우리는 왜 지방자치·분권을 해야 하는가. 지방이 자신의 미래를 직접 결정하게 하는 것이 결국 대한민국의 미래를 지속 가능하게 하기 때문이다. 각각의 지방이 가진 역사, 문화, 여건, 자원, 인식 등을 토대로 한 성장과 발전이 대한민국 전체에 다양한 대안을 제시할 수 있으며, 중앙정부의 획일적인 기준과 원칙으로는 세계와의 경쟁에서 결코 앞서갈 수 없을 것이다. 인재, 자본 등 지방의 힘이 뒷받침되어야만 수도권의 저력·영향력도 지속 가능할 수 있다.

그러나 역설적으로 최근 오히려 중앙집권은 더 강화되고 있고 지방자치의 근간은 더 흔들리고 있다. 보수정부는 수도권 규제를 풀어 지방의 자본·기업을 끌어당기고, 부자 감세 정책을 내놓아 지방 재정 악화를 초래했으며, 서울과 경기·인천 간 도로·철도 등 기반시설 설치에 정부 재정을 대거 투입하면서 수도권의 구심력을 더 강화하는 등 시대 흐름을 거슬러 왔다. 이에 따라 대한민국의 민주주의 역시 퇴행하고, 불균형 발전의 정도는 더 심각해지고 있다. 선진국이 될수록 법적·제도적으로 지방자치·분권이 더 명확해지고, 국토의 균형이 갖춰져 어느 곳에서 살아도 일정 수준 이상의 공공·민간 서비스를 누려야 하지만 우리나라에서는 그렇게 하지 못하고 있다.

하지만 너무도 비대해진 서울을 중심으로 한 수도권은 스스로의 힘으로 혁신할 수 없는 지경이다. 즉 절제력을 상실했다. 우리나라 지역내총생산(GRDP)의 53%, 일자리의 51%, 인구 50% 등이 국토 면적의 10%에 몰려 있으며, 이는 OECD 가입 26개국 가운데 단연 최고 수준이다. "과밀로 이득 볼 것은 아무것도 없다"고 강조한 레이몬드 언윈(Raymond Unwin)을 비롯한 도시·국토계획자들은 과밀을 경계하고, 이를 해소해야 한다고 주장한다. 그 이유는 과밀지역에 기반·편의시설을 추가하는 데 엄청난 재원을 투입해야 하며, 그럼에도 불구하고 그것이 해소될 가능성은 거의 없기 때문이다.

지금도 지방의 청년들은 좋은 일자리를 찾아 대기업, 금융기관 등이 있는 수도권으로 향하고 있으며, 과도한 경쟁 속에

2025년 7월 23일, 박수현 국정기획위 균형성장특별위원장과 면담하고 전라남도 핵심 현안을 국정과제에 반영하기 위해 협조를 요청했다.

결혼·출산을 미루거나 아예 포기하고 있다. 우리나라 합계출산율이 0.75명으로 급전직하한 가운데 서울의 합계출산율은 0.55명에 불과하다는 것은 무엇을 말하고 있는 것인가.

과도한 수도권 집중은 국가 경쟁력을 저하시키는 것을 넘어서 이제는 국가 존립의 위기를 초래하고 있다고 할 것이다. 이를 그대로 방치한다면 수도권은 계속 더 커져 지방의 인재·자본을 더 강하게 끌어당기며, 지방소멸을 재촉할 것이다. 수도권을 규제해 기능, 인재, 기업, 자본 등을 지방으로 이전하는 것은 이제 지방만의 미래가 아닌 대한민국의 미래를 위해 반드시 해야 할 과업이 된 것이다.

대한민국의 가장 중요한 가치는
국가균형발전

효율만을 강조한 우리나라의 국가 운영 시스템은 신속한 경제 성장이라는 달콤한 열매를 맺게 해줬지만, 최근 들어 그로 인한 빈부 양극화, 국가 불균형 등 부작용이 더 크게 부각되고 있다. 특정 공간에 국가재정을 집중하며 기반시설을 설치하고, 그에 따라 민간의 산업·상업·건설 자본의 이동을 촉진시키는 방법으로 경제를 발전시켜 왔기 때문이다. 기반시설이 상대적으로 미흡한 지역일수록 경제 성장에서 소외되고 쇠락하는데, 최근까지도 이러한 기조는 거의 변함없이 그대로다.

고려 474년에 이어 조선 518년을 통일국가로 유지한 우리나라의 경우 유독 중앙에 모든 것이 집중되는 구조를 계속 유지

해 왔다. 일제강점기를 거쳐 해방 이후에도 경제 발전에 국가 역량을 집중하면서 오로지 수도권과 그 연계 지역만이 앞서 성장·발전했다. 비정상적인 수도권으로의 집적은 현재 대한민국 모든 문제의 원인이 되고 있다. 사람이 수도권에 몰리니 부동산 가격이 오를 수밖에 없고, 이를 통해 자본을 축적한 투기 세력이 지방의 아파트를 대거 매입하면서 전국에 부동산 거품을 안겼다. 수도권에서 살아남기 경쟁에 허덕이는 젊은 부부들은 아이를 낳을 수 없고, 편의시설이 가득한 수도권에 비해 텅텅 비어 가는 지방에서의 삶은 불편할 수밖에 없다.

부동산 거품, 낮은 출생률, 양극화, 지방소멸, 공동체 붕괴 등을 해소하기 위해서는 수도권의 기능을 획기적으로 조정해 비수도권으로 인구·기업·자본·대학을 분산시켜야 한다. 하지만 대책을 내놔야 할 정부, 정당, 사법부 등은 이미 수도권에 집과 재산이 있고, 대대손손 수도권에서 살기를 바라는 '수도권 기득권 세력'이 장악한 상태다. 이들은 서울의 집값 하락을 가장 두려워하며, 정부 역시 거품 가득한 집값의 유지를 부동산 정책의 핵심 기조로 삼을 정도다. 수도권의 유지, 더 나아가 확장을 바라고 있는 것이다. 최근 충청권의 성장은 수도권의 확장 개념이라고 봐야 할 것이다.

국가균형발전은 공정과도 연관이 있다. 수도권·영남권·충청권·호남권·강원권 간 격차의 원인을 연구·분석하고 이를 시정하는 노력은 국민 모두의 행복추구권을 보장하는 차원으로 바라봐야 한다. 효율적인 경제 성장·발전이라는 기조가 권역 간 불균형을 초래했다면, 그것을 해소해야 하는 책임은 그 원인을 제공한 국가에 있는 것이다. 사실 인구의 급격한 변화와 인위적인 개발이 시작된 것은 일제강점기로, 이때부터 국토 불균형 발전의 토대가 마련됐다고 해도 과언이 아니다. 조선 시대까지 유지됐던 전통적인 국토 및 도시 공간 구조는 일제와 식민지 조선에 정착한 일본인들에 의해 왜곡되고 불균형하게 바뀌기 시작했다.

일제는 대륙 침략과 강제 수탈을 위해 일본 본토에서 식민지 조선을 거쳐 중국 대륙으로 향하는 가장 효과적인 방법을 찾아야 했다. 이어 식민지 조선의 농수축산물, 공산품 등을 본토로 가져갈 거점항구와 내륙거점을 연결하기 위해 주력해야 했다. 일제는 대륙 침략을 위해 1905년 부산과 경성을 잇는 경부선을 놓았고, 1939년 이를 복선화하는 데 힘을 쏟았다. 한반도의 철도 시스템을 경부선 중심으로 하고 나머지 모두를 그 지선으로 삼은 것도 일제의 작품이다. 대한민국은 해방 이후 오로지 경제 성장에 모든 역량을 집중하면서 일제가 왜곡한 국토 공간을 시정하지 못하고 오히려 확장해 온 것이다.

수도권 주민과 정치인들은 절대 지방의 문제를 심각하게 볼 수 없다. 그들은 수도권의 시각에서 지방을 바라볼 가능성이 굉장히 크며, 지방의 중요성에 대해 간과할 확률이 높다. 그들은 지방이 완전히 소멸하고, 더 이상 수도권이 지방의 자원을 흡수하지 못하면서 팽창을 멈추고 수도권마저도 쇠락하기 시작할 때 비로소 깨닫게 될 것이다. 하지만 그때는 더 이상 아무것도 할 수 없는 상태일 것이다.

가토 가즈아키(加藤一明)의 《5개국의 지방자치(5カ國の地方自治)》(지방자치총합연구소, 1997)에 따르면 집권은 정치적 통일의 권력적인 확보, 통일적인 행정의 실현, 관료주의 강화라는 방향을, 분권은 국가권력의 다원적인 분산, 행정의 지방적·사회적 특수성으로의 적응, 시민적 책임 강화 방향을 각각 목표로 하고 있다. 이 책에서는 지방자치의 가치를 첫 번째 정치 권력의 분립을 도모하고 정치 과정을 다원화하는 것에 있다고 말하고 있다. 입법·행정·사법이라고 하는 삼권분립과 함께 중앙과 지방과의 권력을 분립한다는 것이다. 두 번째 중앙정부 권력의 과도한 집중은 부패를 초래할 뿐만 아니라 거대한 관료기구를 갖게 돼 이것을 민주적으로 통제하는 것이 어려워진다. 따라서 지방자치의 충실한 발전은 민주주의 국가를 확립하는 데 불가결한 요건이다.

세 번째 가치는 지역에 적합한 행정서비스를 제공하는 것이다. 중앙정부가 제공하는 행정서비스의 목표와 기준은 평균적·표준적이며, 기계적으로 적용되는 행정서비스는 획일적이고 경직적이다. 지방정부는 지방 사회 상황과 사정에 맞춰 각각의 개성을 유지하고 필요 없는 서비스를 중단할 수 있으며, 서비스를 개선할 수도 있다. 네 번째로 다원적인 지방정부가 창조적인

2023년 6월 28일, 웨스틴조선서울호텔에서 '세계로 웅비하는 대도약 전남'을 위한 '수도권 투자 유치 설명회'를 열었다.

노력을 함으로써 중앙 정책을 전환하거나 새로운 정책의 입안이 가능해진다. 다섯 번째로 중앙의 각 정부기관의 종적인 행정 폐해를 고쳐 지역에 맞는 종합적인 행정을 실시할 수 있다. 여섯 번째 자원 배분의 관점에서도 효율적이다. 지방정부는 지역사회 전체를 종합적인 관점에서 보고 정책을 취사선택해 정책 간 우선순위를 결정하기 때문에 재원 등의 배분이 그만큼 효율적이다.

지난 2019년 7월 법제처 법제지원국 자치법제지원과가 작성한 〈프랑스·독일의 지방자치분권 개혁 사례조사 및 지방자치분권 강화 방안 연구를 위한 공무 국외출장 결과 보고〉에서 언급하고 있는 독일과 프랑스의 사례도 살펴볼 필요가 있다. 독일은 우선 연방국가로, 주의 이익을 대변하면서 연방정부와 주의 중재자 역할을 하는 연방상원이 있다. 16개 주의 총리나 장관 등 69명으로 구성돼 있으며, 각 주에서 법률안을 제안하면 제적 과반수 의결로 연방하원에 법률안을 제출할 수 있다. 또 연방하원을 통과한 법률안을 심의해 성립 여부를 최종 결정한다. 국가 운영과 법·제도의 신설·보완에 있어 지방정부의 충분한 의견을 수렴하고 반영하고 있는 것이다.

지방정부, 즉 주에 입법, 행정, 재정권 등 실질적인 권한이 부여돼 있다. 연방정부는 외교, 국방, 광역적 개발 등을 주 정부는 교육, 문화, 경찰 등을 각각 고유 사무로 하며, 법인세, 소득세 등 공동 세금을 함께 징수해 비율에 따라 세입으로 귀속되는 시스템을 갖고 있다. 소득세는 연방 42.5%, 주 42.5%, 기초 15.0%, 법인세는 연방 50%, 주 50%의 비율이다. 연방정부가 주 정부에 세금을 교부하는 방식이 아니라 배분 자체를 법에 명시해 자율성을 주는 것이다. 모두 51차례에 걸친 헌법 개정으로 주 정부의 자치권을 강화하고, 지역 실정에 맞는 입법을 보장하고 있으며, 지역 간 재정 격차를 좁히기 위해 조세 주권 부여 등으로 중앙과 지방의 역할·기능을 명확하게 분담했다. 중앙은 정책, 제도, 지침 등을 제시하고, 지방은 더욱 구체적인 계획을 수립해 집행을 담당하는 방식으로 강력한 지방분권을 실행하고 있다.

독일·프랑스의 사례와 같이 실질적 지방자치·분권을 위해 우리나라도 헌법 개정이 필요하다. '지방분권형' 헌법 개정을 통해 제1장 총강 제3항에 "대한민국은 지방분권형 국가이다", 제4항에 "모든 지방자치단체의 권력은 지역민의 의사에 기초한다"를 추가해 우리나라가 지방분권국가라는 사실을 헌법에 명시하고 주민주권 사상을 도입해야 할 것이다. 더불어 상원을 신설해 지역민을 대표하는 상원과 국민을 대표하는 하원으로 국회를 이원화해야 한다. 헌법 제3장 제41조 제1항을 "국회는 상원과 하원으로 구성되며, 상원은 역사적·문화적·지리적 동질성을 갖는 지역민을 대표하고, 하원은 국민을 대표한다"라고 개정할 필요가 있다.

중앙정부와 지방정부 간의 명확한 사무 배분도 역시 중요하다. 중앙정부는 외교, 국방, 사법, 국가재정 등을, 지방정부는 주민 복리, 주거, 환경, 교통, 치안 등을 맡도록 헌법 제8장 제117조의 제2항에 "지방자치단체는 보충성의 원칙에 기초해 주민의 복리 및 지역사회 발전에 필요한 주거, 환경, 교통, 치안, 안전, 문화 등에 관한 사무를 처리한다"고 명시해야 한다. 또한, 지방자치단체의 법률 입법권 및 조례 입법권을 보장하기 위해 헌법 제3장 국회 제52조 제2항을 "광역지방자치단체는 자치사무에 관해 법률안을 제출할 수 있다"로, 제8장 지방자치 제117조 제3항을 "지방자치단체는 법률에 위반되지 아니하는 범위 안에서 그 권한에 속하는 사무에 관한 규정을 제정할 수 있다"고 각각 개정해야 한다. 이를 통해 지방자치단체의 기능과 역할을 보장하는 한편 이를 뒷받침할 수 있는 재정 확보를 위해 자율성과 책임성에 기반을 두어 세제를 재편해야 할 것이다. 제8장 지방자치 제117조의 2 제2항을 "지방자치단체는 법률이 정하는 범위 안에서 지방세의 세목, 세율 및 기타 필요한 사항을 조례로 정할 수 있다"라고 개정할 필요가 있다.

중앙집권이 아닌 연방제 수준의 지방분권과 함께 낙후지역을 감안한 국가재정의 차등 분배, 행정안전부의 국가균형발전부로의 확대 개편 등 심각한 국토 불균형을 해소하기 위한 대책도 시급하다. 이와 함께 광역지방자치단체장이 참여하는 국무회의도 서둘러 정기적으로 개최해 지역의 의견을 신속하게 반영하는 창구를 만들 필요가 있다. 수도권을 더 쾌적하게, 지방을 더 살기 좋게 하는 것이 대한민국의 미래를 보다 밝게 할 것이다.

광주·전남 특별지자체 출범,
상호 진실한 노력이 필요하다

지금 대한민국의 미래를 위협할 가장 심각한 현안은 수도권 일극 집중이다. 일제강점기, 해방 이후 과거 정부 정책의 결과이자, 양극화, 부동산 가격 폭등, 저출생, 농어촌 공동체 붕괴, 지방소멸 위기 등의 원인이 되고 있기 때문이다. 대기업, 좋은 교육기관, 편의시설, 금융기관 등 대한민국의 중요 자산 대부분이 수도권에 집중돼 있으며, 이는 세계적으로도 그 유례가 없을 정도다. 정치, 경제, 행정, 문화, 사회 등 모든 분야의 최고 인재가 몰려 있으며, 서울, 수도권에 거주하는 것 자체가 하나의 계급처럼 인식되고 있다.

정부는 과거 효율을 강조하며, 재정을 수도권, 영남권 등에 집중 투입해 기반시설을 먼저 갖추게 했다. 그 결과 기업들이 이들 지역에 들어서고, 일자리, 교육 여건, 편의 등을 찾아 인구가 이동했다. 해방 이후 반세기 이상 계속된 이 공식은 호남 인구, 자본 등의 유출을 초래했고, 결국 호남은 낙후와 쇠락으로 접어들었다. 전국 인구의 절반 이상을 점유한 수도권의 정치·경제적 영향력이 높아지면서 이제 되돌릴 수 없는 지경에 이르렀다는 생각까지 들게 한다. 유일한 방법은 수도권이 가진 기업, 인구, 자본, 교육기관 등을 강제 분산하는 것이다. 그러나 이는 필연적으로 수도권의 부동산 가격 하락을 초래할 수 있어 저항이 상당할 것이다. 이전 대상들도 서울의 수준 높은 공공·민간 서비스를 포기할 수 없기에 엄청나게 반발할 것이다.

이런 상황에서 문재인 정부 들어 영남권·충청권이 들고나온 것이 메가시티, 행정통합 등이었다. 부산·울산·경남이 메가시티를, 충청권과 대구·경북이 행정통합을 추진하겠다고 밝혔고, 정부도 지원 의사를 강하게 언급하며 한참 이슈가 됐다. 수도권을 그대로 두고, 지방의 역량을 높여 인구나 기업 등을 유입시키고, 공공·민간 서비스의 질을 향상해 더 이상 수도권으로의 인구 유출을 용납하지 않겠다는 의미다. 하지만 이들 권역이 아무리 기반시설을 갖춰 광역경제권을 형성하고, 통합해 인구·경제 규모를 키운다고 해도 과연 수도권과의 경쟁에서 유리한 고지에 올라설 수 있을까. 나는 이 부분에서 조금 부정적이다. 그만큼 수도권의 구심력은 이미 지방의 힘만으로 극복할 수 없는 수준이다. 더욱이 다른 권역에 비해 초라한 호남권은 전북이 특별자치도로 분리되면서, 이제 광주·전남만 남아 있는 상태다.

이러한 상황에서 새롭게 출범한 이재명 정부가 '5극 3특'을 국가균형발전 전략으로 내세웠다. 전국을 수도권(서울·인천·경기), 동남권(부산·울산·경남), 대경권(대구·경북), 중부권(세종·대전·충청), 호남권(광주·전남) 등 5개 권역으로 나눠 각 지역의 산업, 교육, 문화 등 기능을 특화해 자립적 성장거점으로 육성하겠다는 것이다. 3개의 특별자치도인 제주·강원·전북은 행정, 치안, 교육, 산업 등에서 고도의 자치권이 보장되고, 정부 지원금과 규제 완화, 자율권 확대 등 특례를 받게 된다. 5개 권역은 특별지방자치단체를 구성해 권한과 기능을 대폭 이양받고, 산업, 교통, 주거 등 인프라를 연계해 광역협력체계를 구축할 수 있도록 했다.

단순히 경제권으로 엮어 공모 사업을 통해 권역별 경쟁을 유도하는 과거 균형발전 전략과 달리 특별지방자치단체를 구성하게 한 것이 특징이라고 할 수 있다. 2024년 1월 전북이 특별자치도로 출범한 뒤 나는 전남 역시 특별자치도로 나아가야 한다고 생각했다. 중앙정부에 워낙 권한이 집중돼 있어 지방 스스로 무엇인가를 할 수 있는 여건이 아니었기 때문이다. 특히 에너지와 해양수산, 관광과 농업, 미래 첨단산업에서 전남이 주어진 기회를 살려 도약해야 할 시기에 윤석열 정부는 사사건 건 발목을 잡았다. 전남이 앞서 지방에 실질적 자치 권한을 확 대함으로써 '무늬만 지방자치'를 타파하고, 이를 전국으로 확산 해야 한다는 것이 나의 신념이다. 수도권 쏠림 현상을 막고 지 방을 살리기 위한 새로운 국가 발전 전략은 진정한 지방 주도 의 자치분권과 이를 통한 균형발전이라는 것이 나의 철학이다.

결정하면 속도감 있게 추진해야 한다. 같은 해 6월 전남도 행정부지사를 지내고 고흥·보성·장흥·강진 지역구에서 당선 된 문금주 국회의원이 전라남특별자치도 특별법을 대표 발의하 면서 탄력이 붙었다. 특별법안은 모두 6편 10장 73개 조문 및 부칙으로 구성됐는데, 지역 특성을 반영한 규제 완화와 맞춤 형 지원 정책을 펼치도록 중앙정부의 권한을 지방정부에 과감 히 이양할 수 있도록 규정했다. 주요 특례로는 출산 장려 정책 마련, 농촌활력촉진특구 지정, 신재생에너지 관련 인허가권 이 양, 관광지 개발, 첨단과학기술단지 조성, 환경오염시설 통합 관리 권한 이양, 공항·항만 국제물류특구 지정, 도내 체류 외 국인 대상 비자 발급 권한(광역 비자) 등이 담겼다.

나는 문금주 의원의 특별법안이 입법될 수 있도록 국회와 중앙부처를 대상으로 공동 세미나 개최, 특례조항에 대한 상 세 설명 등을 하도록 관련 실·국에 지시했다. 지역 정치권에서 도 화답했다. 전남 지역구 국회의원 10명이 서울에서 '전라남특 별자치도 특별법 제정 촉구 성명서'를 발표한 것이다. 도민 공청

2024년 11월 20일 서울 국회의원회관에서 열린 '전라남특별자치도 특별법 제정 국회 세미나'에서 나는 참석자들과 함께 전라남특별자치도 특별법 제정을 위한 퍼포먼스를 했다.

회, 각계의 지지 성명, 특별법 제정을 위한 국회 세미나 등도 이어졌다.

이러한 과정을 거쳐 2024년 9월 '전라남특별자치도 설치 특별법'이 국회 행정안전위원회 전체회의에 상정되고 법안소위에 회부됐다. 하지만 윤석열 탄핵으로 정국이 혼란스러워지고, 조기 대선이 결정되면서 논의가 중단돼버렸다. 이재명 정부 출범과 함께 이를 재개할 시점에 '5극 3특'이 제시된 것이다. 나는 이재명 정부가 지방자치와 분권에 대한 분명한 의지를 가지고 있는 만큼 중앙집권을 강화 또는 유지하려 했던 과거 보수정부와는 전혀 다를 것이라는 확신이 있었다. 새 정부가 의욕적으로 국가균형발전 정책을 추진하겠다고 밝혔는데, 전남도의 상황만 강조하는 것도 합리적이지 않다는 판단이 섰다. 그렇다면 신속하게 선회하는 것이 타당했다. 정책은 고집하는 것이 아니

며, 바뀌는 현상과 여건에 따라 융통성 있게 고치고 바꿔서 그
수혜자인 주권자에게 이롭게 하는 것이다.

나는 특별자치도 추진을 중단하고, 광주와 특별지방자치단
체를 구성해 지금까지 해결되지 못한 채 방치되고 있는 초광역
현안들을 함께 모범적으로 처리하기로 했다. 광주에 그 뜻을
전하자 강기정 시장도 이에 동의했다. 이에 따라 '5극' 중 가장
신속하게 8월 27일 나주시청 대회의실에서 김경수 지방시대위
원회 위원장이 참석한 가운데 '광주·전남 특별지방자치단체(이
하 특별지자체) 추진 선포식'을 열고, 공동협약을 맺었다. 연말까
지 특별지방자치단체 출범을 목표로 '광주·전남 합동추진단'을
구성해 체계적으로 준비할 생각이다. 추진단은 특별지방자치단
체 운영(조직, 재정, 연차별 업무계획 등), 초광역 공동사무와 국가
이양사무 발굴, 의회 설치, 규약 제정 등 특별지방자치단체 설
립을 위한 사전 준비를 전담하게 된다.

광주와 전남이 가장 시급히 처리해야 할 공동사무는 대도
시인 광주의 공공·민간 서비스를 전남도민들이 공유할 수 있
도록 도로, 철도 등 기반시설을 신속하게 정비하는 것이다. 따
라서 제1호 공동사무로 '광주−나주 광역철도 사업'을 선정했으
며, 이를 국토교통부의 '제5차 국가철도망 구축계획'에 반영하
는 데 최선을 다하기로 했다. 전남과 광주는 하나의 뿌리에서
시작된 불가분의 관계로, 광주·전남 특별지방자치단체를 통해
하나의 공동체로 재도약해야 한다. 그러기 위해서는 특별지방

자치단체를 모범적으로 운영해 충분한 정부의 지원을 받아 수도권의 일극 집중을 견제하며, 국가균형발전의 모델을 만들어야 한다. 그렇게 성과를 낸다면, 비로소 전남과 광주가 하나가 될 명분을 찾게 되고, 광주시민과 전남도민의 환영 속에 통합의 발판을 딛고 호남 도약을 시작하게 될 것이다.

5장

*

동북아 균형과
평화를 주도해야 하는 대한민국

도널드 트럼프 제2기,
우리는 무엇을 준비해야 하나

트럼프 2기의 시작과 함께 동북아의 긴장이 다시 높아질 가능성이 매우 크다. 트럼프는 지난 2018년 이미 중국을 상대로 보복관세를 부과해 무역 전쟁을 전개한 바 있으며, 이번 선거운동 과정에서 추가 관세에 더해 10%의 관세를 부과하겠다고 밝힌 바 있다. 중국은 이에 즉각 반박하고 나섰으며, 경제 분야에서 긴장 관계는 이미 예고돼 있다고 해도 과언이 아니다.

글로벌 패권국으로, 현상 유지 국가(status-quo power)로 지칭됐던 과거와 달리 트럼프의 미국을 국제질서의 현상 변경 국가(revisionist power)로 바라보려는 시각도 있다. 과거 1기에서도 그러했듯 기존 국제질서에서 벗어나 독자노선을 추구하면서 '힘을 통한 평화'를 내세울 것이기 때문이다. 트럼프 정부가 들어선 후 자유민주주의 진영인 미국·일본·대한민국과 전체·독재주의 진영인 중국·러시아·북한의 진영 간 대결은 과거보다 더 복잡하며 치열하게 이어질 것으로 보인다.

미·중 간 무역 전쟁 이후 경제 성장이 정체되고 있는 중국과 경제 협력을 비롯한 다양한 지원을 바라는 북한과의 관계는 최근 그 유례가 없을 정도로 냉랭해져 있는 상태다. 이 틈을 타 러시아와 북한의 관계가 밀접해졌다. 2024년 6월, 러시아 푸틴 대통령의 북한 국빈 방문 당시 '포괄적인 전략적 동반자 관계 조약'을 체결하고, 우크라이나와의 전쟁에 북한이 파병하는 등 군사 협력을 강화했으며, 북한은 이 기회에 경제 협력부터 대륙간탄도미사일(ICMB) 등 첨단기술 협력 등에 이르는 포괄적인 지원을 받을 가능성을 열었다고 볼 수 있다.

물론 이러한 상황은 언제든지 바뀔 수 있다. 문제는 이미 선진 경제 시스템을 갖추고 문화수출국으로 부상하는 등 국력을 키워온 우리나라가 이러한 동북아 변화 양상에 경제적·정치적·외교적 역량을 보이며 주도적인 역할을 할 수 있을 것인가에 있다. 아니면 근대 조선과 대한제국이 겪었던 것처럼 주변 열강들의 자국 이기적인 전략·전술의 희생양이 돼 주도권을 건네주고, 소극적인 객체로 전락해 자신의 문제를 스스로 결정할 수 없는 지경에 이를 수도 있다.

중동·우크라이나에 이어 군사적으로 가장 뜨겁게 달아오

른, 위험한 지역이 동북아라는 점은 누구도 부인할 수 없다. 세계적으로 가장 치열한 군비 확장과 경쟁이 이루어지고 있으며, 그 중심에 중국이 있다. 중국은 동북아뿐만 아니라 아시아 전체에서 미국 중심의 기존 질서를 파괴하고 이를 대체하려는 욕망을 지속적으로 보였고, 그 실현을 위해 군비를 증강하고 있다. 일본과 우리나라 역시 사드 설치, 해군력 강화 등을 통해 그 대열에 들어섰다. 특히 대만을 흡수하려는 중국, 핵을 통해 정권을 유지하려는 북한이 동북아 갈등을 촉발할 수 있으며, 이 문제와 결부돼 제3차 세계대전이 동북아에서 일어날 가능성도 배제할 수 없다. 자칫 각 진영이 격돌할 장소가 한반도가 될 가능성이 있는 것이다.

쇄국정책으로 근대의 변화를 인식하지 못한 조선 말기의 상황을 반면교사로 살펴볼 필요가 있다. 병인양요(1866년)로 프랑스, 신미양요(1871년)로 미국과 강화도에서 작은 전투를 치른 것이 전주곡이라면, 청일전쟁(1894년)과 러일전쟁(1904년)은 당대 강대국들이 한반도에서 격돌한 전쟁이었다. 이는 구한말, 힘이 없고 국가의 주도권을 상실한 상태에서 촉발됐다. 결국, 이 과정이 이어지면서 일본의 식민지가 됐으며, 6·25 전쟁 역시 남북이 직접 당사자라고 하지만, 미·소, 미·중의 대리전쟁으로 봐도 무방할 만큼 대한민국은 주도적으로 전쟁을 매듭짓지 못했다. 앞으로도 그럴 위험성이 없다고 단언할 수 없다.

지금 대한민국의 국력, 경제력, 국방력 등은 눈부시게 성장했지만, 여전히 한반도 주위에는 군사적으로 세계 초강대국인 미국, 그 경쟁국인 중국과 러시아, 미국의 주요 동맹국이면서 중국의 군비 증강에 맞춰 노골적으로 군사대국을 지향하고 있는 일본이 버티고 있다. 따라서 대한민국이 어떠한 상황에서도 주도적으로 한반도의 문제를 처리하면서 동북아의 평화를 지킬 수 있을 것인가에 대해 우리는 보다 다각적이며 구체적인 검토를 거쳐 외교·국방전략을 세워야 할 것이다.

이를 위해서 우리는 우선 동북아에서 대한민국의 역할을 분명히 정립하고, 이를 주변국에 알리며, 자체 전략을 실천하기 위한 비범한 노력을 기울여야 한다. 대한민국은 동북아 평화를 위한 균형자 역할을 해야 하며, 이를 미국, 일본, 중국, 러시아 등에 각인시키는 외교적 노력이 대단히 중요하고 시급하다. 가장 먼저 우리는 동맹관계인 미국과 외교·군사 측면에서 긴밀하게 협력해야 한다. 물론 트럼프 제2기 출범과 함께 주한미군 주둔 비용, 관세, 기업 투자, 첨단기술 등을 둘러싼 경제 문제가 이슈가 되면서 향후 난관이 예상된다.

그럼에도 불구하고 외교력과 협상력을 최대한 살려 상호 이해의 폭을 넓히면서 내줄 것은 내주고, 얻을 것을 얻는 동맹에 대한 예우가 서로 필요하다. 미국은 그만큼 대한민국에게 외교적으로 가장 중요한 존재다. 동북아에서 미국의 이익을 지켜줄 수 있고, 중국을 견제할 힘과 역사적 배경을 가진 국가가 바로 대한민국임을 미국에 분명히 인식시켜야 한다. 이러한 전제를 미국이 인정할 때 앞으로의 협상에서 우리의 테이블에도 국민을 납득시킬 만한 성과가 쌓일 수 있다.

현재 미국의 입장에서 일본이 우리나라보다 훨씬 높은 수준의 동맹관계를 유지하고 있지만, 일본이 동북아의 균형자가 되기에는 여러 한계가 존재한다. 동북아의 중국, 대한민국, 북한, 대만 등에 언제든 패권 국가로 군림할지 모른다는 불안감을 줄 수 있고, 무엇보다 과거 역사에 대한 분명하지 못한 태도는 신뢰감도 주기 어렵기 때문이다. 선진국으로서의 위치를 차지하고 있지만 역동적이지 못하며 미래 지향적인 모습도 미흡하다는 것이 나의 판단이다. 우리나라가 미국과의 동맹에 있어서도 일본을 넘어서거나 최소한 일본과 동등한 위치에서 동북아에서 목소리를 내고, 미국의 질서 유지에 한 축을 담당해야 한다.

우리는 인구, 면적, 경제 규모 등을 감안하면 강대국으로 패권을 잡기보다 강소국 내지 강한 중규모 국가로 균형을 잡으려는 역할을 잘할 수 있을 것이다. 과거 역사에서 우리는 다른 나라를 침략한 적이 없으며, 이는 동북아에서 유일하다. 이것은 안중근 의사의 '동양평화론', 3·1운동 독립선언서와 고 김대중 대통령의 '동아시아 평화구상'과도 맞닿아 있다.

동북아 균형자로서 대한민국의 역할을 위해서는 가장 중요한 전제가 정치 안정이다. 국가 전체를 아우르며 국제 관계, 세계무대에서 우리의 역할을 확고히 해야 하며, 경제대국이자 기술 선도국가로서 현재의 경제 발전을 지속적으로 이어가 세계 경제의 주요 축이 돼야 한다. 외교 측면에서 확실한 세력 균형자로서 더욱 적극적이며 주도적으로 상황을 전개할 수 있는 능력과 신의를 키워야 하며, 국제사회에서 선린 원조를 대폭 늘려 존재감을 확고히 할 필요도 있다.

'12·3 내란 사태'에서 우리가 또 한 번 느꼈듯이 군내 과거 군사독재를 선망하며, 현재와 미래에 이를 시도하거나 시도하려는 세력이 존재함을 인식하고 가장 먼저 이들을 준엄하게 심판하고 척결해, 민주주의 국가에서의 군의 역할을 굳건히 해야 한다. 또 한편으로는 북한을 억제하면서 중국·일본에 버금가는 수준으로 국방력을 끌어올리는 노력이 필요하다. 첨단무기와 현대화된 전력, 특히 공군력과 해군력을 지금보다 더 막강하게 만들어 힘으로 균형을 잡을 수 있는 수준에 있어야 하는 것은 필수다.

미·중 경쟁 속
장기적 국익 고려한 신중한 선택 필요

현재 대한민국을 둘러싸고 있는 상황을 보다 면밀히 살펴볼 필요가 있다. (이 부분은 통일연구원이 2022년 12월 발간한 〈동북아 정세 변화와 북한의 전략적 선택: 미중 경쟁구도의 전개와 북한의 대응 전략을 중심으로〉를 참조했다.) 중국과 멀어지고 러시아와 밀착했던 북한은 9월 4일 중국 전승절 기념행사를 계기로 다시 중국과 가까워지고 있다. 중국의 시진핑, 러시아의 푸틴, 북한의 김정은이 함께 중국군 열병식을 사열한 것은 또다시 바뀐 국제정세를 뚜렷이 보여 주는 한 단면이라고 할 것이다.

앞으로 격화될 미·중 경쟁과 갈등은 과거와는 또 다르게 동북아 국제정치 및 경제 질서의 구조적 환경의 전반적 변화를 초래할 것이다. 이러한 변화는 한반도와 동북아 국가들의 대내외 정책과 그 선택에 미칠 영향력이 지대할 수밖에 없다. 북한의 중국에 대한 의존도가 과거에 비해 낮아졌다가 다시 관계 회복에 나선 것으로 보이며, 정권 연장에 무엇보다 민감한 북한은 이러한 변화에 어떻게든 전략적으로 반응할 수밖에 없을 것이다.

중국은 미국의 압박 속에 경제 성장 속도가 더뎌지고, 일부 구조조정도 불가피할 것이다. 그럼에도 미국이 주도하는 국제질서, 이를 통해 실현되는 권력에 대해 도전적으로 대처하고 있으며, 특히 아시아라는 권역 내로 좁혀 보면 군사력 측면에서 이미 미국을 넘어서는 측면도 있다는 점에서 양국 간 군사적 대결까지도 우려될 수 있다. 미국의 위세에 중국이 잠시 숨을 고르며, 직접 대결을 회피하고, 대립을 오래 지속하는 갈등 속의 냉랭한 평화 공존, 즉 신냉전이 더 밀도 있게 진행될 가능성이 커지고 있는 듯하다.

'미국을 다시 위대하게(Make America Great Again)'라는 자국 우선주의를 제1기보다 훨씬 더 강도 높게 실천에 옮길 것으로 예상되는 트럼프는 자유민주주의 국제질서에도 상당한 충격파를 던지며 변화를 이끌 전망이다. 이미 캐나다, 멕시코 등 아메리카 대륙의 동맹국에도 25% 추가 관세 부과를 공공연하게 밝혔고, 유럽연합(EU)에도 관세 부과와 나토의 국방비 증액 등을 요구하는 등 미국 성장·발전만을 위한 세계 경제 질서 재편에 나서고 있다. 이는 기존 미국의 동맹 관계, 세계 네트워크에 약간의 갈등·마찰을 초래할 것은 분명하지만, 전체주의 진영 즉 러시아·중국과의 전선을 마주하고 있는 미국의 동맹국들은 여전히 강력한 미국의 요구를 외면하기는 힘들 것으로 보인다.

미 정부는 지금까지 대한민국, 일본, 대만, 인도, 호주 등 동맹과의 연계 협력으로 아시아에서의 중국의 세력 확장을 막아 왔으며, 앞으로도 그러할 것이다. 중국의 경제력·국력이 G2로 굳혀지면서 세계 전체를 감당해야 하는 미국이 자체 전력만으로 중국을 억제하는 것은 한계가 있기 때문이다. 게다가 미·중 경쟁은 단순히 권력만을 두고 벌이는 것이 아니다. 규범, 제도 등의 면에서도 자국의 정당성을 인정받고 세력을 규합해 대응하고 있는 것이다.

미국은 인도−태평양전략을 구체화하면서 쿼드(QUAD, Quadrilateral Security Dialogue, 미국·인도·일본·호주), 오커스(AUKUS, 오스트레일리아·영국·미국), 파이브 아이즈(Five Eyes, 미국·영국·캐나다·호주·뉴질랜드), 칩4(Chip 4, 한국·미국·일본·대만) 동맹 등과 같은 연대를 활용해 민주국가들의 협력을 주도해 왔다. 중국은 일대일로(one belt one road)와 상하이협력기구(SCO, Shanghai Cooperation Organization) 등으로 자국 중심의 협력 네트워크와 세력권을 공고히 하려는 노력을 기울이고 있다.

트럼프 2기에도 향후 미국과 그 동맹들은 자유주의 국제질서의 유지와 확산을 위해 공동 노력을 기울일 것이다. 다만 트럼프가 자국 이익 증진을 최우선하며 동맹 관계를 새롭게 재편할 경우 그 연대의 정도는 다소 느슨해질 가능성이 얼마든지 있다. 여기에 중국·러시아의 주변국들이 가진 지리적·경제적 셈법은 아메리카 대륙에 위치한 미국의 그것과 일치하기 어렵다는 점도 무시할 수 없다. 특히 우리나라는 중국과의 무역거래량이 다른 국가들을 압도할 정도로 상호 경제적 의존 관계가 명확하다는 점에서 더욱 그렇다. 트럼프는 다른 동맹뿐만 아니라 우리에게도 추가 관세, 주한미군 주둔 비용 증액 등을 요구하고 있으며, 중국을 견제하기 위해 우리나라를 상대로 동의하기 어려운 압박을 할 수도 있을 것이다.

여기에 시진핑 시대의 중국의 세력 확장은 매우 다양해지고 효과적으로 진행되고 있다. 군사전략, 외교, 경제, 민군융합, 인민해방군의 해외 전개 등이 대표적인데, 특히 인민해방군의 개혁과 현대화와 심혈을 기울이면서 핵 무력을 지속적으로 확충하고 있다. 시진핑은 건국 100주년이 되는 2049년까지 중화민족의 위대한 부흥을 실현하기 위해 인도-태평양지역에서 미국 동맹과 안보 파트너십을 제거하고, 중국의 독재체제와 국익을 강화하는 방향으로 국제질서를 변경하는 데 전력을 다할 것이다. 지난 2021년 7월 제19차 공산당대회에서는 '신시대 중국 특색 사회주의에 대한 시진핑 사상'을 헌법에 담기로 결정하는 등 장기독재를 위한 기반을 이미 확실히 다졌다.

외교적으로는 러시아와 밀착하면서 미국 주도의 기존 질서

재편에 나서기로 뜻을 모으고 공동 군사훈련을 연평균 1.6회 진행하고 있으며, 일대일로를 대외전략의 기본 축으로 해 경제와 군사, 전략적 이익을 동시에 추구할 것으로 보인다. 중국은 제14차 경제개발 5개년 계획(2021~2025)을 기점으로 '중국제조 2025', '중국표준 2035'를 시도하며, 핵심기술과 글로벌 기술 공급망 분야에서 획기적인 발전을 이뤘다. 미국의 압박과 봉쇄, 부동산 경기 침체, 성장률 저하 등 부정적 요인은 존재하지만, G2의 하나인 중국의 경쟁력은 상당 기간 그대로 유지 또는 강화될 가능성이 크다.

경제력을 갖춘 시진핑 시대 중국은 군사력 증강에도 나서고 있다. 지난 2021년 국방 예산을 보면 중국이 무려 2,090억 달러로, 일본(550억 달러)과 대한민국(480억 달러)을 압도하고 있으며, 인도(648억 달러), 러시아(668억 달러)보다도 월등한 재정을 투입하고 있다. 약 200만 명의 정규군과 인민해방군을 양성해 2027년까지 서태평양지역에서 미국과 대등한 군사력을 유지하겠다는 것을 목표로 하고 있다. 이러한 중국에 대해 미국은 군사적으로 압도적 우위가 아니라 억지 전략으로 수정하고, 중국의 대만 침공 가능성이 크다는 공감대를 동맹들과 형성하는 데 주력하고 있다.

미국은 인도−태평양지역으로 범위를 좁히면 중국의 핵 무력이 자국보다 월등하다고 분석하며, 남중국해·동중국해·대만해협과 한반도를 잠재적인 분쟁 가능 지역으로 꼽고 있다.

또 미국이 초강대국인 것은 확실하지만 중국과 러시아가 일부 영역에서는 대등한 능력을 보유하고 있다는 것을 인정해야 하며, 대만해협에서 국지전이 발생하면 미국은 패배하거나 확전을 각오해야 하는 상황에 몰릴 수도 있다.

역사적으로 보면 중국이 부상하기 전 두 차례의 세계대전을 거치며 미국과 소련이 대결하는 양극 체제가 등장했으나, 1991년 소련의 붕괴로 인해 냉전이 종식되고 미국 주도의 단극 체제가 상당 기간 유지되고 있었다. 민주주의와 자본주의에 기초한 미국의 자유주의 세계질서가 전 세계로 확장됐으며, 동유럽 국가들의 나토 가입은 그중에 가장 상징적인 변화였다. 자유주의 세계질서의 핵심 주제는 '평화, 민주주의, 시장경제'였다. 하지만 반미주의의 확산과 함께 러시아·중국의 반발에 직면하고, 미국 사회와 경제의 구조적인 변화와 함께 트럼프 대통령의 자국 우선주의 등의 영향으로 단극 체제에 금이 가고 미·중 경쟁이 촉발됐다고 할 것이다.

트럼프 2기의 미·중 관계는 협력은커녕 화해와 조정조차 거의 불가능한 상태에 이르러, 이 중 한 국가를 선택해야 하는 상황이 생길 수도 있다. 대한민국 경제의 제1교역국은 중국이며, 제2교역국은 미국이라는 점에서 우려하지 않을 수 없다. 대한민국과 중국, 미국과 중국이 내용과 형식에서는 차이가 있지만, 각각 상호의존적 경제구조라는 점에서 미국의 중국 제재는 우리나라 경제에 치명적인 피해를 미칠 수 있다. 세계에서 가장 대외적으로 개방된 경제구조를 지닌 우리나라의 경우, 경제대국들이 자국 중심의 규제나 제재를 가하는 상황에서 어떻게 대처하느냐가 국가 명운이 걸려 있는 중요한 현안일 수밖에 없다.

순간순간 선택은 신중해야 하며, 동맹인 미국의 입장을 충분히 고려하면서 우리 경제와 사회 전반의 영향, 그에 따른 구조조정, 이후 발전전략 검토가 모두 신속하게 이뤄져야 할 것이다. 따라서 '안보는 미국, 경제는 중국'이라는 단순 논리에서 벗어나야 하며, 두 강대국 모두를 만족시킬 수 있는 묘안이 존재하기 어렵다는 점도 인식해야 한다. 선택의 결과에 따른 비용 부담을 최소화하면서 중장기적으로 어떻게 국익을 확보할지에 대한 면밀한 검토와 대처가 필요한 시점이다. 여기서 중요한 것은 장기적인 국익을 우선해야 한다는 점이며, 그러기 위해서는 앞에서도 강조했듯이 한미동맹 강화를 최우선 전제조건으로 해야 할 것이다.

정변으로 북한 붕괴 시
우리의 대응책은 무엇인가

동북아에서 북한 문제 역시 중요한 주제가 아닐 수 없다. 분단 이후 북한과 우리나라는 휴전 중이며, 언제든 긴급한 상황이 벌어질 수 있는 관계에 있다. 필요에 따라 때로는 하나의 민족임을 강조하며 선린 관계를 유지하다가도 주변국과의 역학관계, 내부 문제 등이 원인이 돼 적대적 관계로 돌변한 것이 한두 번이 아니다. 아무리 공을 들여도 한 번 어긋나면 다시 기초부터 쌓아야 하는 관계 설정의 어려움도 상당하다. 고 김대중 전 대통령의 햇볕정책을 시작으로, 고 노무현 전 대통령, 문재인 전 대통령이 민족 화합과 통일의 기반을 닦기 위해 엄청난 노력을 기울였음에도 불구하고, 윤석열 정부와 북한의 관계는 냉랭

하기 짝이 없었으며, 무력 충돌과 국지전까지 벌어질 가능성마저 있었다.

다행히 이재명 정부는 북한과의 불필요한 긴장을 완화하기 위해 대북 전단 살포를 금지하고, 대북 방송을 중단하는 등 다시 한반도에 평화를 정착시키기 위해 노력하고 있다. 북한이 중국·러시아 사이를 오가며 자국 이익을 극대화하고, 동북아에서의 전체주의 세력 가운데 하나로 자리매김하고 있다는 점에서 향후 우리나라 역시 미국과의 동맹을 공고히 하면서 북한과의 긴장 관계를 완화할 방안을 고민해야 할 것으로 보인다. 가장 먼저 다뤄야 할 것은 북핵 문제다. 북한이 핵무기를 보유하고 있으며, 이 같은 상태가 장기간 지속될 것이라는 전제하에 대한민국의 안보 상황을 재점검할 필요가 있다.

트럼프 2기에서는 미국이 북한과 직접 대화를 하려 할 가능성도 크다. 이재명 대통령이 8월 25일(현지시각) 미국 트럼프 대통령과 만나 양국 간 신뢰 및 유대감을 회복하면서 우리나라가 앞으로 있을 수 있는 북미 대화에 어느 정도 개입할 수 있는 계기를 마련했다는 것은 매우 다행스러운 일이다. 하지만 북한의 우크라이나 전쟁 개입, 러시아와 중국의 북한 지원 등 북한이 러시아·중국과 밀착하고 있는 상황에서 미국의 협상 또는 압박이 북한에게 매력적일 수 있을지는 두고 봐야 할 것으로 보인다.

북한의 주요 관심은 무엇보다 김정은 체제의 공고함과 권력의 안정적 세습이며, 이를 위해 중국, 러시아, 그리고 미국 사이에서 등거리 외교를 하면서 이익이 되는 방향으로 움직일 가능성도 크다. 우리나라의 경우 대북 정책에 있어 미국과의 연대를 통해 사전 협의와 충분한 검토를 거친 후 단계별 프로그램을 구성하는 것이 나을 것 같다. 한반도의 안정, 한민족의 미래를 위해서는 북핵 문제의 해결이 무엇보다 중요하지만, 북한은 핵을 그대로 유지하며 협상으로 이익만 얻으려 할 가능성이 크기 때문이다.

북한이 내부 정변으로 붕괴될 가능성도 염두에 둬야 한다. 이는 중국의 대만 침공, 그로 인한 한반도 분쟁 가능성과 함께 충분히 일어날 수 있는 일이라는 것이 전문가들의 진단이다. 이미 미국, 중국 등에서도 이러한 가능성을 보고 시나리오를 검토한 바 있다. 북한의 김정은 국무위원장이 중국과 러시아를 오가며 정권 연장을 위해 안간힘을 쓰고 있지만, 이미 3세 세습에 이른 데다 경제난도 계속 심화하고 있는 양상이다. 최근에는 시리아에서 2대에 걸친 54년 독재정권이 이슬람 수니파 무장 조직이 주도하는 반군에 의해 붕괴됐고, 바샤르 알아사드 대통령은 러시아 망명길에 올랐다. 북한 주민들은 우리나라를 비롯한 북한 외부의 정보를 과거보다 쉽게 취득할 수 있으며, 북한 내부 정보 역시 신속하게 외부에 노출되고 있는 상황에서 누구도 예상하지 못한 내부 정변이 일어날 가능성이 얼마든지 있다고 할 것이다.

따라서 우리나라는 북한의 정변, 그로 인한 붕괴 시나리오를 검토하고, 이러한 비상사태에 어떠한 전력으로 대처할 것인지에 대한 면밀한 전략과 대책을 수립할 필요가 있다. 난민 문제는 군사적·경제적으로 그렇게 어려운 문제가 아니기 때문에 감당할 수 있겠지만, 비상사태가 발생하면 북한군이 난민 통로를 열어줄 수 있도록 국가정보원이 대책과 대안을 가지고 있어야 할 것이다. 가장 큰 문제는 김정은 국무위원장을 비롯한 북한의 권력층과 군부가 중국이나 러시아의 개입을 요청하고, 실제로 이들 국가가 군대를 파견해 북한 정변·붕괴에 직접적인 행동을 한다면 대한민국은 어떻게 해야 하는가이다. 과연 이를 대비한 대응 프로그램이나 구체적인 대책 및 수단을 우리는 가지고 있는 것인가.

독일 통일 과정에서 확인했듯 서독은 주변국과 강대국의 묵인과 동의 속에 통일의 길을 열 수 있었다. 대한민국의 국력과 경제력이 과거 서독 이상으로 강해야 하고, 사전에 미국, 일본 등과 외교적으로 충분히 대화하며, 대응할 준비가 돼 있어야 한다는 뜻이다. 다만 일본을 설득하기 어려울 수도 있다. 자위대가 한반도로 진출할 기회로 보고 중국이 제시할 유사시 한반도 분할 통치를 지지할 수도 있다. 우리나라가 평소 대미·대일 외교에서 우리의 역할을 확실히 하는 일관된 정책을 가져야 함에도 불구하고, 이러한 여건 자체가 형성되지 못했으며, 외교 석상에서도 이를 두고 진지한 협의가 있었는지 의구심이 든다.

군사·외교 전략가들도 이 문제를 심각하게 검토해 대안을 마련하고, 평소에 꾸준히 미국·일본과 협의해 우리의 주장을 주지시킬 필요가 있다고 지적하고 있다.

북한 체제가 갑작스럽게 붕괴하면서 그에 따른 북한 수뇌부의 요청이 있다면, 중국과 러시아는 어떻게 할 것인가. 특히 중국과 북한은 1,315km의 국경을 마주하고 있다. 시진핑 중국 주석은 지난 2017년 4월 당시 미국 트럼프 대통령을 만난 자리에서 대한민국이 중국의 속국이라는 의미로 "역사적으로 한국은 중국의 일부였다"라고 말한 바 있다. 이는 확실한 영토적 야심으로 해석할 수 있으며, 한반도 유사시 북한 분할 점령으로 이어질 수도 있다.

중국은 이미 북한 붕괴 시 자신들이 선점하려는 영토도 정해 놓았다. 지난 2016년 공개된 자료에 따르면 당시 중국 공산당은 '북한 4개국 분할 통치계획'을 가지고 있었다. 중국은 평안북도, 함경남도, 자강도, 양강도를 차지하고 러시아는 함경북도, 미국은 강원도, 대한민국은 평안남도 및 황해남·북도를 각각 분할해서 관리한다는 것이다. 2009년 오바마 행정부가 작성한 미국의 〈국방검토보고서(QDR)〉의 내용 역시 이와 유사한데, 평양의 경우 한·미·중·러 4개국이 공동 분할통치하는 방안도 검토됐다.

미국 외교 안보 및 군사 전문가들은, 북한이 내부 정변으로 붕괴할 경우 탈북자들의 유입 방지를 명분 삼아 중국이 한반도에 침략할 가능성이 크고, 이것이 미래 한반도의 가장 큰 위협이 될 수 있다고 경고한 바 있다. 중국은 이미 역사적으로 동북공정을 추진했으며, 군사적으로는 지난 2016년 2월 북한과 국경을 마주한 선양군구를 북부군구로 개편했는데, 이는 북한의 편입을 노리는 것일 수 있다는 것이 전문가들의 분석이다. 북부군구는 기갑 비율이 높고, 한국어 학습이 돼 있어 북한 붕괴 시 난민 관리를 핑계로 물밀 듯이 내려올 수도 있다는 것이다.

북한도 중국의 도움을 받기는 하지만, 내부적으로 중국을 가장 큰 위협으로 평가하고 있는 것 같다. 북한 간부들은 "일본은 100년의 적이지만 중국은 1000년의 적"이라고 공공연하게 말하고 있으며, 지난 2000년 6월 남북정상회담 당시 김정일 위원장이 "주한미군은 통일 이후에도 필요하다"고 발언했다고 회고하기도 했다. 지난 2018년 7월, 마이크 폼페이오 국무장관이 북한을 방문했을 당시 김정은 위원장도 "(중국이 북한을) 위구르와 티베트와 같이 하려 한다"고 불만을 토로하는 등 북한은 오랜 기간 중국을 경계하고 있다.

중국의 남중국해 영토적 야심과 '전랑외교'를 보더라도 북한을 유사시 직접 통치하거나 티베트나 신장처럼 영향력 아래 두는 자치 정부로 만들어 버릴 가능성이 대단히 크다. 북한 붕괴 시 중국이 개입할 경우 이는 대단히 풀기 어려운 과제로, 미국과의 협력은 절대적으로 필요하다. 중국과 핵무기 없는 재래식 전쟁도 각오하겠다는 국가적 사생결단의 의지와 단합을 보여줘야만 중국도 쉽게 생각하지 못할 것이다. 북한 주민들의 저항 내지는 반발도 필요하다. 철저한 사전 대비, 외교적 역량 동원, UN의 지지, 미국의 압박 등의 조건을 모두 충족하고, 강력한 군사력으로 국지전 또는 전면전에 나서 대한민국이 만만치 않다는 것을 확실히 보여준다면 중국이 양보할 수도 있을 것이다.

중국을 상대로는 전략적으로 강온 양면의 대책이 필요하다. 중국이 동북아에서 미국의 가장 깊은 동맹관계인 일본에게는 함부로 대하지 못하고 있다는 사실도 간과해서는 안 된다. 과거 일본군에 당했던 쓰라린 역사 때문일 수도 있다. 우리는 북한 붕괴 시 주민은 어떻게, 군부는 어떻게 움직일 것인지를 면밀하게 예상해 대책을 미리 수립하고, 북한 수뇌부와 유사시 대화 채널을 확보할 수 있도록 평시에 보이지 않는 활동을 해야 할 것이다. 북한군을 우리 쪽에 서게 하고, 최소한 중립을 지키며 절대 중국 측에 서지 않도록 하는 대책도 있어야 한다. 쓸데없는 북한 군부 책임론은 사태를 악화시킬 것으로 보이며, 우리나라의 정부 부처, 즉 국방부와 외교부, 국가정보원 등이 이에 대비한 주도면밀한 대책을 가지고 있어야 할 것이다.

북한의 움직임을 더욱 자세히 들어봐야 한다. 러시아의 요청 때문인지, 아니면 김정은 위원장이 자발적으로 무기에 이어 북한군을 러시아-우크라이나 전쟁에 투입했는지는 알 수 없다. 다만 북한군을 파병해야 할 정도로 북한의 경제 사정이 좋지 못하다는 것은 분명히 알 수 있다. 최근 소원했던 중국과 다시 밀착하는 것 역시 비슷한 이유일 것이다. 따라서 핵을 무기로 미국의 대북제재를 완화하려고 시도할 수 있지만, 정권 유지를 위해 핵이 반드시 있어야 하는 북한 입장에서 미국과의 관계 개선은 쉽지 않을 전망이다. 우리나라는 북한이 북미 대화에 적극적인 자세를 취하도록 꾸준히 설득해 나갈 필요가 있으며, 북한과 관련한 새로운 어젠다를 개발하고, 남북관계를 재설정하는 것도 고민해야 한다.

우리나라가 재래식 무기를 기준으로 한 국방력이 북한보다 앞서는 것은 사실이지만, 북한의 핵전력을 포함하면 이는 곧 뒤바뀐다. 2022년 9월 8일 북한이 선포한 새로운 '핵 무력 정책 법령'은 앞으로 핵 포기 의사가 없음을 분명히 한 것이다. 이에 따라 우리나라 역시 북한의 핵 보유가 장기화될 것이라는 전제하에 국가안보 시스템을 전면적으로 재설계해야 한다. 한반도 불안정이 안보와 경제에 초래할 높은 비용과 핵 비확산에 대한 공동 이익을 미국과 중국이 명확히 인지하도록 노력해야 한다.

만약 미·중 경쟁(냉전)이 고착될 경우 북한은 외형적으로 중국 및 러시아와의 연대를 강화하는 모양새를 취하면서도 미국과의 협상을 염두에 두며 강대국 간 갈등을 활용해 시간을 벌고 국가 이익의 극대화를 추구할 것이다. 이 기조 아래 '국방력 강화와 자력갱생' 정책을 지속하며 전체주의 체제의 내구력 향상에 집중할 것이다. 북한은 2021년 8차 당 대회를 기점으로

‘국제정세를 좌우하는 전략국가를 향한 첨단전략무기 개발과 자력갱생’이라는 중기(2021~2025) 국가 전략을 제시했다. 그 의도는 첫째, 미국과의 전략적 협상력 강화를 위한 첨단전략무기 개발이다. 최근 북한이 러시아와 밀착하며, 러시아-우크라이나 전쟁에 북한군까지 파병한 것은 러시아의 첨단무기 기술을 배우겠다는 강력한 의지의 표현일 수 있다. 둘째, 이 과정에서 ‘체제 내구력 향상을 위한 민생경제 중시 및 경제사회 위기관리를 위한 집단주의 사상통제 강화’ 등 자력갱생 대응 기조이다. 전체적으로 2025년까지 북한은 동북아 정세 불안 환경을 내치에 활용해 전체주의 독재정치를 더욱 강화할 것으로 보인다.

국가안보는 최상위 개념, 분명하고 공감되는 노력 필요

앞으로 외교·국방 측면에서 추구해야 할 가치는 '평화·동맹·균형'이어야 할 것이다. 이는 김대중 전 대통령의 한·미·일의 두터운 공조에 기반을 둔 '햇볕정책'과 노 전 대통령의 '평화·자주·균형'의 기조에 현재 동북아 여건과 미래 대한민국을 감안한 것이다.

북한이 대륙간탄도미사일, 핵무기 등을 이미 갖추고 있으며, 러시아·중국과의 동맹 관계를 강화하고 있는 시점에서 자주국방은 아직 섣부를 수 있다는 판단이다. 튼튼한 한미동맹 그리고 동북아 평화와 균형을 잡을 수 있는 강력한 국방력과 외교력을 갖추는 것이 중요하다. 상식이나 공동선을 추구할 수 없는 약육강식의 외교 무대에서 대한민국의 미래를 함께할 수 있는 미국과의 동맹 관계를 일본 수준, 아니 그 이상으로 격상하고 중국으로부터 대등한 관계를 정립하는 것이 필요하다.

국가안보는 최상위 개념이다. 경제력과 세계적 위상을 갖춘 우리나라가 가장 경계해야 할 것은 안보 불안이며, 이를 궁극적으로 해소하는 것만큼 중요한 것은 없다. 따라서 트럼프 제2기에 우리에게 닥치고 있는 주한미군 주둔 비용, 관세 등과 관련한 협상에 있어 상대적으로 덜 중요한 분야, 현재는 부담이 되지만 미래에는 도움이 되는 분야에서는 미국에게 흔쾌하게 양보하거나 최우선적으로 동맹을 배려하는 모습을 보여 신뢰를 쌓아야 할 것으로 보인다. 무엇보다 중요한 것은 동북아에서 미국이 우리나라를 평화와 균형을 잡을 수 있는 존재로 인식하게 하고, 이를 통해 우리는 가장 중요한 안보 문제에 있어 분명한 보장이 돼야 한다는 점이다. 이를 전제로 대북 관계, 중·러 관계에 접근해야 할 것이다.

지금의 현상을 변경해야 한다면, 국민 상당수가 공감할 수 있는 이유가 있어야 하며, 국가 미래를 위해 반드시 중요하다고 판단될 경우로 제한해야 한다. 외교·안보·국방에 있어 정책의 일관성, 동맹과의 신의는 급변하는 세계정세에서, 체제 대결이 더욱 치열해지는 외교 현장에서 반드시 확보해야 하는 중요 자산이다. 트럼프 제2기, 미국은 북한과 직접 대화를 시도할 것이며, 우리나라는 이 과정에 구체적으로 개입하고, 협력·중재해 북핵 문제의 해결에 조금이라도 이바지하면서 한반도에 대한 주도권을 확보해야 한다.

앞서 언급했듯 북한에 정변이 발생하거나 중국이 대만을 침공한 경우 등 한반도 내외에서 현상이 변경되는 경우 우리는 철저한 한미 공조를 근간으로 대처해야 할 것이다. 특히 중국의 대만 침공은 한반도 전체가 말려들 수밖에 없는, 상당히 파괴력이 있고 현실성이 높은 주제다. 중국의 우선 목표는 대만 흡수겠지만, 북한의 붕괴가 먼저 일어난다면 중국은 이미 밝힌 대로 한국과 아무런 협의나 동의 없이 북한을 통치하려고 할 것이다. 과거 미국에서도 유사한 시나리오가 제기된 바 있다. 이런 문제에 우리가 충분히 대비하고 있는지, 우리의 국력이 이를 감당할 정도가 되는지, 외교적으로 난관을 돌파할 수 있을 것인지 등을 우리는 면밀히 따져봐야 할 것이다. 과거 수당 전쟁, 거란 침입, 병자호란, 구한말 청나라의 야욕 등 역사적인 사례를 지금과 비교해보며 전략을 고민해볼 수도 있다.

따라서 지금 당장 북한이 무너지는 것보다 우리나라의 국력이 보다 커지고 충분히 대비태세를 갖출 때까지 존재하는 편이 나을 것이다. 오물풍선 정도는 안보 위협이 아니며, 만일 중국 인민군이 북한을 점령해 우리나라와 전선을 맞댄다면 그것은 국가 존립의 문제가 되기 때문이다. 강력한 한미동맹이 뒷받침된다면 맞설 수 있겠지만, 만일 그러한 조건을 충족하지 못할 경우 미국은 상황에 따라 여의치 않으면 전쟁만은 막자는 명분으로 분할 통치를 인정해버릴 수도 있기 때문이다. 국내에서는 병자호란 당시 주화파와 척화파가 대립했듯 중국과 전쟁도 불사하며 통일하자는 강경파와 현상을 유지하자는 온건파로 나뉠 가능성이 있다.

국가 지도자와 기득권층이 안전을 원하며 온건파가 득세하고, 우리에게 전략과 의지가 없다면 자연스럽게 중국에 물러설 수밖에 없는 상황에 직면하게 된다. 그렇게 되면 우리가 지난 70여 년간 쌓아온 경제대국, 문화강국 대한민국은 강대국들의 입김에 휘둘리는 약소국으로 전락하게 될 것이다. 경제만이 아니라 정신과 국력, 국민정신이 살아 있어야 제대로 된 국가로 우뚝 설 수 있다는 의미다.

다시 대만 문제로 돌아가면, 중국의 대만 침공이 현실이 되지 않도록 우리는 미국의 전략에 함께해야 하며, 대만 침공이 중국의 승리로 끝나도록 방관하고 미국에만 맡겨 놓아서도 안 된다. 중국이 일방적으로 승리한다면, 동북아에서 중국의 영향력이 미국을 넘어설 것이며, 이러한 현상 변경은 한반도에도 엄청난 영향을 미칠 것은 자명하기 때문이다. 만일 미국이 대만 전쟁에 개입했다가 중국에 패한다면 세계의 패권지도 역시 완전히 달라질 것이며, 아마도 미국은 중국에 대한 견제를 일본에 맡기고 태평양에서 2선으로 물러날 가능성도 있다. 그 같은 상황이 실제로 벌어진다면 우리는 중국과 일본의 틈바구니에서 선진국의 지위, 더 나아가 대한민국의 주권을 어떻게 지켜

낼 수 있을 것인가를 고민해야 할 것이다.

우리가 대만 문제에 방관한다면 중국이 북한을 침략할 때 미국이 어떻게 우리나라를 도와줄 수 있겠는가. 한국까지 잃어서는 안 되기 때문에 미국은 강력히 대응할 수 있겠지만, 북한을 침략하는 중국에 대해 전쟁도 불사하며 우리나라를 도와달라고 할 수는 없다. 미래에 닥칠 수도 있는 이러한 한반도의 안보 문제에 있어서는 여야도 없고 진보·보수도 있을 수 없다. 이같은 점에서 2024년 9월 광주에서 열렸던 문재인 정부 9·19 평화공동선언 6주년 기념식에서 임종석 전 대통령 비서실장이 제기한 '통일 포기, 평화적인 남북 두 국가론'은 위험한 발상으로, 대외적으로 대단히 안 좋은 시그널을 주는 발언이라고 할 수 있다. 남북은 두 개의 별개 국가이며, 통일을 포기한 상황이라면 중국의 북한 급변 사태 시 개입에 대해 우리나라가 어떻게 무엇을 할 것인가. 중국이 북한에 군대를 보내도 우리가 전쟁을 불사하며 막을 수 있는 국제법적·헌법적 근거가 대거 약화되는 것 아닌가.

따라서 대만 문제에 우리도 관심을 갖고 그것이 현실화되면 어떻게 할지에 대해 전략을 수립하고 평화적·외교적으로 노력해 목소리를 내야 한다. 이제 우리나라는 여러 분야에서 세계 10위권에 드는 선진국이 됐으며, 외교적·국제적 영향력을 행사하기 위해 국제무대, 세계 네트워크에서 더욱 큰 역할을 해야 한다. 한미동맹을 근간으로 미국과 대외적·군사적 문제에 있어서 어떠한 전략과 노선을 견지할 것인지에 대해서도 지금까지와는 달리 심대한 고민과 숙고, 토론이 필요하다.

국가정보원·국방부·외교부가 이러한 국제정세를 면밀히 파악하면서 관련 전략들을 비밀리에 제대로 수립하고 준비하고 있는지는 알 수 없다. 다만 대한민국의 국력과 경제력을 감안할 때 외교력은 다소 미흡하다는 평가가 지배적이다. 북한과 오랜 시간 대치하다 보니 남북관계에 매몰되면서 국제정세나 역학관계를 감안하며 대처하는 데 소극적이었기 때문일까. 국제적인 이슈, 관계, 대외 역량 강화 등에 보다 깊은 관심과 역할이 필요할 때인 것은 분명하다.

과거 해가 지지 않았던 대영제국의 영광은 사라졌지만, 영국의 외교·국방은 여전히 세계에서 인정을 받고 있다. 세계 주요 국가들의 경제, 외교, 국방 상황 등을 점검하며 문제가 생길 경우 미국과 함께 관여해 일정한 역할을 해내고 있기 때문이다. 사실 현재의 영국의 국력에 비하면 과도하다는 생각이 들 때도 있지만, 우리는 이러한 영국의 전략적 사고와 자세를 본받아야 한다. 정치가 국가안보, 국방 등과 관련한 국가적 과제와 역할에 무관심하다 보니 안보 분야에서조차 진영 대결 양상을 보이는 것은 분명 문제가 있다. 정치가 국가안보 분야에 있어 국민통합을 이뤄내고, 왜 우리가 통일해야 하고 그것을 위해 우리는 무엇을 극복해야 할 것인지를 진지하게 숙고하고 토론하는 모습을 보여야 할 때다. 국민이 국가가 어떤 방향으로 가야 하는지, 가고 있는지를 알지 못하고, 그에 대한 공감대를 형성할 기회마저 없는 것. 이것은 정치의 무능이요 부재라고밖에 말할 수 없다.

6장

*

국민을 행복하게 하는 것이
진실한 정치다

해방 이후 80년,
민주주의와 경제의 동반 성장

2020년을 지나면서 대한민국은 세계 모든 국가가 주목하는 선진국 대열에 들어섰다. 식민 지배, 전쟁, 분단 등 암흑기를 거친 국가가 100년도 안 돼 산업화와 민주화에 성공해 자력으로 세계 10위권의 경제력을 갖춘 사례는 지금까지 없었다. 대한민국이 국제사회로부터 선진국의 지위를 공인받은 것은 2021년 7월 2일 개최된 제68차 UNCTAD 무역개발이사회였다.

2000년대 들어 서서히 알려지기 시작한 대한민국의 문화, 음식 등이 그 해를 전후로 세계무대에서 본격적으로 진가를 드러내기 시작했다. 방탄소년단(BTS), 〈기생충〉 등으로 대표되는 K-문화가 미국과 유럽을 휩쓸었고, 비빔밥, 불고기, 라면, 김

밥 등 대한민국을 대표하는 K-푸드가 세계인의 입맛을 사로잡았다. 또한, 세계 각국에 우리 기술로 만든 무기들을 판매하는 K-방산은 과거에는 상상도 할 수 없었던 일이다.

이 모든 것은 대한민국 국민의 저력이 있었기에 가능했다. 우리 국민은 근면 성실한 자세로 잘살기 위해 노력해 왔다. 자식 세대에게 자신의 가난, 어려움 등을 물려줘서는 안 된다는 강력한 동기는 교육열을 불러일으켰고, 부모세대의 희생을 보고 대학에 진학한 자녀들은 성공에 대한 열의가 넘쳤다. 이러한 세대 간 '역할 정리'는 치열한 경쟁 속에 높은 성과를 낼 수 있는 원동력이 됐을 것이다.

2024년 8월 1일, 세계은행(WB)이 발간한 〈2024년 세계 개발 보고서: 중진국 함정〉은 상당수 개발도상국이 중진국에 진입한 후 고소득 국가로 도약하지 못하고 성장이 정체되는 반면, 대한민국은 거의 유일하게 이를 극복하며 세계 10위의 경제대국으로 성장했다고 밝히고 있다. 이 보고서는 "한국은 수출 장려를 통해 개방을 우선시하고, 글로벌 시장을 활용해 국내 기업을 경쟁에 참여하도록 했다"며 "인프라에 대한 투자, 해외 기술의 도입 및 연구개발, 교육 등에 대한 적극적인 투자를 통해 효과적으로 생산성을 제고했다"고 분석했다.

세계가 주목하고 있는 대한민국의 경제 성장 역사를 잠시 살펴보면, 필요한 시기에 그 사명을 받은 지도자가 국가를 위한 시대적 의무를 잘 수행했고, 무엇보다 우리 국민이 고통과

좌절에 굴하지 않고 꿋꿋하고 성실하게 시대적 과제를 하나씩 이루어 왔기 때문에 지금의 모습이 가능했다.

한국전쟁이 끝나고 경제 성장의 토대를 만들어야 할 시기, 독재로 인한 아픔은 있었지만 대한민국은 꿋꿋하게 경제적 토대를 만들어냈다. 박정희 군사정권의 독재는 민주주의를 짓밟고 민주인사와 단체들을 감시하고 탄압하며 정권을 연장했다. 박정희 대통령과 부역자들의 반민주적·반헌법적·반인륜적 행위는 역사적으로, 법적·도덕적으로 그 책임을 져야 한다는 것에는 재론의 여지가 없다. 다만 이 시기 경제 발전을 위한 기반 시설이 구축됐고, 이를 바탕으로 향후 대한민국의 성장·발전의 틀을 만들어가기 시작한 것도 사실이다. 수도권으로의 과도한 인구와 경제 집중, 영남권 중심 중공업 기지 구축이 지금의 극단적인 지역 간 불균형의 단초가 되었지만, 대한민국이 선진국으로 도약하는 기초가 됐다는 것은 부인할 수 없다.

신군부의 등장과 함께 서슬 퍼런 계엄령 속에서 모두가 숨죽일 때 광주·전남 시·도민들은 더 이상의 군사독재를 인정할 수 없다며 투쟁으로, 죽음으로 항거했다. 이는 세계 곳곳에 대한민국의 민주주의가 살아 있음을 각인시켰고, 민주 세력이 곳곳에서 지속적으로 활약할 수 있게 한 자양분이 됐다. 5·18민주화운동이 1987년 6월 항쟁으로 이어졌으며, 이는 자칫 장기간 지속될 수 있었던 군사독재에 종지부를 찍게 했고, 마침내 대한민국은 민주화의 길로 나아가는 계기를 마련하게 됐다.

2022년 8월 18일, 김대중 대통령 서거 13주기 추모식을 열었다.

김영삼 전 대통령의 문민정부는 하나회를 전격 해체하면서 군부 쿠데타의 씨앗을 원천적으로 제거했으며, 금융 실명제를 통해 경제 민주화에도 큰 업적을 남겼다. 역사 바로 세우기에 나서 5·18민주화운동 등에 관한 특별법을 제정하고 군사 쿠데타를 일으켜 정권을 찬탈한 전두환·노태우를 구속수감하기도 했다. 이러한 업적에도 불구하고 지도자로서 세계 경제 정세에 어두웠으며, 과거 인위적인 경제 성장 정책을 고집하면서 결국 'IMF 외환위기'를 초래하여 국민 모두에게 회복할 수 없는 엄청난 고통을 줬다.

최초의 민주적인 여야 정권교체에 성공한 김대중 대통령의

2025년 5월 23일 김해시 봉하마을 노무현 전 대통령 묘역에서 열린 노무현 전 대통령 서거 16주기 추도식에 참석하여 헌화했다.

국민의 정부는 전대미문의 국가적 위기를 극복해냈다. 정보통신 강국을 표방하며 초고속 인터넷 등 관련 기반시설을 구축하고, 벤처기업에 대해 적극적인 지원에 나섰다. 기초생활보장법 제정과 국민건강보험공단 설립으로 대표되는 복지 정책의 방향을 제시해 세계에서도 모범적인 복지 시스템을 마련했고, 미국·중국·러시아·일본 등 4강 외교도 성공적으로 이끌어 햇볕 정책 속에 북한과의 관계 개선에도 성공했다.

민주정부 재창출에 성공한 노무현 전 대통령의 참여정부는 국민의 정부 정책들을 이어받으면서 동시에 과거 권위주의를 타파하고 수도권의 집중과 빈부 격차 심화를 해소하는 균형발전 정책에 다양한 노력을 쏟았다. 대표적으로 행정중심복합도시(세종시)와 더불어 공공기관의 지방 이전에 의한 혁신도시의 조성, 종합부동산세 및 다주택자에 대한 양도소득세 도입 등이 있었다. 아시아 최초로 미국과 역대 최대 규모의 자유무역협정을 계획하는 등 다국적 FTA 전략을 통해 세계화 전략에 나섰고, 경제 성장세가 지속되면서 OECD 국가 중 최고 수준의 성장률을 보였다.

촛불혁명과 박근혜 전 대통령의 탄핵으로 대통령직인수위원회 구성 없이 곧바로 임기를 시작한 문재인 정부는 2018년 지방선거, 2020년 국회의원 선거 등에서 여당인 민주당의 압승으로 한층 광범위한 지지기반을 유지했다. 2020년부터 2022년 초까지 세계를 휩쓴 코로나19 팬데믹 상황에서 피해를 최소화하면서 디지털 시대의 급속한 변화에 슬기롭게 잘 대처했다. 남북정상회담과 북미정상회담으로 남북관계 진전을 위해 노력했고, 한류 콘텐츠의 세계적인 인기를 이끌어 국가의 위상을 한 단계 드높였다고 볼 수 있다.

민주정부가 이끈 시기에 문제점이 없다고 말할 수 없지만, 시대와 세계의 흐름을 정확히 읽고, 미래 대한민국이 나아가야 할 방향을 설정하며 전진했다는 것은 부정할 수 없는 사실이다. 보수정부가 들어서 시대를 역행하며, 국가와 미래 세대가 아닌 특정 지역과 특정 계층을 위한 정책을 남발했음에도 불구하고 국민의 선택을 받아 다시 들어선 민주정부는 앞선 정부의 문제점을 보완하면서 대한민국의 흐름을 제자리로 돌려놨다고 할 수 있다.

다만 보수정부가 들어서게 한 원인 또한 민주정부가 제공했다는 점은 분명히 짚고 넘어가야 한다. 민주정부에 대한 기대감, 즉 국민이 민주정부에 바라고 있는 개혁과 혁신을 제대로 이행하지 못하고 오히려 기득권에 굴복해 성과를 내지 못한 경우 국민은 냉정하게 뒤돌아섰다는 점이다. 사실 정치를 통해 우리는 모든 것을 할 수 있다. 대화와 타협, 조율과 조정, 양보와 배려 등은 절충점을 만들고 새로운 방법을 만들어내는 법이다.

정치는 무엇보다 '국가 미래 성장, 국민 복리 증진'에 기여해야 한다. 민주정부의 최우선 과제는 기득권을 가진 특정 지역이나 계층이 아닌 국민 전체와 대다수 계층을 위한 제도와 정책을 고안해 실천하는 것이다. 국민 모두의 피와 땀, 그리고 시대의 흐름을 읽어낸 몇몇 지도자의 노력으로 압축성장을 이뤄낸 대한민국은 이제 '모든 국민의 행복을 위한 균형성장의 시대'로 나아가며, 내재된 문제점을 극복해야 한다. 그것이 아마도 이재명 민주정부, '국민주권정부'에게 맡겨진 과업일 것이다.

정치가 바로 서야 선도국가로 나아갈 수 있다

2023년 5월 전국경제인연합회는 군사력·경제력·혁신역량·경제안보·영향력의 5개 분야에서 G7과 한국의 상대적인 위치를 비교 분석한 결과를 내놨다. 이에 따르면 군사력에서는 세계 6위(핵보유국 제외 시 1위)였다. 경제력 분야를 보면, 한국의 2022년 세계 수출시장 점유율은 2.8%로 6위, 수입시장 점유율은 2.9%로 8위였다. 특히 수출 중 정보통신(IT) 수출이 차지하는 비중이 29.2%로 우수한 산업구조와 경쟁력을 가진 것으로 분석됐다. 혁신역량에서 한국은 비교적 선도적인 위치를 점하고 있는 것으로 평가됐다. OECD에 따르면 2021년 GDP 대비 연구개발 투자 비중은 한국이 전 세계 2위(4.9%)로, G7 평균(2.6%)의

약 2배에 달했다. 국제특허 출원은 일본(1위), 미국(3위)에 이어 세계 5위였다.

경제안보 분야에서 한국의 반도체시장 점유율(2020년)은 18.4%로 미국(50.8%)에 이어 세계 2위를 차지했으며, 배터리 생산 점유율(2021)은 2.5%로 세계 5위, 글로벌 AI 지수 세계 7위, 우주발사체 기술 개발 세계 7위 등 국제안보에 영향을 미치는 주요 첨단산업 분야에서도 존재감을 높이고 있다.

미국 〈유에스 뉴스 앤 월드 리포트(US News & World Report)〉와 펜실베이니아대학 와튼스쿨이 전 세계인 1만 7,000명을 대상으로 2025년 10월 실시한 '글로벌 국력 순위(Most Powerful Countries)' 항목별 인식조사에서 미국(100점)이 전 세계 국력 1위인 가운데 한국은 6위(64.7점)를 차지했다. G7 국가 중 독일(4위, 81.6점), 영국(5위, 79.5점)의 뒤를 이었다. 2024년 6위였던 일본은 한국에 자리를 내주며 2단계 하락한 8위(63.2점)를 기록했다.

대한민국은 선진국의 대열에서 당당히 경쟁하고 있으며, 세계 강대국들 사이에서 그 존재감을 분명하게 보이고 있다. 외부에 드러나는 지표들이 상대적으로 대한민국 현재의 탄탄함과 강력함을 보여주고 있다는 사실은 부인할 수 없다. 다만 이를 유지하면서 미래에도 지속 가능하게 나아갈 수 있을지에 대해서는 자신할 수 없다는 점이 문제다.

우선 2024년 2월 발표된 〈국민 삶의 질 2023 보고서〉를 한

번 살펴보자. 국민이 느끼는 삶의 만족도는 6.5점(10점 만점)으로 경제협력개발기구(OECD) 회원국 중 최하위권이다. 소득 수준별로 만족도는 달랐는데, 월 소득이 100만 원 미만 가구와 100만~200만 원 미만의 만족도는 각각 6.0점, 6.4점으로 평균을 밑돌았다. 600만 원 이상인 가구는 6.6점으로 나타났다. 당연하겠지만 고소득자일수록 만족도가 높다는 것이다. 우리나라 삶의 만족도는 OECD 기준으로 2020~2022년 평균 5.95점에 그쳐 회원국 38개국 중 35위였는데, 우리보다 낮은 나라는 튀르키예(4.6점), 콜롬비아(5.6점), 그리스(5.9점) 밖에 없다.

아동·청소년(13~19세), 청년(20~34세), 중장년(35~64세), 노년(65세 이상)으로 구분해 살펴보면 아동·청소년 중 56.6%가 주관적인 만족을 느낀 반면, 노년은 그 비율이 29.9%에 불과했다. 특히 66세 이상의 상대적 빈곤율(균등화 중위소득 50% 이하에 해당하는 인구의 비율)은 2021년 39.3%에 달했다. 이는 OECD 회원 37개국 중 에스토니아에 이어 두 번째로 높은 수준이다. 우리나라 전체 상대적 빈곤율은 2022년 14.9%로, 2021년 기준 OECD 회원국 가운데 아홉 번째로 높았다. 자살률 또한 20년 넘게 OECD 1위다.

세계에서 손꼽히는 선진국으로 성장한 대한민국의 국민은 그 위상에 어울릴 정도로 삶을 만족스럽게 살아가지 못하고 있으며, 심각한 빈부의 격차로 인해 100명 가운데 15명이 상대적 빈곤을 실감하고 있다는 것이다.

　이보다 더 큰 문제는 대한민국의 거의 모든 것을 흡수하고 있는 수도권의 극한 집중과 지방소멸 위기라고 할 것이다. 2024년 12월 말 현재 전국 주민등록 인구수는 5,121만 7,221명으로, 수도권(서울·인천·경기)에 절반 이상인 50.86%(2,604만 7,523명)가 몰려 살고 있다. 인구만이 아니라 상위권 대학, 대기업 등 거의 대부분을 수도권이 가지고 있다. 2024년 상반기 현재 100대 기업 가운데 84곳이 수도권에 있다. 지방은 거점국립대학까지 신입생을 구하지 못해 울상이지만, 서울의 주요 대학의 경쟁률은 갈수록 높아지고 있다. 수도권에는 좋은 일자리, 문화·편의, 의료·복지, 즐길 거리와 볼거리 등 거의 모든 것이

2023년 11월 22일 국회에서 열린 '지방소멸 위기, 실천적 방향과 대안' 세미나에서 기조 연설을 했다.

완벽하게 갖춰져 있다.

서울의 과포화 상태는 인천·경기, 더 나아가 충청권으로의 분화를 부르고, 이는 수도권 내외의 교통 기반시설에 막대한 국가재정을 쏟아붓게 하는 원인이 되고 있다. 광역전철, 광역도로 등 서울과 인천·경기·충청을 보다 신속하고 편하게 연결하려는 시도는 계속되고 있으며, 수도권의 정치인들은 이를 공약으로 내세워 당선되고, 국회에서 관철시키고 있다. 수도권 거주민들은 서울이 주는 여러 혜택을 공유하기 위해 일종의 기득권을 가지려 하고 있다고 봐야 할 것이다.

지방은 인구 감소와 경제 쇠퇴로 인해 지역공동체가 소멸하는 현상이 점점 더 심각해지고 있다. 인구 감소와 경제 쇠락으로 재정이 취약해진 지방자치단체는 공공서비스를 제대로 제공하기 어려워지고, 이는 다시 인구 감소, 경제 쇠락을 초래하는 악순환이 이어지고 있다. 《지역산업과 고용》 2024년 여름호에 실린 논문 〈지방소멸 2024: 광역대도시로 확산하는 소멸위험〉에 의하면 2024년 3월 기준 소멸위험지수 전국 평균은 0.615이다. 전남(0.329)이 가장 소멸 위기가 높았으며, 경북(0.346), 강원(0.388), 전북(0.394) 등이 그 뒤를 이었다. 대한민국의 지속 가능성에 노란불이 켜졌으며, 미래가 현재보다 암울할 수도 있을 것이라는 우려도 커지고 있다.

아무것도 없었던 식민지 국가가 제국주의 일본에 맞서서 분연히 일어났던 용기, 도덕적인 힘, 정신적 위대함은 찬양받아야 마땅한 우리의 자산이다. 해방 이후 이러한 자산과 각고의 노력으로 당시 비슷한 여건의 국가들은 감히 흉내도 낼 수 없는 압축성장을 통해 기적을 일군 대한민국이 이제 미래를 위해 새로운 정치, 다른 리더십의 출현을 바라고 있다. 압축성장과 불균형 발전의 과정에서 우리가 어쩔 수 없이 방관했던 과오를 바로잡아야 하며, 갈등과 마찰을 조율·중재하면서 작은 성과를 큰 변화로 이끌어내야 할 시기인 것이다. 이것이 대한민국이 앞으로 마주할 퇴행을 막을 수 있는 유일한 방안이며, 국가의 미래 성장과 국민의 복리 증진을 위해 정치가 실천해야 할 과제이다. 극단적으로 서로를 혐오하는 정치가 계속 반복되고, 그 정도를 더하게 된다면, 과거 우리가 겪었던 국가적 위기, 아니 더 큰 충격이 국민의 일상을 위협할 수도 있는 상황이다.

대한민국이 세계를 선도하는 국가(Leading Country)가 되기 위해서는 정치가 변화해야 한다. 어느 순간 특정 정치인을 극단적으로 추종하는 '팬덤(Fandom) 정치'가 주류가 되고, 악화가 양화를 구축해 진정으로 국민의 복리 증진과 국가의 미래 발전을 위하는 정치인들은 자취를 감추고 있다. 오로지 특정 리더, 특정 지역, 기득권층을 바라보는 소수의 정치, 자기주장만 반복하며 관철하려 하는 대화 없는 정치, 국가의 성장·발전을 위해 대책을 만들어내지 못하고 국민 복리 증진을 위해 혁신하지 못하는 무능력 정치 등이 횡행하고 있는 것이다.

선량한 엘리트 정치인들은 전면에 나서지 않고 뒤로 숨어 정치적 토양과 생태만 탓하는 비겁함을 보이고 있다. 제대로 된 지식인이라면 안일함, 자신만을 위하는 이기심을 과감히 벗어던지고 자신의 모든 것을 바쳐 지역과 국가를 위해 봉사하려는 근원적인 충성심을 가져야 하는 것 아닌가. 정치권 역시 훌륭한 엘리트들을 적극적으로 등용해 새로운 정치의 자원으로 활용해야 하는 것 아닌가. 자신이 아니더라도 대한민국은 발전했으며, 발전할 것이라는 퇴행적 지식인, 현실에 맞서지 못하고 안주하는 지식인들이 정치 현실을 외면하지 말고 적극적으로 나서야 할 때라는 것이다.

새 정치에 도전하는 신인들이 지역과 국가를 위해 제대로 나설 수 있는 정치 무대와 토양을 만들어 주는 선배 정치인이 있어야 하며, 그들이 능력을 발휘하며 활약할 수 있는 토대가 돼주는 정당이 있어야 한국의 민주주의는 성공할 수 있다. 우리 정치가 소수 정치꾼들이 아닌 진정 국가와 국민을 걱정하는 정치인들의 무대가 돼야 한다. 그것도 특정 소수 엘리트들이 아니라 아래로부터 국민의 마음을 헤아리고, 그들의 이해를 반영하며 미래를 제시할 수 있는 풀뿌리 민주주의 방식으로 정치인들이 힘을 모으고 세력을 형성해야 한다.

기존의 정당들은 새로운 인물들이 대거 등용될 수 있도록 시스템을 개선해야 한다. 물론 가장 바람직한 것은 새 술은 새 부대에 담아야 하는 것처럼 깨끗하고 헌신적이며 신뢰받는 정치인들이 나서 새로운 세력을 결집하는 것이다. 하지만 이는 모든 국민의 존경을 받는 인물이 추진해야 하며, 그와 동시에 엄청난 역사와 기적이 함께 해야 가능한 일이다. 따라서 현실적으로는 기존 정당을 개혁해 국민의 정당이 되도록 국민이 나서서 각성시키는 방법밖에 없다. 우리나라 정당들의 진정한 개혁이 절실히 필요한 시점이다.

침묵하는 다수가 정치 혁신을 위해 최소한의 행동으로 참여하는 것이 무엇보다 중요하다. 정치권과 정부는 일상에 치인 대다수 국민이 쉽게 현실 정치에 참여할 방법을 찾아야 할 것이다. 소수가 정치의 주류가 되는 것을 막기 위해서는 오로지 다수가 조금의 시간과 정성을 들여야 한다. 투표로, 여론으로, 댓글로, SNS로 우리는 행동해야 한다. 깨우친 국민이 나서 정치 세력과 리더들이 각성하도록 이끌고, 언론은 정론직필로 정치 현실을 가감 없이 국민에게 알려 이를 바로잡는 데 기여해야 할 것이다. 지식인들은 시대적 책무를 깨달아 혁신할 줄 모르는 정치인들을 향해 과감히 지적하고, 혁신을 지속적으로 요구해야 한다. 그렇게 해야 비로소 정치가 바뀔 수 있다.

사불범정(邪不犯正), 결국 바르지 못하고 요사스러운 것들은 정의를 범할 수 없다. 국민이 불의를 바로 잡도록 참여하고, 지식인이 그에 대한 방향과 방법, 미래 대안을 제시해야 한다. 대한민국은 세계의 선도국가가 돼야 한다. 대한민국의 정치가 바로 선다면, 이미 경제와 문화면에서 세계 톱 수준인 우리나라는 세계를 주름잡는, 또는 제패하는 초우량 국가가 될 수 있다.

나는 2025년 6월 19일 지방소멸 위기 극복을 위한 '인구대전환 전남 프로젝트'를 소개하면서, 인구 문제 해법으로 독일 연방제 수준의 실질적 지방분권 실현 등 국가 차원의 '구조적 개편'을 주장했다.

대한민국은 상상을 뛰어넘는 힘과 역량을 가지고 있으며, 우리는 이미 20세기에 이를 스스로 증명했다.

21세기에도 위대한 시기를 이어가기 위해서는 정치에서 비롯되고 있는 갈등과 극한 대립에서 벗어나 국민의 화합을 이끌어내고 이를 대승적 차원에서 에너지로 결집해낼 수 있는 '새로운 정치'가 필요하다. 우리의 국력이 아래로, 안으로, 조그만 영토 안으로 모이는 것이 아니라 위로, 밖으로, 세계로 나아갈 수 있도록 해야 한다. 경제적·문화적으로 세계 최고 수준을 유지하면서 외교적·군사적으로는 동북아시아의 균형자이자 선도국가의 역할을 할 수 있도록 국력을 모아야 한다. 이를 위해 정치적 안정과 국민 역량 결집은 중요한 전제조건이다.

이제 대한민국은, 메이지유신으로 선도국가의 길을 걷다가 일제 패망 이후 다시 군국주의의 길을 모색하고 있는 일본, 급속한 경제 성장 및 위상의 급등 속에 마치 새로운 전제국가와 같은 행보를 보이며 주변 국가를 자신의 발아래 놓으려는 중국, 세계의 경찰이자 최고의 선도국가에서 이기적인 패권국가의 길에 접어든 미국 등을 상대해야 한다. 무엇보다 3대에 이어 4대째 세습 정치를 준비하고 있는 김정은의 고립된 전체주의 국가 북한을 휴전선을 사이에 두고 대치하고 있다.

이러한 상황에서 대한민국은 정치·경제·문화·군사강국이면서도, 다른 나라를 위협하고 강요하는 국가가 아니라 진정한 도덕국가, 선도국가, 모범국가로 나아가야 한다. 아마도 이것이 바로 타고르가 말하는 '동방의 빛'이 아닐까. 이를 위해서는 시대 흐름을 정확히 읽고, 미래를 위해 바른 결정을 내리며, 다양한 경험과 전문성을 갖춘 정치인과 정치 집단이 21세기 대한민국을 이끌어야 한다는 것이 나의 생각이다.

스웨덴 엘란데르 총리의
협상과 타협, 포용의 정치

우리가 민주주의 선진국의 정치에서 배워야 할 점이 있다면 그들의 대화와 타협의 자세라고 생각한다. 개인적으로 따르고 싶은 외국의 정치인 모델이 있다면 1946년부터 1969년까지 23년간 최장수 스웨덴 총리를 지낸 타게 엘란데르(Tage Erlander, 1901년~1985년)다. 그는 포용의 자세로 협상과 타협을 중시하며 노사 분규, 좌우 갈등, 실업과 가난의 굴레 등으로 절망적이었던 당시 스웨덴을 '복지국가'로 이끌며 사회적·경제적 기반을 강화한 정치인이다.

그는 열한 번의 선거를 승리로 이끌었으며, 20년의 장기집권을 마치고 마지막 선거에서 스웨덴 선거 사상 처음으로 과반득표율을 기록하며 승리해 재집권한 뒤 후계자에게 총리와 당 대표직을 넘기고 정계를 은퇴했다. 그는 23년 동안 국회 개원식에 한 벌의 양복을 입고 참석했으며, 관용차 대신 어머니가 운전하던 자동차를 탔고, 관저가 아닌 임대주택에서 월세를 내며 살았다. 특권을 버리고 국민의 일상 속에 들어와 다정한 이웃으로 살았으며, 정·재계 인사와 노조 대표 등을 초대해 진정성 있는 대화로 현안들을 해결하며 주목을 받았다. 총리를 그만둔 뒤 집이 없자 당원들이 모금을 통해 한적한 마을에 작은 집을 마련해 줬으며, 그곳에서 16년을 살았다. 퇴임 후 그를 반대했던 사람들이 오히려 더 찾아와 대화를 즐겼다고 한다.

엘란데르의 정치인 시절의 업적을 정리한 《Tage Erlander Serving the Welfare State, 1946~1969》(Olof Ruin, Translated by Michael F. Metcalf, University of Pittsburgh Press, 1990)를 통해 그에 대해 자세히 살펴보았다. 그는 정치적 문제를 어떻게 해결해야 하는지를 모범적으로 보여준 정치인이었다. 위대한 이론가이면서도, 때로는 이론가들에 대해 불만을 터뜨렸던 그는 근원적인 가치, 원칙, 아이디어 등을 통해 실용적인 정치를 했다. 단호하고도 유연한 사고를 지녔고, 상부상조와 공동체를 강조하는 일종의 보수주의자였으며, 점진적으로 개혁해 나가려 했던 완고한 현실주의자이기도 했다.

엘란데르는 수많은 논쟁과 토론을 즐겼는데, 1969년 1월 스웨덴 국회(the Riksdag) 마지막 토론에서 자유당의 새로운 대표

스웨덴을 방문하여 룬드시 맥스 4(MAX IV) 연구소에서 이안 맥널티 연구소장과 방사광 가속기 연계사업 발굴 및 기초과학 연구 협력을 위한 업무협약을 체결했다.

인 스벤 베덴(Sven Wéden)이 그의 사상 문제와 관련해 독설을 퍼붓자 오히려 부드럽고 정감 있게 사회민주주의자들의 실현 가능한 정치에 대해 공부해 볼 것을 조언했던 것은 유명한 일화로 남아 있다. 그의 여유 넘치는 자세는 오랜 현장 경험과 높은 지적 수준에서 비롯됐을 것이다.

엘란데르는 사회민주당 역시 근본적인 가치와 원칙을 가져야 한다는 점을 강조했으며, 그것은 국가(공공)의 기능을 더 강화하기 위한 논쟁으로 이어졌다. 국민의 일상, 국가 경제 및 사회 전반에 대한 개선을 목표로, 다양한 규제와 더 무거운 세금을 통해 공적 영역의 범위를 더 확장하기를 원했던 것이다. 자본주의 경제 기능을 효과적으로 가동시키면서 타락 또는 침체를 막기 위해, 한편으로는 스웨덴의 중요한 사회적 가치를 지키기 위해 그는 공적인 개입이 필요하다는 사실을 알고 있었다. 그는 각종 토론에서 이를 주장해 연금병원·사회복지 등의 정책을 관철시켰다.

엘란데르가 이끄는 사회민주당 이데올로기의 핵심은 보장(security), 자유(liberty), 협력(cooperation), 여대(solidarity), 평등(equality)의 다섯 가지였다. 가장 중요한 것은 경제적·사회적 '보장'이었다. 대표적인 것이 고용정책으로, 편견 없이 고용을 보장하는 것을 가장 중시했다. 다음으로 일할 수 없거나 평범하게 일상을 살아갈 수 없는 사람들에게 사회개혁과 사회보험으로 평균적인 삶을 살게 하고, 그 질을 향상시키고자 했다. 그는 국민 누구나 일자리를 가져야 하고, 그들이 일을 하든지 하지 못하든지 일정한 수준 이상의 생활을 보장받아야 한다는 주장을 23년간 반복해 왔다. 이후 스웨덴은 낮은 실업률을 유지했으며, 이 수치가 높아지면 신속하게 대책을 마련해 실행해 왔다. 1960년대 접어들면서 스웨덴의 높은 생산성과 사회·경제구조의 혁신 속에 사회안전망이 구축됐다.

'자유'는 엘란데르가 정치 경력을 통틀어 매우 중시해왔던 가치다. 그는 표현의 자유를 위해 투쟁해왔고, 언론의 자유, 집회의 자유, 투표할 권리 등을 위해 노력해왔다. 다만 그는 개인의 자유에 제한을 둔다는 점에서 자유주의자들과 달랐다. 시민 권리와 자유는 중시했지만, 사회적 명성이나 경제적 부에 의해 그것의 차이가 있어서는 안 된다고 주장한 것이다. 자유주의자들은 자유 의지, 사기업, 사유재산에 대한 권리를 내세우지만, 이 세 가지 또한 자유를 제한할 수 있다는 사실은 무시하고 있다는 점을 강조했다.

'협력'과 '연대'는 엘란데르가 당 대표와 수상으로 일하는 동안 가장 지속적으로 실천하려고 노력한 가치라고 할 수 있다. 이 두 단어는 종종 같은 의미로 사용되는데, 협력은 특정한 행동을 의미하며, 연대는 특정한 분위기 또는 태도와 관련된 것이다. 개개 인간은 지원을 필요로 하며, 공동체에 속하기를 바란다. 외부 환경의 압력으로부터 보호를 받고, 다른 사람들과 함께 참여하고, 협력해 일하면서 공동의 목적을 달성하는 것이다. 연대는 개인주의가 줄 수 없는 것을 줄 수 있으며, 억압당하는 사람들은 그들이 함께 협력함으로써 영향력을 높일 수 있다는 것을 배운다. 개인은 다른 시민과의 협력과 지원에 의해 더 발전할 수 있다.

현대 산업사회는 점차 전문화되고, 모든 전문화된 요소들의 협력이 요구되고 있다. 이러한 현상들이 연대를 필요하게 한다. 무엇보다 시민들은 자신의 복지 수준을 계속해서 향상하기 위해 다른 시민들과 상호 의존하게 된다. 이는 더 안전하고 수준 높은 삶을 보장할 수 있으며, 연대와 협력으로만 충족될 수 있다. 연대와 협력이 확장됨과 거의 동시에 공공 영역이 더 넓어진다고 할 수 있다.

'평등'은 엘란데르의 논쟁에서 가장 자주 등장하는 중심 가치이며, 가장 이상적으로 보인다. 스웨덴에서 보장·자유·연대·협력은 모두 평등보다는 더 잘 이뤄지고 있다는 것이 그의 생각이다. 그는 다만 스웨덴의 과거, 다른 대부분의 국가와 비교해 자신의 재임 시절 스웨덴의 평등은 더 달성됐다는 점을 강조하고 싶어 했다. 평등을 위해 가장 중요한 것은 교육 정책이었다. 교육을 계급이라는 장애물을 없앴을 수 있는 도구라고 생각한 그는 교육의 전 과정에서 평등을 관철하기 위해 노력했다. 주택·문화·세제·사회안전 정책에서도 마찬가지였다.

이들 가치는 상호 영향을 주고받는다. 보장은 자유의 전제조건이며, 안전 보장과 자유는 협력과 연대를 위한 의지에 의해 촉진될 것이다. 이것들은 결국 평등을 통해 가능해지고, 더 성과를 내게 할 것이다. 일부는 나머지 세 가지가 자유를 제한하고 위협할 수 있다고 지적했지만, 엘란데르는 이를 부인했다.

엘란데르는 강한 사회(공동체), 강한 정부로 공공 영역을 확장하고 이를 통해 높아지는 사회적 요구를 수용하고, 시민들의 복지 수준을 높일 수 있다고 생각했다. 이러한 중심 가치를 중시하면서도 정적이나 다른 정당에게 고집하거나 강제하기보다 토론과 논쟁, 소통을 통해 다수의 국민이 공감할 수 있도록 유도했다.

국왕 다음으로 높은 자리에 있었던 그는 국가의 통합을 위해 권력을 다루는 정치가 중요한 역할을 해야 하며, 그러기 위해서는 국가 상징인 국왕, 그리고 다른 이데올로기를 갖고 있는 정당들, 다양한 이익단체·기관 그리고 여러 이해관계 등과의 협력이 불가피함을 알고 있었다. 그는 보수당, 자유당, 사회민주당, 공산당, 농민연합·중앙당 등 정당 대표들과 매주 수요일 정기적으로 만남을 가졌다. 결정된 사안에 대해 국회에서 언제 논의할 것인지를 정하고, 외교·사회보장정책 등 상호 이해를 위한 정보를 제공하고, 긴급한 현안이 있는 경우 비정기적으로도 만났다. 인플레이션 등 경제 문제가 발생하면 대규모로 회의를 열었다. 적대적인 정당과 더 자주 전화하고, 국회에서 만나는 등 엘란데르 임기 중 항상 소통의 틀은 유지됐다.

정치 개혁에 대한 시민의 지지가 이어졌고, 엘란데르는 어떤 정책에서든 상호 이해를 기반으로 중요한 가치를 공유하기 위해 노력했다. 특히 연금 확대, 경제 정책 등과 관련해서는 과거 수차례 논의에서 실패로 귀결됐었지만, 때로는 양보하고, 때로는 자신의 틀 안으로 다른 정당들을 끌어들이는 방법으로 동의를 이끌어 냈다. 그는 몇 번의 대화와 설득으로 합의에 이를 수 없다는 것도 분명히 알았다.

그는 경제 집단과도 대화에 나섰다. 경제 집단 역시 국가 경제에서 매우 중요한 요소이다. 실용적인 정치인이었던 그는 제한된 영역에서 경제 집단과 협력하는 방안을 찾기로 했다. 노동과 자본 사이에서 상호 이해를 확장하기 위해 공식·비공식적으로 만남을 가졌으며, 점심이나 저녁을 함께하거나 사무실에서도 만났다. 때로는 산업 현장이나 기업들을 직접 찾아가기도 했다.

당시 스웨덴은 경제계획, 규제, 세금 등을 두고 정부, 경제

계, 노동계 등이 모두 이견을 보이면서 갈등이 심각했다. 사회
민주당은 1948년 선거에서 승리한 이후 생산적인 대화를 위해
수출과 생산 증가를 위한 협력 조직을 창설했다. 이들은 격주
화요일에 모임을 열었는데, 이 조직의 창설을 이끈 엘란데르가
종종 참여했다. 하지만 이 모임은 1950년대 들어 노동계와 재
계의 관계가 악화하면서 중단됐다.

다시 이러한 모임을 가동할 때가 됐다고 판단한 엘란데르
는 1955년부터 기업가, 노동조합, 소상공인 등 다양한 경제 주
체를 목요일마다 직접 총리 별장이 위치한 스톡홀름 서부 하르
프순드(Harpsund)에 직접 초대해 대화를 나누기 시작했다. 엘란
데르는 자신의 회고록에서 "정치인들은 경제 권력을 쥐고 있는
사람들과 지속적으로 대화를 나눠야 한다고 생각했다"며 "거
대 기업이 현재 스웨덴의 경제 상황을 어떻게 보고 있는지에 대
해 경청하는 것은 정치인들에게 매우 의미가 있다"고 밝힌 바
있다.

1955년부터 1964년까지 계속 열린 '목요클럽'은 폭넓은 논의
로 좋은 성과들을 내면서 초청자 폭도 다양해졌다. 개인 사업
자, 은행 감독원, 이해집단의 대표, 정부 부처 관계자 등도 참
여하며 만족감을 표했다. 유용한 대화는 효과적이었고 참석자
들은 대부분 정보와 의견을 교환하면서 엘란데르에게 감사함
을 전했다. 이 회의는 1962년 경제계와 정부가 경제계획위원회
를 구성하면서 그 2년 뒤인 1964년 종료됐다.

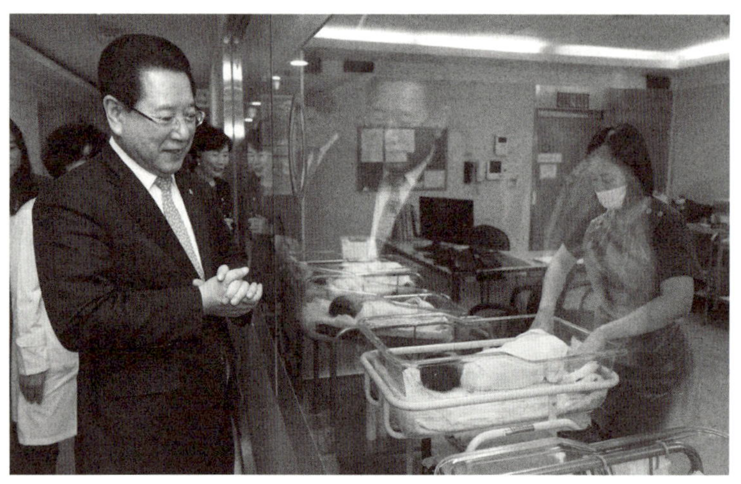

나는 정치에 입문한 후 공공의 역할을 확대하기 위해 노력해 왔다. 2024년 5월 순천시 현대여성아동병원에서 개원한 '전남공공산후조리원 5호점' 신생아실을 방문해 신생아들을 마주했다.

목요클럽에서 그는 참석자들에게 상냥하게 답변하고 친절하게 대했지만, 기업가, 은행가 등과 개인적으로 친근한 관계를 만들지는 못했다. 어느 정도 거리를 유지하면서도 국가 경제의 발전을 위해 사회민주당이 거대 자본과의 협력도 가능하다는 것을 상징적으로 보여주었다. 노동과 자본 사이에서도 계약이나 분명한 합의에 이르는 시도로 이어지지는 못했지만, 서로 정보를 주고받으며 상호 시각과 요구에 대해 이해하게 되고, 제한된 분야에서 협력의 조건들을 만들어 낼 수 있었다는 것에 만족했다.

엘란데르는 권력이 집중돼 있는 대자본, 정부, 중앙관료와 힘이 없는 임금소득자와 노동자, 지방 등의 균형을 잡으려고 노력했다. '하르프순드 민주주의'는 종종 '컨설팅 민주주의'라고 표현되기도 한다. 그만큼 민주주의가 어떻게 해야 하는지를 교본처럼 알려 주었기 때문일 것이다. 하르프순드에서의 모임은 1964년 11월부터는 사라졌지만, 아주 여유로운 매너로 국가를 통합시키고 화합의 분위기를 조성한 총리의 능력은 모두가 인정했다.

그의 정책은 중도실용주의 성격을 가지고 있으며, 당시 OECD 평균보다 낮은 과세율을 유지하면서 건강보험이나 연금 확대 등의 합의를 이끌어냈다. 스웨덴 복지정책의 기틀을 잡아 기본연금, 아동일반수당, 아동건강환급제도라는 주요 개혁을 수행했다. 실업자보조펀드를 조성하고, 국가주택위원회가 주택 임대와 주택 대출을 조절했다. 세제를 개혁해 저소득층의 세율을 낮추고 상속세와 고소득층 세율을 높였다.

1948년에는 16세 이하의 자녀가 있는 모든 가정에 어린이수당을 지급하고, 1954년부터 연금생활자들에게도 주택수당을 주었다. 1950년 고등교육 시스템을 9년간의 단일 의무교육 시스템으로 변경하는 실험을 10여 년간 진행해, 1962년에는 9년제 시스템을 도입했다. 그의 오랜 임기가 국가의 먼 미래를 염두에 두고 좋은 정책들을 입안하게 한 배경이 됐다는 점을 부인할 수 없다. 하지만 국가의 성장·발전과 국민의 복리 증진이라는 확고한 그의 의지와 통찰력이 없었다면, 이러한 정책은 시작조차 되지 못했을 것이다.

좋은 정치를 위해 필요한
정치인의 소통 능력과 자세

스웨덴의 엘란데르와 함께 주목해야 할 인물이 미국의 제32대 대통령 프랭클린 루스벨트(Franklin Delano Roosevelt)다. 미국 역사상 유일한 4선 대통령이며, 하반신 마비 장애인임에도 불구하고 대통령에 올라 역사상 최대의 경제 공황인 대공황과 일본의 하와이 침략으로 뛰어든 제2차 세계대전, 이 두 차례의 국난을 모두 극복해 미국을 현재의 세계 초강대국 반열에 올려놓았다.

1911년 상원의원으로 정치에 입문한 그는 1920년 미국 제29대 민주당 부통령 선거 후보로 나서면서 중앙 정치에 모습을 드러낸 뒤 1929년부터 4년간 제44대 뉴욕주지사를 거쳐

1933년부터 1945년까지 약 12년간 최장기간 미국 대통령을 지냈다.

가장 대표적인 성과로 국가의 개입을 통한 경제 부흥 대책인 '뉴딜 정책'을 꼽을 수 있는데, 무엇보다 국민과의 진솔한 소통을 통해 이 정책의 정당성을 확보했다는 점에서 그의 정치 능력을 높게 평가할 수 있다. 그는 1933년 3월 12일부터 1944년 6월 23일까지 모두 26차례의 '노변담화(Fireside Chats)'를 했다. 라디오를 통해 난로 옆에서 잡담하듯 편하게 국민을 상대로 이야기했다는 의미에서 이렇게 불렀다.

시장에 모든 것을 맡겼던 당시의 상황에서는 도저히 상상할 수 없었던 국가의 시장 개입을 위해 보수주의자, 고전적(자유방임주의) 경제학자, 정적 등의 반대를 넘어서야 했던 그는 국민과의 직접 소통을 선택했다. 권위를 내려놓고 자신의 생각을 솔직하게 말하는 이 방식은 미국의 후대 대통령들뿐만 아니라 우리나라를 비롯해 다른 국가의 권력자들도 자주 애용할 정도로 인기를 얻었다.

노변담화 중 가장 인상 깊게 미국 국민의 뇌리에 남아있는 것은 루스벨트가 대공황으로 인출 대란(Bank Run)이 벌어지는 상황에서의 은행에 돈을 다시 예치해달라는 20분간의 설득이었다. 그는 어려운 전문용어를 쓰지 않고 예금을 모두가 인출할 경우 벌어질 문제와 피해를 말하고, 은행을 다시 신뢰해 준다면 국가가 어떤 역할을 하겠다는 것인지 등의 해법을 제시했다. 솔직하고 분명한 그의 말은 상당수 국민에게 먹혀들었고, 은행의 연이은 부도는 사라졌으며, 금융시장은 정상을 되찾았다.

엘란데르와 루스벨트의 사례에서 우리는 정치인의 자세, 국가와 민족을 위해 진정성 있게 노력하고, 헌신하며, 솔직하게 소통하는 모습을 공통적으로 확인할 수 있다. 무엇보다 이러한 자세는 쉽게, 하루아침에, 깨닫는다고, 필요하다고 해서, 얻어질 수 없다. 자신의 경험, 식견, 지혜 등의 총망라가 바로 정치인의 자세인 것이다.

정치인의 소통은 국가 미래와 국민 복리를 위한다는 신념을 갖고 반대 의견을 가진 상대방과는 공통점을 찾아 맞춰 나가고, 국민을 대상으로 한 경우 그 배경과 이유를 세심하게 설명하는 등 대상, 주제 등에 따라 다르게 대응해야 제대로 효과를 발휘한다. 과거와 다른 새로운 정책은 국민이 살고 있는 현장을 정확히 이해하면서 자신의 경험과 연구를 통해 얻은 지혜와 지식을 타인과 공유할 때 비로소 만들어질 수 있는 것이다. 이는 좋은 정치를 위한 경쟁으로 이어지면서, 상대방의 반대도 여유와 품격 있게 받아들이는 능력도 갖춰갈 수 있다.

국회의원, 장관, 지방자치단체장, 나아가 총리, 대통령은 여러 이해관계가 상충되고 이익집단 간 문제가 얽혀 있는 경우 직접 당사자·전문가와 토론해 조정자(co-ordinator)의 역할을 할 수 있어야 한다. 허심탄회한 대화를 이어가며 그것을 토대로 정

2025년 8월 19일 도청 서재필실에서 열린 '한국지체장애인협회 전남협회 소통 간담회' 행사에서 시·군지회장들과 인사를 나누고 있다.

책을 재점검하고, 이를 공식적 협의의 틀로 격상시켜 정책으로 채택해 나간다면 우리나라가 압축성장하면서 지나쳤던 여러 문제의 절충점과 해결점을 찾을 수 있을 것이라고 확신한다.

내리누르려고만 한다면 상대는 용수철처럼 눌리다가도 어느 순간 임계점에 다다르면 튀어 오를 수밖에 없다. 정치도 마찬가지다. 질량 불변의 법칙처럼 인생도 정치도 얻는 것이 있으면 잃는 것이 있고, 잃는 것이 있으면 얻는 것이 있다. 엘란데르나 루스벨트의 사례에서 우리가 배워야 할 것은 대화를 통해 문제를 풀어가기 위해 부단히 노력해야 한다는 점이다.

　국민의 지지를 받는 강력한 리더십이라도, 대화와 타협으로 국민 대다수가 인정할 수 있는 좋은 정책들을 추진하고, 국가 발전과 국민 복리에 기여하는 정치 세력이 다시 국민의 지지를 받는 선순환 정치가 대한민국에 필요하다. 그렇게 결단하고, 이를 추진할 수 있는 능력을 가진 정치인이 대한민국을 이끌어야 한다.

　누구나 국민에게 리더십을 인정받고, 조정자의 역할을 할 수 있는 것은 아니다. 국민을 위해 일해 본 오랜 경험과 공직에 임하는 강인한 신념, 국민 모두를 포용할 수 있는 철학, 문제의 근간을 이해하고 해법을 제시할 수 있는 능력 등을 갖춰야 할 것이다. 특히 대한민국이 지금까지 이뤄낸 이 엄청난 성공을 유지하며, 더 나아갈 수 있게 하려면 현재 드러나고 있는 문제들인 출산 기피, 고령화, 지방소멸, 불균형, 양극화, 정치 불신 등에 대한 해법을 국민의 이해와 공감 안에서 풀어내야 할 것이다.

　1977년 행정고시에 합격하며 공직에 들어선 뒤 고위공직자, 국회의원, 장관을 거쳐 전남지사에 이르러 우리나라의 미래를 고민하며 전남에서 그 대책들을 고민한 것도 이 때문이다. 엘란데르·루스벨트가 그러했던 것처럼, 공공의 역할과 개입이 그 어느 때보다 중요해지고 있는 시점에서 전남에서 더욱 도드라지고 있는 문제에 대해 대책을 만들어 시행하고, 적용 과정에서 나타날 수 있는 부작용을 계속 살펴 왔다. 대표적인 것이 인재 양성, 청년 지원, 이민 촉진, 전남형 만원주택, 해상풍력으로 대표되는 재생에너지 정책 등이다. 동시에 지방분권과 지방자치 강화를 정부에 요구하며 균형발전의 중요함을 강조해 왔다.

양극화를 막기 위해 가정 형편과 관계없이 자신의 재능을 펼칠 수 있도록 지자체가 직접 나서 지원하는 교육정책을 입안했으며, 청년이 지역에 머물며 살 수 있게 하기 위해, 그들이 지역을 이끌어나가는 주체임을 알리기 위해 다양한 프로그램과 지원정책을 만들어 시행했다. 인구소멸 위기 지역에 거주하는 청년과 신혼부부에게는 사실상 무료로 오랜 기간 거주할 수 있는 새 주택을 지어 공급하는 정책을 실시했으며, 전남 서남해안의 바람을 이용해 해상풍력산업을 발전시켜 미래 주축산업으로 키우고 있다. 과거 그 누구도 시도하지 못했던 정책, 사업, 프로그램들을 전남의 열악한 재정과 여건에서도 공직자·도민의 협력과 공감 속에 성공적으로 이끌고 있다고 자신한다.

동시에 여전히 중앙정부가 지방을 통제하는 '2할 자치'의 한계를 실감하며, 쇠락해 가는 지방, 그것도 수도권에서 가장 멀리 자리한 지방자치단체의 현실을 체감하며, 지방분권과 자치의 수준을 더 끌어올려야 한다고 줄기차게 주장했다. 지방이 자신의 미래를 책임지고 주도할 수 있도록 해야 한다는 것이다.

정치는 현재와 미래에 나타날 문제를 파악하고 해결하는 것을 그 사명으로 하고 있다. 공동체, 지역, 국가 등 그 범위에 따

2025년 8월 21일, 도청 서재필실에서 전남 자율관리어업공동체 임원진들과 소통 간담회를 갖고 기념촬영을 하고 있다.

라 문제의 규모, 양상 등은 다를 수 있지만, 이를 풀어가는 자세와 방법은 크게 다를 바 없다. 항상 낮고 겸손한 태도로, 상대방과 국민을 존중하며, 충분히 의견 교환이나 수렴을 전제로 정책을 만들어 내야 하는 것이다.

처음 국회의원 선거에 출마하면서 다짐하고 지금까지 실천하고 있는 것이 있다. 국민의 눈높이에서 그들의 목소리를 경청하고 조금 더 그들의 삶이 나아질 수 있는 방안을 고민하겠다는 각오로 어르신들을 만날 때면 무릎걸음을 하고 있다. 행사장이나 민원 현장에서 만나는 분들에게 공손한 자세로 예의를 표하는 것이다. 전남도지사로 일하면서도 거의 매일 민생 현장을 찾아가 뵙는 것을 일상으로 했다. 2011년 여름, 하루 6개 마을씩 500여 개의 마을을 둘러보며 주민들과 나눴던 이야기들이 지금도 생생하게 가슴속에 남아있다. 그들의 목소리가 공약으로, 정책으로, 사업으로 하나씩 만들어져 나갔다는 것이 자랑스럽다.

사실 국민을 섬기고 그들의 민원을 해결하려는 이러한 자세는 그들의 삶과 비슷한 인생 여정을 걸어오며, 고난과 역경을 극복하면서 몸에 자연스럽게 배어들었다. 나는 김 양식을 하는 완도 고금도의 평범한 가정에서 태어나 광주에서 초·중·고등학교를 나왔다. 출세하고 효도하겠다는 각오로 열심히 공부했지만, 질병과 아버님의 별세 등이 겹치면서 대학 입시에 실패한 경험도 갖고 있다.

교만하거나 자신을 과신하지 말라는 교훈을 새기며, 공직에 최선을 다해 전남도 행정부지사의 자리까지 오른 뒤 정치인의 삶을 선택했다. 잘될 줄 알았지만 선거구 획정에서 불이익을 당했고, 민주당 공천에서 탈락하면서 또 한 번 어려운 시간을 맞기도 했다. 하지만 이런 시련 속에서도 나 자신을 믿고 하늘이 준 사명을 후회 없이 가보겠다는 강한 신념으로 무소속 당선을 시작으로 지금까지 정치인으로의 삶을 살아가고 있다.

정치인은 국민의 공복임을 항상 기억하고, 국가 미래 발전과 국민 복리 증진이라는 두 가지 목표를 위해 정진해야 한다. 그러한 의미에서 제임스 헌터의 '서번트 리더십(servant leadership)'을 실천하려고 노력한다. 서번트 리더십을 실행하기 위해 가져야 할 덕목은 인내, 친절, 겸손, 존중, 이타주의, 용서, 정직, 헌신 등 8가지이다. 리더십의 기본은 봉사와 섬김이며, 정치는 국민의 눈높이에 맞춰 진정 국민이 무엇을 필요로 하는지를 소통하고 그 요구(needs)들을 해결하는 것이다.

이러한 목표를 가졌다면 이를 실천하기 위해 상대방이 설령 반대하더라도 대화와 타협을 통해 단기간이든 장기간이든, 일거에 하든 점진적으로 하든, 조금씩 가든 좀 큰 보폭으로 가든 조금이라도 상호 변화할 수 있는 계기를 만들어내야 한다. 그것이 새로운 길이 돼 국가의 미래를, 국민의 삶을 보다 나은 방향으로 나아가게 할 것이다.

전남도민에게
긍지와 자존감 세워 주는 도지사이길

전남도민들에게는 언제나 빚을 진 마음입니다. 어촌에서 태어나 뛰놀던 시절부터 도민들의 일상을 책임지는 전남도지사의 자리에 있는 지금까지 항상 분에 넘치는 사랑을 받아 왔습니다. 타지에서 공부하던 시절 힘에 겨워 지쳐 있을 때면 언제나 푸르른 완도 앞바다를 떠올리며 다시 책상 앞에 앉을 힘을 얻었습니다. 행정고시에 합격하고, 공무원이 돼서는 어서 경험을 쌓고 능력을 키워 전남 발전에 조금이라도 기여하겠다는 마음으로, 그 누구보다 성실하게 업무에 전력을 다해 왔습니다.

도지사로 취임한 뒤 가끔 어떤 이들은 왜 그렇게 열심히 일하는지를 물어오곤 합니다. 사실 고등학교 졸업 후 얼마 안 돼 아버님이 돌아가시면서 가세가 기울었고, 그때부터 한 치의 시간 낭비 없이 살아온 것이 습관처럼 몸에 배어 있는지도 모릅니다. 꾸준함과 성실함으로 행정고시에 합격하고, 공직에 나아가서도 맡겨진 업무보다 더 해내기 위해 부단히 노력해 왔습니다.

한편으로 지나침을 경계하고, 겸손하게 상대를 대하며, 조직에 보탬이 되기를 소망했습니다. 그렇게 공직을 마치고, 정치에 뛰어들어서는 '새로움'을 위해 관행이나 불합리에 맞서다 보니 다른 이들보다 더 시간을 쪼개고 아껴서 사람들을 만나고 고민해야 했습니다. 도지사로 취임한 뒤에도 변함없이 지키고 있는 것입니다. 다만 어깨가 더 무거워진 만큼 전보다 신경을 곤두세우고 조금이라도 어긋남이 없도록 저 자신에게 더 엄격해지도록 노력했습니다. 도민들이 맡겨준 중차대한 임무를 생각하면 한시도 헛되이 보낼 수 없기 때문입니다.

따뜻하고, 정겨웠으며, 풍요로웠던 고향 전남은 언제부터인지 쇠락·낙후라는 이름이 관용구처럼 따라붙을 만큼 초라해지기 시작했습니다. 해방 이후 산업화의 수혜를 받지 못하고, 고도화되지 못한 농수축산업의 경쟁력이 추락하면서 청년·이웃들이 일자리를 찾아 떠나간 것입니다. 간직해온 역사·문화자원, 천혜의 자연 등 자랑스러운 자산의 귀중함마저 잊어버릴 만큼 도민들의 마음까지 피폐해졌습니다.

이 과정을 지켜보며 전남에서 지금까지 살아오고 있는 이들을 생각하면 가슴이 미어집니다. 전남을 너무도 사랑하는 도지사로서, 그들 마음 안의 자긍심과 자존감을 세워 주고, 전남을 대한민국만이 아니라 세계 속에 내놓을 정도로 성장·발전시키기 위해 반드시 특단의 대책을 마련하겠다는 각오를 하지 않을 수 없었습니다.

우선 '도민제일주의' 기조 아래 도청 공직자들의 시선을 도민에 고정시키고, 수준을 높이는 데 주력했습니다. 도정의 목표를 도민의 행복, 전남도의 밝은 미래로 설정했습니다. 이 분명하고도 명확한 사실을 공직자들이 망각해서는 안 되기에 가끔은 추상같은 호통을 치기도 하고, 정책이나 사업에 있어 구체적인 지시로 알려 주었더니, 어느 순간 공직자들의 태도가 바뀌었습니다. 도정이 나아가야 할 방향을 이해하고, 도지사의 의중을 헤아리며 기존의 틀을 깨고 혁신적인 자세를 보여 준 것입니다.

다음으로는 전남의 비전을 바로 세우고, 전남이 가진 강점들, 예를 들어 해상풍력, 태양광 등 재생에너지, 섬, 갯벌, 정원 등 세계가 인정하고 있는 천혜의 자연, 너무도 맛있는 곳곳의 산해진미, 조선, 화학, 제철 등 기존 전통산업 등을 신산업으로, 대규모 프로젝트로 엮어 내 선순환 경제를 만들어야 했습니다.

이를 위해 필요한 것은 사람과 물류의 이동을 맡는 도로, 철도, 항만, 공항 등 기반시설입니다. 그동안 정부 계획에 아예 포함되지 못하거나 예비타당성조사에 발목이 잡혀 있는 지역 내 신규 기반시설들을 단계별로 분류해 신속하게 대통령실, 국회, 정부 부처 등에 요청하고 대부분을 반영시키는 성과를 냈습니다.

매년 비전과 목표를 설정하고, 전남 발전에 필수적인 사업·프로젝트를 명시해 도정에 집중했습니다. 한국에너지공과대학, 방사광가속기, 해상풍력발전단지, 전남 국립 의과대학 등이 대표적이라고 하겠습니다. 대통령실, 정부 부처 등을 수없이 찾아다녔고, 논리를 제시하며 그 필요성을 역설했습니다. 이와 함께 도내 공감대를 만들어 내기 위해 발로 뛰며 도민께 설명했고, 이 과정에서 전남 동부권과 서부권의 상생 화합의 기반이 될 목포대학교와 순천대학교의 통합을 극적으로 성사시키기도 했습니다.

도민들은 이렇게 자신을 위해, 지역을 위해 최선을 다해 주는 도지사를 기대했었던 것 같습니다. 취임과 동시에 긍정평가는 언제나 전국 최고 수준이었다는 점이 이를 증명하는 것 아니겠습니까. 처음에는 쑥스럽기도 하고, 부담을 느끼기도 했지만, 이제는 도민들을 위해 도정을 더 잘 이끌어야겠다는 자극이 되고, 때로는 힘이 돼줍니다. 결국, 도정은 도민들을 위한 것이라는 기본적인 명제를 쉼 없이 실천할 수 있는 근간이 되기도 합니다.

공직에 이어 재선 국회의원, 장관, 재선 전남도지사라는 정치인으로, 도민과 국민의 기대에 부응하고자 노력하는 것은 어쩌면 당연합니다. 앞으로도 이 초심을 지키고, 앞서 언급했던 꾸준함과 성실함, 다양한 경험과 해결 능력을 도민과 도정, 나아가 국민과 국정을 위해 봉사할 기회가 생긴다면 더없는 영광일 것입니다. 지금까지 살아오면서 항상 운이 좋았다고 스스로를 위안합니다. 어려울 때마다 하늘은 노력한 만큼 이룰 수 있게 해주었고, 성과도 뒷받침됐기 때문입니다.

사랑하는 전남과 전남도민이 더 행복한 일상이 계속되기를 바라며, 이를 위해 정치인이자, 전남도지사로서 무엇을 해야 하는지를 항상 가슴에 새기며, 언제나 도민만을 바라보며 일하고 싶습니다. 더 새로운 전남, 더 행복한 도민을 위해, 스스로 혁신하고, 변화를 기꺼이 받아들이며, 미래를 준비하는 전남도지사가 되겠습니다. 이재명 정부와 하나부터 열까지 함께 호흡하며, 세계로 도약하는 전남을 만들겠습니다.

세계 굴지의 대기업을 유치해 세계 최초로 재생에너지로 모든 전력을 공급하는 산업단지와 인공지능 신도시를 조성하겠습니다. 우리가 그토록 염원했던 국립 의대 설립을 마무리하고, 해상풍력, 태양광 등 전남의 바람과 햇빛으로 만들어진 재생에너지로 도민 모두에게 에너지 기본소득을 지급하겠습니다. 석유화학·철강산업이 세계 경쟁력을 되찾을 수 있도록 메가 프로젝트를 진두지휘하고, 바이오, 우주항공, 문화 콘텐츠 등 그동안 준비한 미래 신산업들을 안착시켜 지역경제의 핵심축으로 성장시키겠습니다. 무안국제공항을 아시아만이 아니라 아메리카 대륙과 유럽까지 오갈 수 있는 명실상부한 국가 거점공항으로 재탄생시키고, 지역 내 철도와 도로, 연륙·연도교 등 계획돼 있는 기반시설을 마무리해 누구나 편하게 전남을 찾을 수 있도록 하겠습니다. 하늘이 전남에 준 아름다운 해변과 섬, 산해진미로 가득한 서남해안이 세계 최고의 관광지로 거듭나고, 남도의 문화예술이 세계 곳곳으로 퍼져나가 그 우수성을 인정받도록 하겠습니다. 전남의 농수축산업에 인공지능(AI)을 접목시켜 노동력을 최소화하며, 생산성을 대폭 향상하는 대전환을 이루겠습니다. 그 외에도 지금까지 계획하고, 준비해 온, 일일이 열거할 수 없는 계획들을 성공적으로 마무리해 세계로 비상하는 전남을 만들겠습니다.

이 모든 것들은 지금까지 저와 전남도 공직자들이 밤잠을 설치며, 기획하고, 소통하며, 요청하고, 반영시킨 결과입니다. 이제 그 성과를 낼 '골든타임'이며, 이재명 정부는 이렇게 준비된 전남을 적극적으로 뒷받침할 것입니다. 깨끗한 정치, 제대로 소통하는 정치, 능력 있는 정치, 열정을 다하는 정치, 통합하는 정치를 보여준 저는 전남을 위해 또 한번 힘을 내겠습니다. 언제나 따뜻하게 저를 감싸주는 도민께 항상 감사한 마음입니다. 오케이, 지금은 전남시대입니다.

眞心 政治

김영록의
공직 여정과 성과들

일시	직위	주요 성과
1977. 12.	행정고시 합격	• 군 복무, 수습 공무원 등을 거쳐 1984년 해외국비연수: 미국 뉴욕주 시라큐스대학교 맥스웰대학원에서 행정학 석사학위 취득
1994. 06.	강진군수	• 고 김영삼 대통령 가뭄 현장 순시 때 직접 자료 만들어 보고한 뒤, 가뭄 대책 예산 6억 원 지원받아 투입 • 300여 개 농어촌마을 모두 현장 방문 • 강진군 종합발전계획 첫 수립
1995. 01.	완도군수	• 54개 유인도 방문 후 신지·약산대교 등 연륙·연도교 계획 수립 • 분뇨처리장 갈등 해결 • 관광 활성화 위해 해수 온천탕 리조트단지 구상
1997. 12.	전남도청 경제통상 국장	• IMF 위기에서 부도난 삼호중공업 해외 매각 저지, 한국수출입은행 보증 이끌어내 정상 경영 후 현대중공업 인수 지원
1998. 07.	목포 부시장	• 산업기반 취약한 전남의 기반산업 구축 구상 필요성 인식 • 목포해양박물관 조성, 목포대교 설립을 계획해 도약 계기 마련

일시	직위	주요 성과
1999. 07.	전남도청 자치행정 국장	• 전남 전입 외지인 인센티브 제공, 출산장려금 20만 원 지급 방안 마련 등 인구 정책 중요성 인식 후 일부 반대에도 불구 강력 추진
2001. 02.	행정자치부 총무과장	• 호남 출신 첫 총무과장, 인사 대상자가 희망부서 제출 후 실·국장 및 과장 협의하여 결정하는 방식으로 인사 혁신, 인사 불만·민원 대폭 감소
2006. 06.	전남도청 행정부지사	• '2012 여수세계박람회' 유치 성공으로 고향 발전 기회 마련 기여
2008. 01.	공직 퇴임	• 수도권 비대화·동맥경화, 지방 사막화·영양실조의 상황 직시, 균형발전이 아닌 경제 논리로 대규모 국책 개발을 결정하는 제도가 시정돼야 함을 깊이 인식함. 이후 꾸준히 국가균형발전을 주장해온 배경이 됨. 관료 시스템을 몸소 체험하며 이에 대해 명확히 이해하고 주도할 역량을 갖춘 시기로, 현장 파악력, 정책 기획력, 상황 판단력 등의 능력을 갖추게 됐음
2008. 04.	제18대 국회의원 선거 출마	• 1월 9일 자전적 에세이 《나를 키운 건 팔할이 바다였다》 출간, 국회 정치개혁특별위원회 완도·강진 선거구를 해체해 완도를 해남·진도에 묶기로 결정했으나 출마 강행, 불합리한 경선(해남 후보 1명, 완도 후보 3명)에 불복한 뒤 무소속으로 출마 결정, 진심을 다한 선거운동 끝에 해남·진도·완도 선거구 당선
2008. 04.~ 2012. 04.	초선 국회의원	• 지역 주민, 사회적 약자들을 위한 문제 해결과 현장에서 주민들과 함께 지역 미래 비전 설계 및 실천 • '지역 주민 섬기는 정치', '깨끗한 정치', '돈 안 드는 정치' 실천, 민생 현장에서 하소연 듣고 문제를 해결하는 것을 정치인의 첫 번째 덕목으로 생각함 • '쌀 제값 받기' 주도 • '섬 주민 차량 운임 지원' 주도 • '태풍 무이파 피해지역 특별재난구역 선포' 제안 • '소규모 어항 개발 및 보수 지원' 유도 • '전복·해삼 수출 전략 품목 육성' 지원

일시	직위	주요 성과
2008. 04.~ 2012. 04.	초선 국회의원	• '엽연초 농민 수매가 인상' 유도 • '갯벌 생태계 보존' 노력 • '마른 김 생산시설 농사용 전기 사용 민원' 해결 • 2011년 7~8월 500여 개 마을 직접 돌며 '희망민생투어' 실시
2012. 04.~ 2016. 04.	재선 국회의원	• 원내수석부대표, 수석대변인 등 요직 임명되며 당내 입지 확장, 불합리한 법·제도의 정비 및 국가균형발전을 위한 본격적인 노력 • 국회 '지방살리기포럼' 창립, 2015년 4·29 재보선 패배 이후 당내 분열 및 호남 의원 탈당 사태 속 민주당 잔류 결정
2016. 04.	제20대 국회의원 선거 낙선 (61세)	• 국민의당 태풍 속에 정치 입문 8년 만에 첫 좌절, 2016년 10월 박근혜 대통령의 국정농단 사건 파문으로 탄핵 및 파면 촉구 촛불집회 시작, 2017년 3월 헌법재판소 박근혜 파면 결정, 이후 조기 대통령 선거에서 문재인 민주당 후보 조직본부장으로 활약, 2017년 5월 문재인 대통령 당선
2017. 07.	제63대 농림축산 식품부 장관 취임	• 화기애애한 청문회로 여야 청문보고서 채택, 쌀값 인상을 최우선 과제로 선정하는 등 농축산인의 입장에서의 정책 수립. | 주요 성과 | • 쌀 우선 지급금 갈등 직접 중재하여 해결 • 장관 최초로 쌀값 인상 • 청탁금지법 시행령 개정 농산가공품 선물 10만 원으로 상향 주도 • 살충제 계란 파동에 신속한 대처와 조사 내용 전면 공개를 통하여 피해 최소화 • 축산농가 무허가 시설 관련 영세 농장주와 협상안을 만든 뒤 국회 환경노동위원회 법률 개정안 통과시켜 갈등 해소 • 조류 인플루엔자 관련 예비적 살처분 기준을 마련하여 농가 피해 및 확산 최소화

일시	직위	주요 성과
2018. 03.	농림축산 식품부 장관 사임	• 2018년 6월 9일 제7회 전국동시 지방선거에서 전라남도지사 출마 결정, 특별경선 자격 받아 민주당 경선 참여, 최종 후보로 결정
2018. 07.	제38대 전라남도 지사 취임	**| 주요 성과와 정책 |** • 전남의 미래 비전 '청정 전남, 블루 이코노미' 발표 및 세부 과제 추진 • 도로, 철도, 항만, 공항 등 기반시설 확충 방안 마련, 정부 계획에 반영 • '생명의 땅, 으뜸 전남', '내 삶이 바뀌는 전남 행복시대, 전남 성공시대' 등 밝고 희망적인 슬로건 제시 • 전남, 광주, 전북 등 호남경제동맹 구축 주창 및 추진 • 세계 최대 8.2GW 해상풍력발전단지 조성 사업 추진 • 한국에너지공과대학교 건립, 나주를 글로벌 에너지 신산업 허브로 육성 • 화순을 백신·면역치료 중심 바이오산업 국가거점으로 조성 • 광양만권 산단 친환경 지능형 산단 대개조, 조선업 특화 육성 등 철강, 석유화학, 조선 등 전남 기간산업 고도화 방안 마련 및 추진 • 전국 최초 '농업인 공익수당' 도입 • 다양한 전남 인재 대상 포괄적 지원을 담은 '새천년인재육성 프로젝트' 시작 • 전라선 고속철도, 광주–나주 광역철도 등을 국가계획 반영 • 신안 압해–목포 율도 달리도–해남 화원 간 연륙·연도교 착공, 여수–남해 해저터널, 신안비금–암태 연도교 예비타당성조사 통과 • 국가균형발전 대책으로 제3의 수도 '남해안 신해양 친환경 관광수도' 제시

일시	직위	주요 성과
2022. 07.	제39대 전라남도 지사 취임	• 2022년 3월 제20대 대통령 선거에서 민주당 정권 재창출 실패, 같은 해 6월 제8회 전국동시 지방선거 민주당 참패, 민주당 소속 광역지방자치단체장 가운데 유일하게 연임 성공 | 주요 성과와 정책 | • 전남의 미래 비전 '세계로 웅비하는 대도약 전남 행복시대' 제시 • 3.2GW 신안 해상풍력발전단지, 집적화단지 지정 • 햇빛·바람연금 등 신재생에너지 이익 지역 주민 공유 방안 마련 • 국립 목포대학교–국립 순천대학교의 통합 주도, 국립 의과대학 건립 확정 • 전국 최초 광역자치단체 '출생기본수당' 신설 • 무안국제공항 활성화 방안 마련 및 광주 민간·군 공항 통합 이전 방안 제시 • 청년과 신혼부부를 위한 '전남형 만원주택' 공급 • 전남을 비롯한 남부권 5개 시·도에 3조 원을 투입하는 '남부권 광역관광 개발 사업' 착수 • 농수산식품 수출 7억 달러 달성 • 전남도 내 균형발전을 꾀하는 '전남형 균형발전 300 프로젝트 시행' • '청년문화복지카드' 시행 • '전남형 신중년 희망 일자리 창출 사업' 개시
2025. 02.~ 04.	6·3 조기 대선 민주당 경선 출마 검토 후 불출마 선언	• 비상계엄 및 내란 세력 척결·단죄를 위한 민주당의 압도적 승리, 민주당 당원 및 국민으로 높은 지지를 받고 있는 당시 이재명 대표의 사법 리스크 해소를 위한 강력한 지지와 뒷받침, 쇠락·낙후의 상징인 호남의 성장·발전 계기 마련, 호남 대표의 필요성 제기 등의 이유로 조기 대선 민주당 경선 출마 검토. • 헌법재판소의 전원 일치 윤석열 파면 결정, 이재명 대표 사법 리스크 해소 등으로 민주 세력의 단합이 무엇보다 중요해짐에 따라 이재명 대표에 대한 지지 의사를 밝히며 4월 8일 불출마 선언.

일시	직위	주요 성과
2025. 04.~ 08.	이재명 정부 출범 기여, 이후 전남 도약을 위한 미래 계획 발표 및 정부 협의 진행	• 4월 27일 이재명 민주당 대표, 대선 후보 선출 • 5·18 정신, 헌법 전문 수록 호소 • 투표 참여 출근길 1인 캠페인 • 6월 3일 이재명 대통령 당선, 전남 투표율 83.6% 이재명 대통령 전남 득표율 85.9%로 전국 최고 기록(완도 89.9%) • 6월 25일 광주·전남 타운 홀 미팅, 광주 군·민간 공항 이전 정부 추진 및 AI 신도시, 광양·순천 일원 미래 첨단소재 국가산업단지 조성 건의 • 7월 2일 대통령실에 서남권 인구 50만 에너지 혁신성장 벨트 조성 건의 • 7월 10일 대통령실, 서남권 RE100 산업단지 및 AI 신도시 조성 방안 발표 • 7월 13일 정부, 대통령실에 광양항 북극항로 포함 건의 • 7월 31일 대통령실 RE100 산단 위한 차세대 전력망 혁신기지 전남 구축 발표 • 8월 1일 이 대통령 주재 시·도지사 간담회에서 북극항로 재건의 • 8월 6일 민주당, 호남특별위원회 당 상설기구로 신설 • 8월 22일 국립해양수산박물관 등 3개 대규모 사업 예비타당성조사 통과 • 10월 1일 이재명 정부, 세계적인 AI 선도기업 오픈AI와 국내 굴지의 대기업 SK가 전남에 AI 데이터센터를 공동 구축하기로 한 계획 발표 • 10월 20일 LS전선, 국내 최초 해상풍력 설치 항만 조성 투자 계획 발표 • 10월 21일 삼성 SDS 컨소시엄(네이버, 카카오, KT) '국가 AI컴퓨팅센터' 입지 전남 선정

김영록의 진심 정치

전남의 힘으로 대한민국의 미래를 열다

초판 1쇄 2025년 12월 22일

지은이 김영록
펴낸이 김현종
기획총괄 배소라 **출판본부장** 안형태
편집 최세정 진용주 황정원 김수진 장진경
디자인 푸른나무디자인 **마케팅** 김예리 신잉걸
방송사업·미래전략본부 정태준 문상철 이주리 백범선 남궁주철

펴낸곳 (주)메디치미디어
출판등록 2008년 8월 20일 제300-2008-76호
주소 서울특별시 중구 중림로7길 4
전화 02-735-3308 **팩스** 02-735-3309
이메일 medici@medicimedia.co.kr **홈페이지** medicimedia.co.kr
페이스북 medicimedia **인스타그램** medicimedia
유튜브 medici_media

© 김영록, 2025
ISBN 979-11-5706-502-8 (03300)

이 책에 실린 글과 이미지의 무단 전재·복제를 금합니다.
이 책 내용의 전부 또는 일부를 재사용하려면 반드시 출판사의 동의를 받아야 합니다.
파본은 구입처에서 교환해드립니다.

일부 사진은 전남도청으로부터 제공받았습니다.
이들 사진은 홈페이지에 공개돼 누구나 사용할 수 있는 자료입니다.